小川博毅

新版 史伝 明石掃部

吉備人出版

「大坂夏の陣図屏風」(大阪城天守閣蔵)

新版 史伝 明石掃部

はじめに

今を去ること四一〇年ほどの昔、大坂城を舞台に、天下を二分した大合戦があった。慶長十九年（一六一四）の大坂冬の陣と翌年の夏の陣である。

徳川家康の大号令のもと、全国の大名が城攻めに参加した。迎え撃つ豊臣方に味方する大名は一人もなく加勢したのは牢人《ろうにん》武将たちだけであった。

牢人武将の中で、真田幸村《さなだゆきむら》（信繁《のぶしげ》）や後藤又兵衛《ごとうまたべえ》が有名であるが、異色な存在として、明石掃部《あかしかもん》がいた。

明石掃部は敬虔《けいけん》なキリシタンであり、宣教師や信徒の間で「もう一人のジュスト（高山右近《たかやまうこん》）」と呼ばれるほどの希望の星であった。

彼は、大坂の陣では数千のキリシタン武士を率いて戦い、大坂城五人衆の一人と謳《うた》われたが、その十五年前の慶長五年（一六〇〇）の関ヶ原合戦においても、西軍の中にあって奮戦している。

関ヶ原の本戦では、東軍七万五〇〇〇人に対し、西軍として実際に戦ったのは三万三〇〇〇人であった。この西軍中で最大の兵力を有していたのは宇喜多秀家《うきたひでいえ》の軍勢であった。

宇喜多秀家は、少年の頃から豊臣秀吉のそば近くで養育されたという特殊な関係もあり、豊臣家のためには無条件で骨身を惜しまないという一途さをもった武人であった。

家老として、この秀家を支え、関ヶ原で奮闘したのが明石掃部である。

結果として、明石掃部は、関ヶ原と大坂の陣の二度にわたって、家康の天下取りに抗《あらが》ったのである。

同様な戦歴で知られる真田幸村（信繁）は、その兄・信之《のぶゆき》の系統が信州松代《まつしろ》藩主として明治まで存続したことや、水戸《みと》光圀《みつくに》が幸村の行跡に心酔したことなどにより、その名は早くも江戸中期から喧伝されている。

そのような幸村にくらべて、明石掃部についてほとんど語られることがなかった。

徳川幕府は大坂陣の残党の追捕を全国に発令したが、三年ほどで取り締まりは緩和され、有名無実なものとなっていった。しかし、家康は、キリシタンの頭目・明石掃部に対して憎しみを募らせ、掃部追捕を全国に発令したので、家康死後も、明石探索がいつまでも続行された。

その結果、掃部の二人の息子は捕縛され、命を落とすことになる。

こうして子孫は絶え、その上、主家の宇喜多家も滅亡したため、明石掃部に関わる文書のほとんどが破棄散逸されてしまい、現存する一次史料やそれに準ずる史料はとても少ない。

今日、掃部の生涯に謎の部分が多いのは、これが主因である。

この明石掃部に焦点をあてた最初の著作物に、大正十年刊の福本日南著『大阪城の七将星』があるが、その内容は未だ色あせていない。ただ、江戸期の口碑的記事が含まれているので、これの参考利用には十分な検証が欠かせない。

それ以降は、松田毅一氏やフーベルト・チースリク氏の、イエズス会文書を駆使した論考が明石掃部の研究の進展に非常に寄与している。

しかし、明石掃部に関して十分に解明されていない事柄は、未だに数多く存在する。その主なものを列挙してみる。

一、彼はいつ生まれたのか？　誕生年に関しての確実な史料が存在しない。

二、掃部の実名は景盛あるいは守重などといわれているが、確実なことは分からない。実際には、何と名乗っていたのだろうか？

三、「全登」の読みは？　掃部は、黒田藩士になった後に全登と名乗ったが、後世の人はこれを、「てるずみ」、「なりとよ」、「たけのり」などと傍訓を付しているが、果たして、正答は何か？

四、関ヶ原の敗戦後、黒田家に高禄で仕官できたが、数ヶ月後に突然蟄居《ちっきょ》を命ぜられたのは何故か？さらに、その一年半後、掃部の俸禄は没収されたまま、わずかな知行地が八人の家臣あてに給せられたのは、何を意味するのだろうか？

五、彼は、大坂夏の陣で討ち死にしたのだろうか？　それとも、うまく逃げおおせて、どこかに隠れ住んだのか？　巷間でうわさされたように、マカオ、マニラなど、海外への逃亡に成功したのだろうか？

六、宇喜多家は代々「兒」の軍旗を用いていたが、関ヶ原合戦時には「唐太鼓」の旗幟《きし》を使用したといわれる。その図柄はどんなものだったのか？

筆者は、これらの疑問点に対しての謎解きに挑戦しつつ、明石掃部の生き様の復元を試みようと思う。

なお、本書に引用した史料および参考文献については、左記のようにしている。
＊史料および文献は巻末に一括してかかげた。
＊文中において、引用史料は、〈「史料名」〉または〈「史料名」、『書名』所収〉と表記し、論文は、〈氏名〉と記し、参考文献は、〈『書名』〉と表記した。
＊左記の書名は次のように略した。
『報告集Ⅱ－2』＝松田毅一監訳『十六、七世紀イエズス会日本報告集・第Ⅱ期第2巻』
『二十六聖人』＝ルイス・フロイス著結城了悟訳『日本二十六聖人殉教記』
『熊谷元直』＝H・チースリク著『熊谷豊前守元直・あるキリシタン武士の生涯と殉教』

目　次

第七章　筑前での十年

第八章　大坂の陣

第九章　戦いのあと

第一章　明石氏の系譜

一、播磨の明石氏

明石掃部は、備前、美作《みまさか》および備中東部と播磨《はりま》二郡（岡山県東半分と兵庫県の一部）を治める宇喜多秀家の重臣であった。

この掃部のルーツの地、つまり、明石氏発祥の地は播磨国明石郡明石郷といわれている。これは、現在の兵庫県明石市から神戸市西部にかけての地域である。

伝承によれば、明石氏は古代の明石国造《くにのみやつこ》の後裔といわれるが、文献上に最初に現れるのは赤石貞根《あかしのさだね》という人物である。延喜六年（九〇六）、私穀五〇〇〇斛《こく》を献上して外従五位下に叙せられた。

さらに、フィクションではあるが、十一世紀初頭の紫式部の『源氏物語』には、「明石の君」の父として明石入道という人物が出てくる。明石入道は、近衛中将の顕職を捨て播磨守となって下向し、任終えた後、明石に「浜辺の館」と「岡辺《おかべ》の館」の二つの居館を構えた、という。現在の神戸市西区櫨谷《はぜたに》町松本に、「岡辺の館」伝承地がある。〈石田善人〉

つまり、当時の明石郷あたりには、都の貴族生活を享受できるほどの裕福な豪族（明石氏）が存在していて、紫式部がそれを物語に取り込んだ、と思われるのである。

歴史的には、平安中期に、明石郷を本貫地とする明石定国という者の名がみえる。堀河天皇の殊遇《しゅぐう》を受け美作国久米郡稲岡荘《いなおかのしょう》（岡山県久米郡久米南町《くめなんちょう》）の預所職《あずかりどころしき》を拝領している。それにより、定国の子・明石源内武者定明《げんないむしゃさだあき》は現地支配のため稲岡荘に入部するも、地元の有力者・漆間時国《うるまときくに》との間に土地をめぐる対立が起こった。保延七年（一一四一）、定明は、漆間を襲ってこれを殺した。

殺された漆間時国は浄土宗の開祖・法然上人《ほうねんしょうにん》の実父である。この事件が、当時九歳の勢至丸《せいしまる》（のちの法然）を出家に導く契機となったのである。

明石定明は、そのまま久米郡に根を下ろしたとみられ、時代が下って、天正十年（一五八二）の備中《びっちゅう》高松城合戦に、定明の末裔と称する明石与次郎兵部大輔《よじろうひょうぶだゆう》の名がみえる。彼は伊予部山城《いよべやまじょう》（夕部山城《ゆうべやま》、岡山県総社市下原《しもばら》）主であったが、清水宗治《むねはる》の与力として高松城に籠城している。

話は戻るが、南北朝期、播磨明石郷の明石氏は、伊川荘を中心に一族が繁栄した。伊川荘は、赤松円心《えんしん》（則村《のりむら》）の次男・筑前守貞範《さだのり》（春日部家《かすがべけ》）が拝領して以来、春日部家が代々伝領していたが、実際の荘園支配には在地の明石氏が任ぜられていたのである。

こうして、明石氏は赤松氏の有力被官として力を蓄えていき、枝吉城《しきつじょう》（神戸市西区枝吉《えだよし》四丁目）を本城として、そのまわりに、高畑《たかばたけ》城（神戸市西区伊川谷町前開《まえびらき》）や菅野《すがの》城（玉造《たまつくり》城、神戸市西区櫨谷《はぜたに》町菅野）などの支城を配した。

ところが、嘉吉《かきつ》元年（一四四一）、赤松満祐《みつすけ》が将軍・足利義教《よしのり》を弑逆《しいぎゃく》した。そのため、幕府軍の追討を受けて赤松惣領家は滅亡してしまう。

以降、応仁の乱までの二十数年間、播磨国は山名氏の支配下に置かれ、明石氏も雌伏の時代を過ごすことになった。だが、赤松氏再興の機会は意外なところから訪れてきた。

吉野の南朝の皇胤《こういん》が宮中から神璽《しんじ》を奪い去るという事件が起こり、この機会をとらえて、赤松の遺臣たちは吉野の山中に分け入り神璽を奪回しようとした。

結果的に、神璽は朝廷に奉還されたので、その功として、長禄二年（一四五八）、満祐の孫の政則《まさのり》に赤松家の再興が許された。

さらに、応仁の乱では、赤松政則が東軍の細川勝元の陣営に属して山名宗全《そうぜん》の軍と戦い、播磨、備前、美作の旧領を回復するのに成功した。この時、赤松の配下の武将の一人に明石越前守尚行《なおゆき》の名がみえる。

この明石尚行は、戦場において数々の武功をたてることにより、赤松氏の信頼を得て、明石郷の郡代のような地位に就いたといわれている。〈茨木一成〉

尚行以後の明石嫡流の系譜は次のようである。

小寺政職《まさもと》
　　├黒田孝高《よしたか》（如水《じょすい》）──長政
明石尚行──則行──長行（正風）┬岩姫
　　├祐行──貞行（則実《のりざね》、明石嫡流）
　　└安正──安行（黒田家臣）

この系譜を見ると、代々、「行」の字を使用しており、明石氏が「行」を通字《つうじ》としていたことが分かる。

明石嫡流の最後の当主・明石貞行（則実）は、羽柴秀吉が播磨に入国した際、従兄《いとこ》の黒田官兵衛孝《よし》高《たか》にならって秀吉の家臣になり、以降、豊臣政権の一翼に連なった。

明石貞行は、天正十三年（一五八五）三月の紀州太田城攻めで功をあげて一万石の知行を得、次いで、四国征討に従軍、さらに、高山右近の明石入封にともない但馬豊岡（兵庫県豊岡市）へ移封され、二万二千石を拝領した。

天正十五年には、九州征討に参加し、翌年の聚楽第行幸《じゅらくていぎょうこう》では秀吉の牛車に供奉《ぐぶ》し、さらに、小田原合戦では秀吉の馬廻《うままわり》（旗本）として従軍している。

ところが、文禄四年（一五九五）、関白秀次事件が起こると、秀次の後見役の一人・明石貞行はこれに連座して切腹を命ぜられ、ここに播磨明石氏の惣領家は絶えるのである。

二、備前の明石氏

この書の主人公・明石掃部《あかしかもん》は備前（岡山県東南部）の出身である。

備前の明石氏は前述した播磨明石氏から分枝したとみられている。

江戸後期の文人・武元君立《たけもとくんりゅう》（勇次郎、一七七〇〜一八二〇）は、次のような自家の系譜を著している。

赤松円心——（四代）——赤松教貞《のりさだ》——明石宗安《そうあん》

清栄

清景——景忠——景憲——景親（飛騨守）——景盛（掃部）

景季《かげすえ》＝景行＝宣行——女（武元正高室《たけもとまさたか》）

〈「北林遺稿《ほくりんいこう》」〉

この備前明石氏系図では、その出自を赤松円心《えんしん》（則村《のりむら》）としているが、この点については明らかに後世の創作である。赤松氏の被官であった明石氏が主家の系譜をそっくり借用したにすぎない。

この系図中の明石宗安《そうあん》は、「蔭涼軒日録《おんりょうけんにちろく》」や「伏見大光明寺文書」によって、長享、延徳年間（一四八七～九二）の実在が明らかにされ、その実名《じつみょう》（諱《いみな》）が光長であったことが判明している。また、彼は、時代的には明石尚行と則行にまたがる人物であり、さらに、高畑城主とされることから、明石惣領家を補佐した庶家であったと推測される。

この明石宗安の次男・清景が備前磐梨郡《いわなしぐん》に所領を得て移住し、坂根城《さかねじょう》（岡山市東区瀬戸坂根）を築いて備前明石氏の祖となったと伝えられ、明石掃部がその直系子孫とされている。

ただ、掃部の父・飛騨守の実名を景親、掃部の実名を景盛としているが、飛騨守については、一次史料のいずれにも実名は「行雄《ゆきかつ》」とされていて、景親と記されたものは一つもない。

同様に、掃部の景盛も一次史料に見当たらず、景親、景盛という実名は武元《たけもと》家の系図上での創作と考えられる。（掃部の実名については、後章で検証する）

それは何故なのか、武元家の来歴を見ると、明石飛騨守（掃部の父）の弟・景季《かげすえ》が天正五年（一五七七）播州上月《こうづき》城の後詰《ごづめ》合戦で敗死したため、一族の景行《かげゆき》が跡を継ぐも、その後、景行の養子となった宣行《のぶゆき》（景行の弟）は朝鮮陣にて戦傷死し、宣行の息子・久蔵《きゅうぞう》は大坂陣において明石掃部の旗下で討ち死にを遂げた。そのため、宣行の娘は武元家から婿養子を迎えようとしたが、徳川幕府をはばかり、明石の名跡を残すことができず、竹元姓を名乗ることになった。（明治になってから、明石姓に復している）

このような事情で、武元家には明石家先祖の事績が充分には伝わらなかったと思われ、そんな中で、武元家は、実質的家祖の景季、景行二代の実名から明石氏の通字を「景」（＊）と推測し、飛騨守、掃部父子および、その先祖に対して、景の字を冠した実名を創作したと考えられるのである。

（＊景季、景行は、浦上宗景から偏諱《へんき》（高貴な人から名前の一字を授かる）を受けたと考えられる）

さて今度は、明石氏の備前入部について、一次史料からみてみよう。

「萩藩閥閲録《はぎはんばつえつろく》」（巻三十七、中川与右衛門《よえもん》）の赤穴四郎左衛門尉《あかなしろうざえもんのじょう》宛て書状には、文明元年（一四六九）、備前仁田荘《にゅうたのしょう》（新田荘、岡山県和気郡和気町から備前市にまたがる大荘園）の明石某が焼山《やきやま》（備前市八《や》木山《ぎやま》）において、京都への年貢を奪取したことが記されている。

また、文明十五年（一四八三）の備前福岡合戦に、明石六郎兵衛《ろくろびょうえ》という者が、新田荘《にゅうたのしょう》の野伏《のぶせり》を引き具して赤松陣営に加わっている。〈「備前文明乱記」〉

さらに、「赤松家風条々録《かふうじょうじょうろく》」所収の浦上則宗《のりむね》書状は、明石三郎（＊）が新田荘内の藤野保を、松泉院殿様（赤松政則《まさのり》）から給付されたと主張している、と伝えている。

（＊年代的にみて、明石三郎が備前明石氏初代・清景に比定されるかもしれない）

これらの史料から、明石氏の備前への土着は文明年間よりだいぶ遡《さかのぼ》るとみられ、長禄三年（一四五九）赤松政則が、新田荘を足利幕府から受領した時点で、被官の明石氏に代官職を任せ、それにともない、明石氏庶流が現地に入部したものと考えられる。

また、「黄薇古簡集《きびこかんしゅう》」につぎのような書状が載っている。

　去年十一月晦日《みそか》、至三石《みついし》要害、御屋形様《おやかたさま》（赤松義村《よしむら》）被寄御馬《おうまをよせられ》、三ヶ国軍勢囲、既《すでに》難儀之刻《とき》、
松田（元陸《もとみち》）方合力《がたごうりき》之段、為可申渡為後詰《ごづめをなす》、十二月廿一日至可真《かま》郷石蓮寺令出張《でばらしむ》、
同廿四日新田荘安養寺迄着陣仕《ちゃくじんつかまつり》、明石家来之族《けらいのやから》私宅放火候、因之《これにより》号和うえ儀候、……
永不可存忘、恩賞必可相計候、
恐々謹言
正月十二日　（浦上）村宗
宇喜多和泉守（能家《よしいえ》）殿

赤松家当主・義村（政則の養子）は重臣の浦上村宗と不和になり、永正十五年（一五一八）十一月、義村みずから数千の軍勢を率いて浦上の籠もる三石城（岡山県備前市三石）を攻撃した。しかし、城を落とすことができず、翌年正月に兵を引きあげた。

　この時、浦上の被官・宇喜多能家《よしいえ》（直家《なおいえ》の祖父）は、敵方の新田荘に侵攻して、「明石家来之族《けらいのやから》私宅」に放火したという。つまり、宇喜多能家が、赤松勢に包囲されている三石城（浦上村宗）を助け

るため、赤松方の明石氏家臣の留守宅を襲い、赤松方の気勢を削いだのである。これにより、明石氏は戦意を無くし、赤松陣営に動揺が広がり、赤松義村は浦上と和睦して兵を引かざるを得なくなった。

この経緯から、備前明石氏は、少なくとも永正年間までは赤松惣領家の被官だったことが明らかである。

しかし、守護代浦上氏の力がますます伸長し、赤松氏の権威が次第に蝕まれていくという情勢の変化に従って、備前明石氏は浦上陣営に鞍替えして、浦上の被官になっていくのである。

第二章　戦国の終焉

一、浦上宗景と宇喜多直家

享禄《きょうろく》四年（一五三一）、浦上村宗《むらむね》（宗景の父）が摂津天王寺（大阪市天王寺区）で赤松晴政と戦い討ち死にした。宗景《むねかげ》と兄の政宗《まさむね》は、それまでの本拠・三石城を出て、室津《むろつ》城（兵庫県たつの市御津町《みつちょう》）に移り、ここで勢力の回復に努めた。

その後、浦上宗景は、備前守護代の名跡を継いで備前に入り、天神山《てんじんやま》（岡山県和気郡和気町田土《たど》）に城を築いて居城とした。

そして程なくして、浦上兄弟の仲は決裂し、天文二十三年（一五五四）ごろから両者は干戈を交えることになる。宗景は、東備前を押さえるとともに美作東部も、さらに、兄・政宗の死後は西播磨にも勢力を伸ばしていった。

永禄十一年（一五六八）六月一日付の片上《かたかみ》・浦伊部《うらいんべ》境界裁定文書（「来住家文書《きしゅけ》」）の末尾に、領主・浦上宗景を補佐する六人の重臣の署名と花押が見られる。

この六人の重臣の一人が明石飛騨守行雄《ゆきかつ》、すなわち、掃部《かもん》の父である。

また、宗景の居城・天神山城をみると、本丸の南に隣接する曲輪《くるわ》に「飛騨の丸」の名が付けられていた。その名が示す通り、この曲輪は明石飛騨守の守備担当で、ここに明石の兵が常駐していたことを物語っている。このことからも、明石氏がいかに信頼されていたかがうかがわれる。

イエズス会報告書には、明石掃部の家臣・明石次郎兵衛は永禄三年（一五六〇）ごろ備前天神山に生まれた、とある。〈「カミッロ・コンタンツォの一六一八年度日本年報」、『報告集Ⅱ―２』所収〉

天神山の北東の山腹や北の麓近くには、当時、城兵の家族が生活する根小屋《ねごや》が多数存在していたと伝えられているが、明石次郎兵衛はここの根小屋で生まれたのであろう。

浦上宗景の家臣団の中では、新参の宇喜多直家《なおいえ》の抬頭がめざましかった。

天文十二年（一五四三）、十五歳で出仕した宇喜多八郎は、初陣で兜首《かぶとくび》を取る手柄をあげ、翌年、元服して三郎左衛門直家と名乗り、吉井川河口の乙子《おとご》の小城（岡山市東区乙子）とその付近の地を賜り、三〇人の足軽を付与されたという。

その後、宇喜多直家は着実に力を蓄えていき、天文二十三年（一五五四）、宗景・政宗の兄弟が敵対関係になると、直家は政宗方の宇喜多大和守国定（宇喜多および浮田《うきた》の惣領家と考えられる）と戦い、弘治二年（一五五六）ごろにはその居城・砥石《といし》城（岡山県瀬戸内市邑久町《おくちょう》豊原《とよはら》）を陥れ、大和守を討ち取った。

さらに、永禄二年（一五五九）には宗景の命を受けて、島村貫阿弥盛実《かんあみもりざね》（瀬戸内市邑久町豊原、高取山《たかとりやま》城主）と中山備中守勝政（直家の舅《しゅうと》、沼城主）を謀殺した。

直家は本拠を沼城《ぬまじょう》（岡山市東区沼）に移し、宗景領国内で大きな勢力に成長していく。

明石飛騨守は、その居城・保木城《ほぎじょう》（岡山市東区万富《まんとみ》から赤磐市《あかいわし》得富《とくとみ》にまたがる山城）が地理的に沼城に近いため、新参の直家に対しての軍事支援が容易であったとともに、目付《めつけ》の役目も果たしていたと思われる。

このことは、当時、宇喜多氏が戦った主要な戦いにおいては、いつも、明石飛騨守が参加していたことから推測される。

直家としては、明石氏との関係をより緊密なものにしようとして、その妹を飛騨守に嫁がせている。飛騨守の子供たちの年齢から逆算すれば、その時期は永禄のはじめだったと考えられる。

浦上宗景は、政宗の勢力を備前東部から駆逐した（永禄三年ごろ）あと、それまで同盟関係にあった毛利氏からの離反を決意した。このままでは、強大な毛利の領国に飲み込まれてしまい、毛利の一部将という地位に甘んじることになるのを恐れたのである。

一方、備中の三村家親《みむらいえちか》は、毛利を後ろ盾に急速に戦力を蓄え、永禄六年（一五六三）には岡山平野を手中にして、浦上、宇喜多両氏に直接脅威を与える存在になっていた。

永禄七年五月、宇喜多勢が岡山平野の北辺の要害・龍ノ口城《たつのくちじょう》（岡山市中区湯迫《ゆば》）を再三攻撃してこれを攻略すると、三村家親はその奪還をはかり、毛利からの加勢を加えた総勢三万と呼号する大軍で、美作路から進攻を開始した。永禄九年、三村勢は、まず弓削荘《ゆげのしょう》の小松城（沼元《ぬもと》氏）を抜いたあと、興《こう》善寺《ぜんじ》（岡山県久米郡久米《くめ》南町《なんちょう》下籾《しももみ》）に本陣を置いた。

宇喜多直家は、鉄砲の名手・遠藤兄弟を興善寺に潜入させ、三村家親を暗殺するのに成功した。まさに、起死回生の妙手であった。

永禄十年（一五六七）七月前後、宇喜多直家は備中勢の拠る妙善寺《みょうぜんじ》城（岡山市中区沢田）を攻撃した。これに対して、石川久智《ひさとも》（岡山県総社市西郡《にしごおり》、幸山城《こうざんじょう》主）の率いる三村勢が後詰《ごづめ》（救援）を行い、沼城を衝《つ》く気配を見せて、宇喜多勢を城攻めから引き離そうと試みた。しかし、直家は城を一気に力攻めで陥れ、その余勢を駆って後詰勢に襲いかかった。折からの降雨で鉄砲を濡らしていた三村勢は総崩れとなり、久智をはじめとして五百余人が討ち死にしたという。〈森俊弘、二〇一二〉

この妙善寺合戦の時、浦上宗景は、宇喜多への加勢として、明石飛騨守と延原弾正《のぶはらだんじょう》を派遣したという。

また、元亀二年（一五七一）には、毛利、三村勢が佐井田《さいた》城（斎田城、岡山県真庭市《まにわし》下中津井）を包囲攻撃してきたので、浦上と宇喜多は連合して後詰の軍を送り備中勢を撃退した。この時の浦上勢の主力は、明石の部隊であった。

浦上、宇喜多対毛利、三村の抗争は激化の一途をたどり、攻防の矢面に立つ宇喜多氏にとって、情勢は次第に悪化していった。

致命的な危機を察した直家は、元亀三年（一五七二）十月、毛利に降伏を突然申し入れ、臣従を誓った。

小早川隆景《たかかげ》は、すんなりと直家の降伏を受け入れた。

しかし、宇喜多を仇敵とする三村元親《もとちか》は、これを憤り、毛利への反感を募らせ、天正二年（一五七四）、織田信長の誘いに乗って毛利からの離反を決断した。

小早川隆景は、即時に三村討伐を決定し、数万の軍勢を率いて備中に侵攻、三村方の諸城を抜いた。

翌天正三年六月、毛利、宇喜多連合軍の攻撃で備中松山城（岡山県高梁市《たかはしし》）が落城、三村元親の自刃で三村氏が滅亡した。

同年九月、毛利氏公認のもと、宇喜多直家は浦上宗景の天神山城を攻撃した。毛利の敵・織田方に属するとはいえ、宗景はかっての主君であった。まさに、下剋上《げこくじょう》の典型である。

浦上宗景は、天神山を退去して播磨へ敗走した。

宗景が徹底抗戦もせずに落去を余儀なくされたのは、明石飛騨守が宇喜多に内通して、寄せ手を城内に引き入れたためであった。

この形勢を見て、浦上方の部将・延原弾正、岡本権之丞《ごんのじょう》などが一斉に直家に帰順した。

結果的に、明石飛騨守の内通により、直家はほとんど血を流すことなく、備前と美作を手中にすることができたのである。

こうしてみると、直家の覇業にとっての第一の功労者は明石飛騨守行雄、と言っても過言ではなかった。直家は、その功に報いるため、明石飛騨守を単なる家臣としてではなく、「客分《きゃくぶん》あつかい（客将）」として、優遇したのである。

天正七年（一五七九）に入ると、宇喜多直家は再び毛利と手切れをして、織田信長に服属を願い出た。

以降、毛利と宇喜多は泥沼の抗争に明け暮れることになるが、天正九年二月、直家が突然に病死する事態が起きた。

翌年三月、信長は、宇喜多氏の要請を受け入れ、羽柴秀吉の軍団を備前に派兵した。

この時、備中高松城攻めに向かう途中の秀吉を、幼い宇喜多秀家（十一歳）が、明石飛騨守に手を引かれて、岡山城の大手門まで出て迎えた、と伝えられている。このことからも、当時、明石飛騨守が客分でありながらも、家老職に準ずる地位にあったことを表している。

ところで、明石飛騨守の「飛騨守」は私的な称号であったが、のち、天正十四年ごろに、秀吉の斡旋で朝廷から伊予守に叙任されている。

また、その人となりは、「知武トモニアリ、能人《よきひと》ト聞ヘタリ」（「浦上宇喜多両家記」）と伝えられ、同時代の人からは、智勇にすぐれた有能な人物との評価が下されている。

二、明石氏の所領と城

「池田家文庫」（岡山大学附属図書館所蔵）の「備前天神山城主浦上宗景武鑑《ぶかがみ》」には、宗景の家臣たちの知行地が列記されている。

それは、宗景家臣団についての記述とされるが、内容的には天正から文禄にかけてのものと考えられ、多くが宇喜多時代に入るものである。

その中の、明石掃部とその一族の所領は次頁の表の通りである。

その表中の人名、明石掃部の正式な官途名《かんとめい》の掃部頭は、「かもんのかみ」と読む。明石久兵衛景行は、系譜的には、掃部の従兄《いとこ》にあたる。久蔵は、景行の弟・右近宣行の息子であり、岡越前守の与力頭《よりきがしら》である。

この三人の知行高は、宇喜多家分限帳の数字と異なるが、知行地が分かるのが非常に参考になる。

所領の分布をみると、備前明石の嫡流・掃部は、赤磐《あかいわ》郡（岩生《いわなし》、赤坂郡）と邑《お》久《く》郡を中心に、明石景行と久蔵は、主に和気郡と邑久郡に領地を有していたことがわかる。

明石氏の知行地

人名	知行地		石高
明石掃部頭（17,725石）	岩生郡	可真下村	926石
		可真上村	514石
		弥上村	401石
		佐伯南方	974石
	赤坂郡	平岡新荘、本荘	2,040石
		迫田村	376石
		鳥取北方	1,859石
	邑久郡	奥浦	613石
		南北条	2,914石
		豊原	3,953石
	三野郡	上牧石	880石
	上道郡	清水村	786石
	児島郡	沼村	2石
		下村	583石
		小川村	591石
	作州	福渡	296石
明石久蔵（876石）	和気郡	田原	401石
		和気	474石
明石久兵衛（2,835石）	和気郡	吉永	700石
		吉永	510石
	邑久郡	山田荘	1,127石
	播磨国赤穂郡	東有年	497石

（※石高の斗以下は切り捨て）

次に、明石氏関連の古城を地誌などから抜き出し、列記してみる（ただし、地名は旧地名）。

東山《ひがしやま》城（北方《きたがた》城、巖門山《いわとやま》城、和気郡吉永町岩崎）

明石景季《かげすえ》、景行

大股《おおまた》城（和気郡吉永町都留岐《つるぎ》）

明石景行
鳥ヶ成城《とりがなる》（和気郡吉永町都留岐）
大股城の支城か？
惣谷山城《そうたにやま》（和気郡吉永町高田門出）
明石宗運
曽根城《そね》（名黒山城、和気郡和気町曽根）
明石景行、明石右近宣行
論木山城《ろんぎやま》（和気郡吉永町今崎山津田）
明石景季
宮山城《みややま》（働城《かせぎのしろ》、和気郡和気町吉田働）
明石飛騨守
保木城《ほぎ》（赤磐郡瀬戸町保木）
明石飛騨守、掃部頭
八幡山城《はちまんやま》（松撫城《まつなで》、赤磐郡吉井町仁堀中《にぼり》）
小坂弥三郎、明石源三郎、飛騨守、掃部頭
坂根城《さかね》（物理城《もどろい》、赤磐郡瀬戸町坂根）
物理貞茂《もどろいさだしげ》、長船左京《おさふね》、あるいは、明石清景、明石右京

次に掲げるのは、東備前の古城址分布図である。図中の●印は、明石一族関連の城址である。この地図で、明石氏の城の分布を見ると（全ての城が同時に存在したのではないが）、浦上宗景の天神山城の東から南にかけて、まるで防衛線を形作るように並んでいる。

東備前古城址分布図

その他の城

1上田城	12天王久保山城
2稲蒔城	13殿谷城
3北山方城	14西山城
4樫城	15衣笠山城
5矢口城	16大中山城
6観音山城	17医王山城
7天神山城	18伊部城
8北浦山城	19三石城
9大坊山城	20香登城
10上見山城	21富田松城
11青山城	22茶臼山城

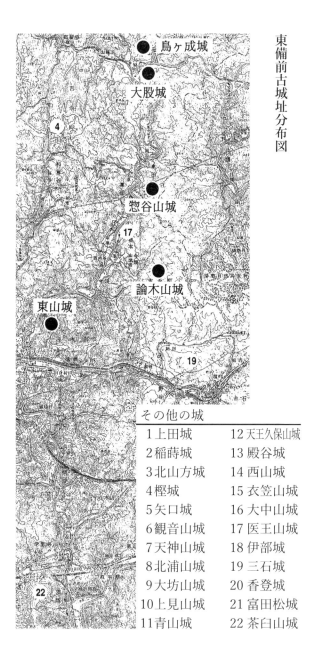

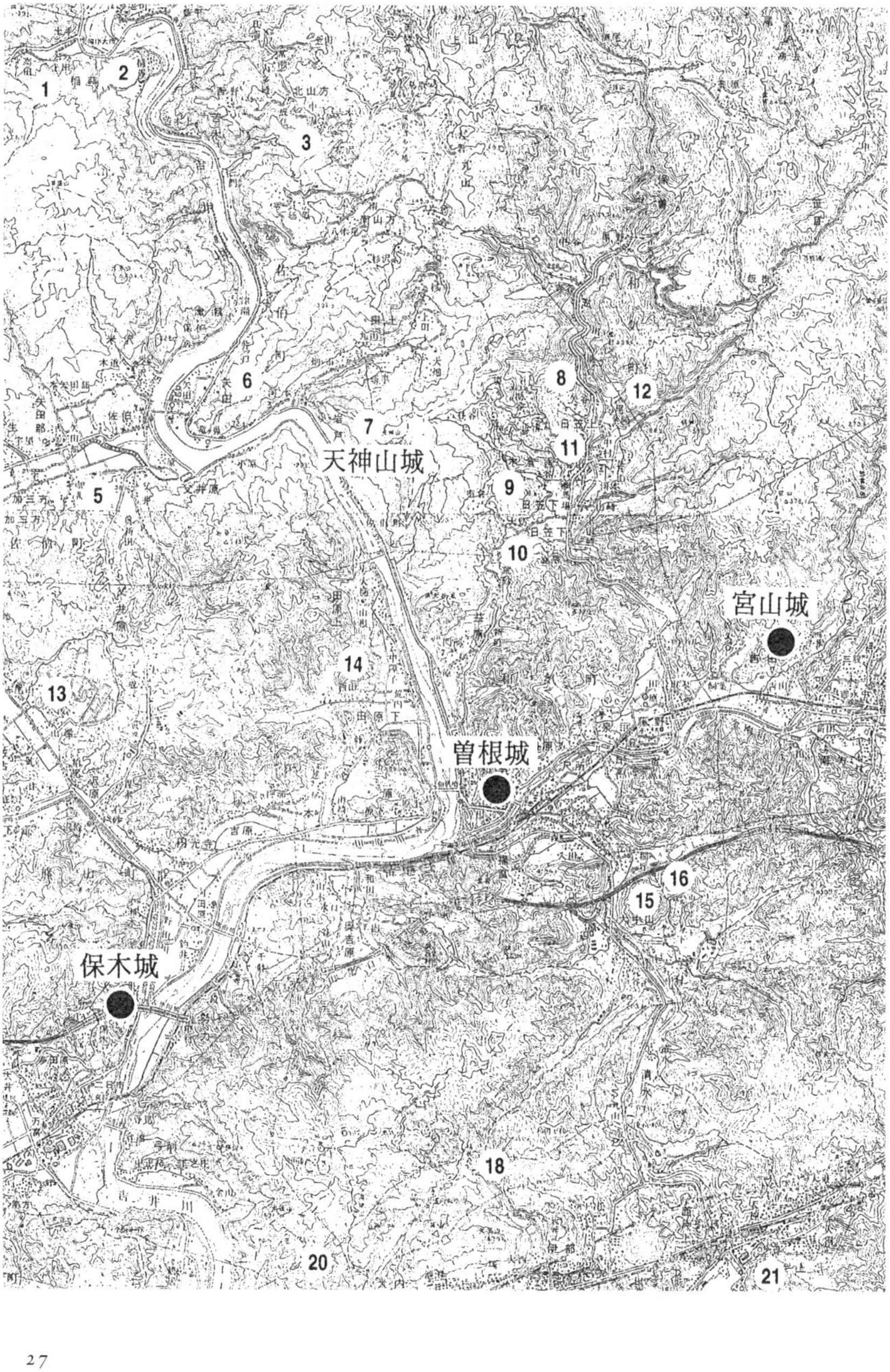
1
2
3
5
6
7
8
9
10
11
12
13
14
15
16
18
20
21
天神山城
宮山城
曽根城
保木城

三、保木《ほぎ》城

明石飛騨守行雄《ゆきかつ》は宮山城を、弟の景季《かげすえ》は東山城を居城として、浦上宗景に仕えていたが、その後、飛騨守は、宮山城から西南に一三kmの保木の山頂に城を築きここに移った。

以来、保木城が、備前明石惣領家の飛騨守、掃部頭《かもんのかみ》の居城となるのである。

この城は、水運の要《かなめ》・吉井川の西岸に峻立し、また、中世以前からの古山陽道もこの城の麓《ふもと》をめぐっており、水陸要衝の地を占めていた。

また、その上流、一二km遡った所に主家・浦上宗景の天神山城があり、保木城は宗景領国の南方最大の軍事拠点であった。

しかし、五十年ほど前、この城山は採石業者の所有するところとなり、長年にわたる採石、採土によって破壊が相当進んでいる。(今、採石場は閉山し、操業停止している)

現在、城山の上半分は完全に消滅しており、かろうじて残った山腹を山陽自動車道の二本のトンネルが東西に貫通して、無残な山容をさらしている。

ただ、この城郭の破壊直前、昭和五十四年(一九七九)と翌年の二回にわたり緊急調査が行われ、発掘記録が残されている。

岡山県教育委員会の発掘調査報告書によると、城郭の規模は総延長が約四〇〇m、幅が三〇mのY字状の連郭式山城である。

この城には石垣が見られず、全体が地山削り出しである。城は全体で一八の郭で構成されており、第一郭が本丸址とみられ、城山と呼ばれる標高一八一mの頂上部にあった。その平坦部の広さは約九〇〇㎡で、柵列に囲まれた礎石建物（規模不明）があったと確認されている。

本丸の東側の帯曲輪《おびくるわ》（第二郭）には、一間×二間の掘立柱建物（櫓《やぐら》）が認められる。

本丸から北西側へ下る尾根には堀切《ほりきり》が一条あり、それがそのまま竪堀《たてぼり》へと続いている。本丸の周り

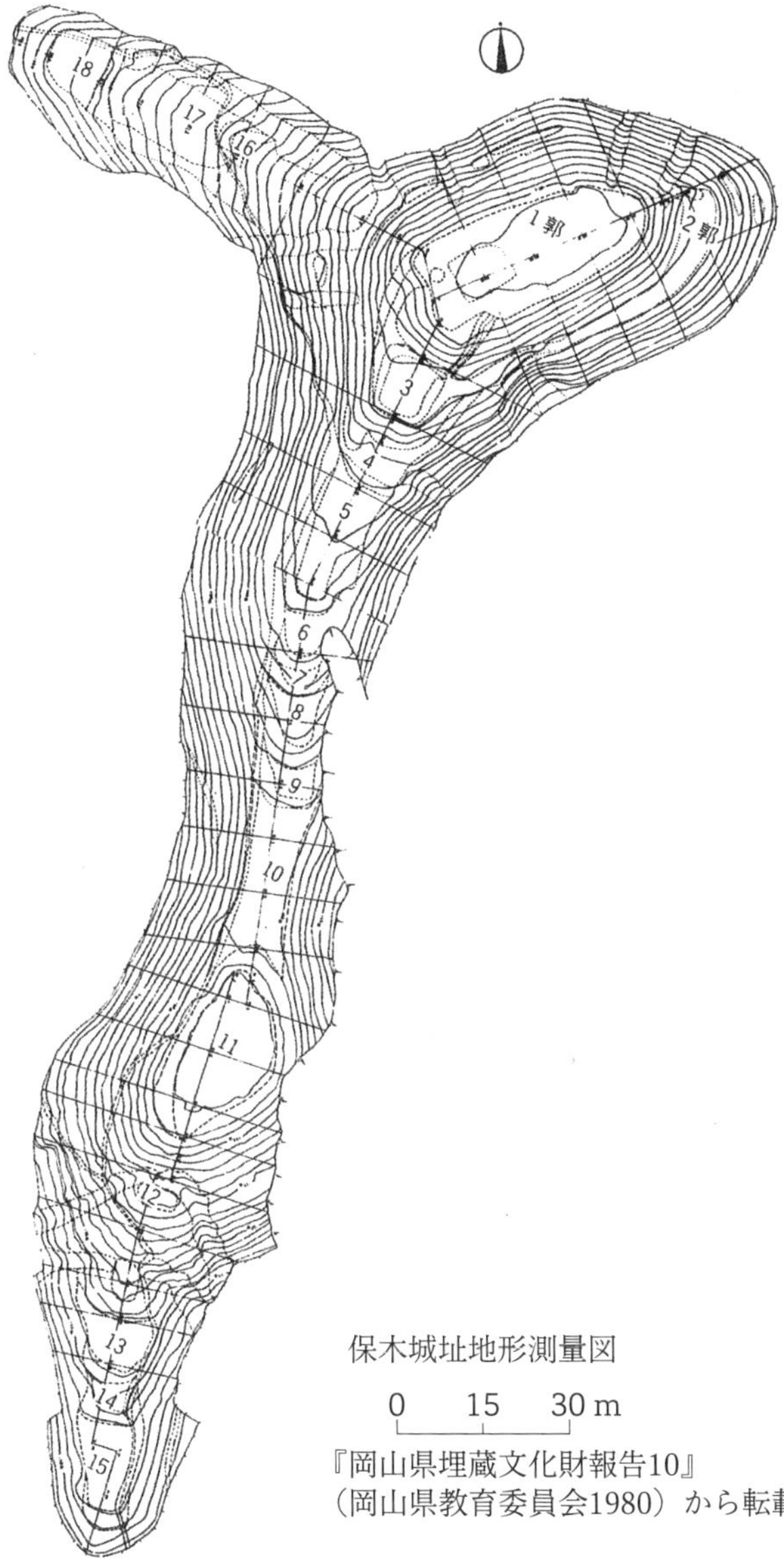

保木城址地形測量図

『岡山県埋蔵文化財報告10』（岡山県教育委員会1980）から転載

には他にも五条の竪堀が存在する。

本丸の南に連なる第三、第四郭には土塁がめぐらされ、第三郭では八間×一〇間の礎石建物が認められ、第四郭では木戸口《きどぐち》（城門）と考えられる遺構があった。

さらに南下すると第五～一〇郭があり、そこから一段上がって、二の丸と推定される第一一郭へと続く。（31頁の図5参照）二の丸にも礎石が認められるが、電力会社の鉄塔があったため、規模は判明できない。

二の丸の南には二条の堀切があり、第一三郭には四間×三間の礎石建物が確認され、ここから鉛の鉄砲玉が出土している。

保木城には、少なくとも七棟の建物址が確認されているが、瓦葺《かわらぶき》の建物は認められず、その屋根は板葺あるいは、藁葺《わらぶき》であったと考えられる。第二郭から一五㎝×一五㎝の瓦片が一点出土しているが、この一片だけの出土ということから、この瓦片はその本来の用途でなく、何か他の理由で城内に持ち込まれていたと解釈できる。

現在、出土品は、すべて岡山県古代吉備文化財センター（岡山市北区西花尻）で保存管理されている。

出土品としては、具足《ぐそく》の小札《こざね》（図1）、馬具（轡《くつわ》）、刀子《とうす》（小刀）、釣り針、矢尻がある（図2）。

この透《す》かしのある大型の矢尻は、飛距離が短いが、人体に突き刺さると抜き取りにくく殺傷力が強いので山城での防衛戦に適している。

また、釣り針が出土していることから、非番の時に、下の吉井川で太公望をきめこむ侍がいたことが想像され、興味深い。

図１　小札

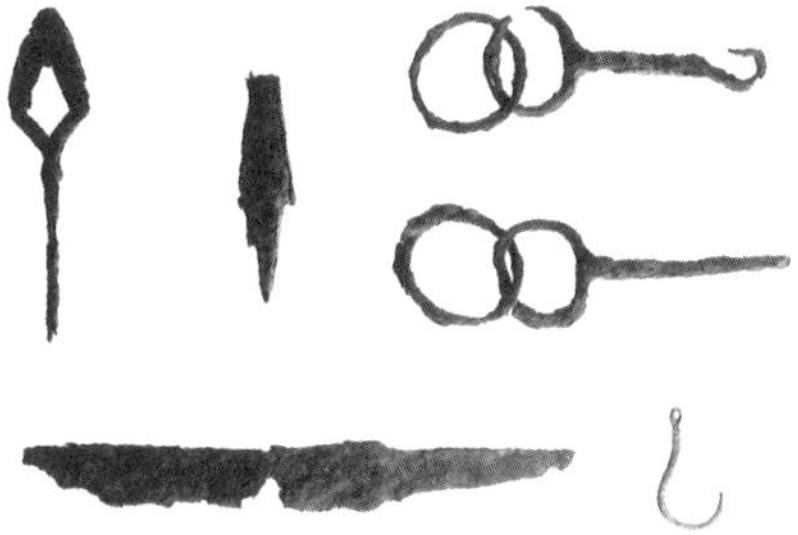

図２　馬具、矢尻、刀子、釣り針

図３　古銭

図４　備前焼壺とすり鉢

図５　保木城第１郭から第３～11郭方面を望む

図１～５写真　岡山市教育委員会提供

さらに、出土品としては、各種の古銭（図3）、備前焼の壺やすり鉢（図4）、鉄釘、石臼、備前焼の徳利《とっくり》それに、二〇〇kgにおよぶ少し炭化した穀物（米、大麦、粟、豆）などが発掘された。〈「保木城址第一次、第二次発掘調査」〉、および、〈岡本芳明〉

本丸址などから磁器の破片が数個体出土しており、その中の一つに、口径六cmの小ぶりな湯飲みがある。

白磁の肌に呉須で精巧な細文様が描かれている。保木城は関ヶ原合戦後に廃城になっており、この城が機能していた時期には、国内ではまだ磁器生産が始まっていなかったので、これらの出土磁器は明からの輸入品であったと推定される。

城山の西麓に保木の集落がある。

この地区には市《いち》のつく地名が多く、加市、上ヶ市、下ヶ市、中ヶ市、西ヶ市とある。中世の集落の名残《なごり》と思われる。往時、ここには、家臣たちの起居する根小屋が建ち並んでいたのであろう。

さらに、この集落の奥まった一画に「開《ひらき》」という地名がある。現在は山陽自動車道のトンネル貫通部あたりであるが、ここに、城主の居住する館があったと考えられている。そのすぐ近くに、城に登る大手道があり、そこには土塁址がみられ、「土井《どい》の端《はた》」の地名がある。〈『瀬戸町の歴史散歩』〉

この保木の城山の南側に、独立した小山がある。現在、この頂上平坦部には休憩所が建てられているが、この小山は保木城の出丸であったと考えられる。

ところで、この保木城は一体いつごろ築城されたのであろうか？

そもそも、城というものは、何でもない時に築かれたりはしない。政治的、軍事的に大きな事件が起きた時、あるいは、起ころうとする時、それに対処するための最適な場所に軍事拠点が必要となってくるのである。明石飛騨守は、宮山城を出て、保木城へと居城を移したのだが、それには何らかの理由、あるいは、必然性があったはずである。

天文二十年（一五五一）ごろから、山陰の尼子晴久《あまこはるひさ》が美作、備前へ南下侵攻してくる。

浦上政宗、宗景の兄弟は、尼子への対応策をめぐって意見を異にし、不和になる。

天文二十三年には、政宗軍が天神山城に押し寄せ、ついに両者は干戈を交えた。政宗は、尼子氏ならびにその同盟者・松田氏と手を結んだので、宗景は、彼らに対抗するため、毛利氏に支援を要請した。

宗景は、宇喜多直家や三村家親（毛利幕下）の活躍に援けられ、永禄二年（一五五九）ごろには、東備前から政宗派の勢力をほぼ一掃して、その領国を拡大させた。

保木城は、このような情勢の中で築城されたと考えられ、その時期は、天文二十三年（一五五四）から永禄二年（一五五九）の間であったと推測される。

保木城は、吉井川沿いに北上してくる政宗勢や、古山陽道を東進して来る松田勢を阻止する目的で築かれたのである。

また、この城が南方の邑久郡や上道郡《じょうとう》への橋頭堡となり、宇喜多直家（沼城）への軍事支援あるいは牽制が容易になった、と思われる。

第三章　明石掃部の登場

一、掃部、人質になる

明石掃部は飛騨守行雄の嫡男といわれるが、いつ、どこで生まれたかは史料が無く、不詳である。ただ、掃部の名がはじめて文献上に現れるのは、天正十年（一五八二）のことである。

この年、六月二日、織田信長が本能寺においてその生涯を終えた時、羽柴秀吉は備中高松城（岡山市北区高松）を水攻めの最中であった。

秀吉は、対峙する毛利輝元と急遽講和を結び、明智光秀を討つべく軍を東へと返した。世にこれを「中国大返し」という。

この折、秀吉は、背後から追撃される憂いを断つため、毛利家から十六歳の小早川元総《もとふさ》（＊）とその後見人の桂元繁《もとしげ》を人質にとったが、念のため、味方の宇喜多家からも人質を出させ、これを姫路城まで同道させてそこに留め置いた。

（＊毛利元就の九男・元綱。十三歳で小早川の養子となり、元総。のち、秀包《ひでかね》）

この時、宇喜多家が差し出した人質は、重臣・戸川秀安《ひでやす》の娘と明石飛騨守の嫡男・掃部であった。

「戸川記」に、「為人質《ひとじちとして》、戸川平右衛門（秀安）娘并《ならびに》明石掃部、其節未《いまだ》幼少なるを差出す」とあり、その時点では、戸川の娘も明石掃部も「未幼少《いまだ》」であった、という。

つまり、明石掃部はまだ元服前の少年だった、ことを明記している。

藤木久志著『戦国の作法』によれば、天正十八年の秀吉による奥州仕置の時、地元から出させた四三人の人質のほとんどは、元服前の「児童（男女）が占め、成人も女性と老人ばかりで成人男子は一人もいない」ということであった。

では、一般的に、元服とは何歳でしたものであろうか？

前掲書によると、「成人になる境目は一四～一七歳と、地域や共同体によって違いがあったらしい」のである。

ところで、岡山県美作《みまさか》市後山《うしろやま》（旧東粟倉村）に、江戸期を通じて庄屋を務めた明石家がある。明石掃部の子孫と伝えるが、その実は、掃部の与力であった明石四郎兵衛の末裔と思われる。

この明石家では、昭和四十年代においても、長男が十五歳になると古式に則った元服式が行われていた。〈相賀庚〉

ということは、往時の明石掃部も十五歳で元服したのではないかと推測される。

つまり、明石掃部は、天正十年当時まだ元服前の少年で、十五歳以下であったと推定されるのである。（本書では、明記のない限り、年齢は数え歳で表記する）

ところで、人質にされていた掃部と戸川の娘の二人は、短期間で拘束を解かれたと考えられる。山崎合戦後の清州会議で秀吉が主導権を握って政情が一段落した時、あるいは、宇喜多の未亡人・おふく（秀家の生母）が秀吉の側室として姫路城に入った時点で、掃部たちは解放されて帰郷できたと思われるのである。

（近年、宇喜多秀家の生母について、「おふく」という名が疑問視されているが、本書では、便宜上、この呼称を使用する）

二、四国出陣

山崎合戦で明智光秀を討った秀吉は、織田家中における主導権を握り、翌天正十一年には、柴田勝家を滅ぼして天下の実権を手中にした。

信長の後継者としての地盤を固めた秀吉は、信長以来の懸案だった長宗我部《ちょうそかべ》氏征討に乗り出した。秀吉は、甥の秀次を、阿波を逐われた三好康長《みよしやすなが》の養子に入れ、領国奪還という大義名分を得ていた。

天正十三年（一五八五）六月、秀吉軍は三方面から四国に進攻した。

総大将の羽柴秀長は、秀次の部隊と合流し、淡路島を経由して阿波（徳島県）に上陸した。また、小早川と吉川《きっかわ》の毛利軍は伊予（愛媛県）に、さらに、宇喜多勢は、軍監・黒田孝高《よしたか》の統率のもと、蜂須賀正勝と共に讃岐（香川県）に上陸した。

明石掃部は、一隊の将として、この宇喜多勢一万五〇〇〇の中にあった。

黒田、宇喜多、蜂須賀からなる讃岐進攻軍は、高松、牟礼《むれ》周辺を制圧し、さらに、南の喜岡《きこう》城、香西《こうざい》城をまたたく間に攻略した。

阿波では、秀長率いる三万の兵が一宮城（徳島市一宮町）を攻囲し、羽柴（三好）秀次の三万の軍は、義父の旧領・岩倉へ向かった。

宇喜多勢などの讃岐進攻軍も、秀次の加勢のため、急遽、阿波へ転進した（七月）。

要衝の岩倉の地には、長宗我部方の岩倉城と脇城《わきじょう》の二つの城があった。岩倉城（徳島県美馬《みま》市脇町）と脇城の間は、わずか一㎞と近接していて、相互に連携することで強固な防衛拠点としての機能を果たしていた。岩倉城には比江山親興《ひえやまちかおき》、脇城には長宗我部親吉《ちかよし》が籠もり、総勢五〇〇〇の兵で秀吉軍を迎え撃った。

五万三〇〇〇にのぼる攻城軍は城の険要さを見て力攻めをせず、まず、木材を組んで高楼を作り、そこから城中に向かって大筒《おおづつ》を撃ち込んだ、といわれる。さらに、城の前を流れる吉野川を堰き止めて両城の山下《さんげ》に水を流し込み、低地の根小屋などを水没させた。最終的には、坑道を掘るなどして城の水の手を切ったので、両城は開城を余儀なくされ、十九日間の攻防に終止符が打たれた。

この戦いにおいて、明石掃部は、岩倉城から南東方向の山中にある別枝山《べっしやま》に陣を構えて、宇喜多本隊とは別行動をとっていたようである。

別枝山（徳島県吉野川市美郷《みさと》町平《たいら》）は、岩倉城の眼前の吉野川を東へ一〇㎞下り、そこから、川田川という支流を南に九㎞遡ったところにあり、別枝城《べっしじょう》、または、平城《たいらじょう》と呼ばれるが、地元の古老は城址をヤンバシラ城と呼ぶそうである。〈『徳島県の中世城館』〉

城址は、川田川に向かって突き出た標高二七〇ｍ（比高一二〇ｍ）の尾根上といわれるが、現状は墓地が広がっていて、遺構は確認できない。現在、その麓を国道一九三号線が走っている。

また、この別枝山の北、三㎞ほどの種野山《たねのやま》（吉野川市美郷町峠）には、掃部の与力・明石四郎兵衛が陣取った、という。

標高三二一mの種野山の頂上部の「東西三十間、南北十間余の畑」（『麻植《おえ》郡誌』）が城址というが、現在は竹林造成や開墾による地形の改変が進み、遺構がよくわからない状態である。なお、『阿波誌』では、宮田塁と記している。

備前赤坂郡軽部《かるべ》荘（岡山県赤磐《あかいわ》市軽部）の天地神社の棟札《むなふだ》に、天正十三年「明石飛騨守御内《おんうち》四郎兵衛」が本殿の屋根を葺き替えた、と記されている。〈『赤坂町誌』〉

この棟札の文面から、天正十三年時点では、明石四郎兵衛（一〇〇〇石）の軍制上の寄親《よりおや》は飛騨守であって、掃部ではなかった。これを考えるに、飛騨守に出陣できない何らかの事由が起きたため、若い掃部が臨時に明石組の将兵を率いたのであろう。

そして、この明石隊の行動目的は、岩倉、脇城救援の長宗我部勢を阻止するために陣城を築いて、南方につづく谷沿いの街道を封鎖することにあった、と想像される。

明石掃部にとって、この四国出征が初陣であったかもしれない。

七月下旬になると、長宗我部元親は秀吉に降伏を願い出て、土佐一国のみを安堵された。阿波国は蜂須賀正勝の子・家政に与えられ、脇城にはその重臣の稲田植元《いなだうえもと》が入城した。

それに伴って、宇喜多勢は岡山に帰陣していった。

ところが、明石一族で、そのまま阿波に残留した者がいた。明石勘右衛門（四郎兵衛の家臣か）といい、六人の家来とともに、故郷に帰ることなく、ほぼ無人の種野山地区に入植、帰農した、という。

勘右衛門は、のち、蜂須賀家から政所役《まんどころやく》（庄屋）を拝命し、その次男は、別枝山地区に移住してそ

の地の政所役に任ぜられている。〈『美郷村史』〉

三、掃部の誕生年

さて、ここで、明石掃部の年齢について、もう一度検討してみる。

掃部は天正十三年の四国征討に参陣していることから、この時には既に元服を済ましていると考えるのが妥当である。それも、父・飛騨守に代わって一族を率いていることから、元服したての十五歳というはずはないだろう。

以上のことから、天正十三年時点での掃部の年齢は十六歳以上である、と推定することができる。

ところで、前述の、中国大返しの時の人質の年齢から導き出された「天正十年当時、掃部は十五歳以下」との推定値は、天正十三年に置き換えると、「十八歳以下であった」ということになる。

これと、「四国征討時には十六歳以上」との推定値を重ね合わせると、掃部の年齢は、天正十三年時点で十六歳～十八歳ということになる。

これを逆算すると、掃部が生まれたのは、永禄十一年～十三年ということになる。

つまり、永禄十二年（一五六九）前後ということなので、本書では、「永禄十二年（推定）」と表記する。

でも、この強引な推定値が妥当か否か、検証する必要がある。

イエズス会の一六〇一年九月付の報告書には、掃部の長子について、「まだ十二歳になっておらず」

と書かれている。〈「一六〇一年九月三〇日付、フランシスコ・パシオの日本年報」、『報告集I―4』所収〉

長子は一六〇一年九月の時点ではまだ十二歳を迎えていない、という文脈から、満年齢で十二歳未満ということが分かる。従って、数え歳では十二歳〜十三歳ということになろう。

明石掃部は、この年（一六〇一）、三十三歳（推定）であり、その長子が十二歳〜十三歳ということには何ら不自然なところはない。掃部のこの推定年齢は妥当であろう。

一方、掃部の年齢をもっと年長にみている史料がある。

「土屋忠兵衛知貞《ともさだ》私記」には、大坂陣で籠城した武将を列記している中で、明石掃部について「齢《よわい》六十計《ばかり》之者」と述べている。

掃部の推定年齢は、この年（慶長二十年、一六一五）では四十七歳である。

双方の数字には相当の開きがある。しかしながら、そもそもこの私記を書いた土屋知貞は家康の馬術指南役であり、大坂方諸将についての情報そのものが、まったくの聞き書きの域を出るものではなかった。

たとえば、長宗我部盛親《もりちか》について言えば、「私記」では六十余歳と記すが、正しくは四十一歳であった。

また、正しくは二十二歳の木村長門守重成を三十五歳と記し、三十八歳の毛利豊前守を五十余歳としている。このように、年齢に関しての情報はとても正確とはいえないのである。

さらに、この「私記」は、掃部に関して、「播磨者《はりまもの》、太閤直参《じきさん》ニナリ拾萬石之身代《しんだい》」と記していて、明らかに播磨系の明石貞行（則実、豊岡城主、関白秀次事件に連座自刃）と、明石掃部を同一人物と誤解している。明石貞行は「全豊《ぜんほう》」とも名乗ったと言われ、掃部が大坂陣の時に「全登《ぜんと》」と称していたため、混同されやすいともいえる。

結局、この「土屋知貞私記」に書かれている掃部の年齢は信憑性に乏しく、前述の推定年齢の方に妥当性があると確信される。

話を整理すると、掃部は、明石飛騨守とその妻（宇喜多直家の妹）との間に、永禄十二年（一五六九）前後に誕生した、と推定されるのである。

また、天文二十三年から永禄二年の間に、明石飛騨守が保木城に移ったという説を既述したが、この説から必然的に、掃部は保木城で生まれたと推測されるのである。

四、掃部および姉妹たちの婚姻

天正十五年（一五八七）、宇喜多秀家は、薩摩の島津攻めに一万五〇〇〇の兵を以て出勢した。九州征討が終わり、九月になると、関白秀吉は、政庁として京都に聚楽第《じゅらくてい》を完成させ、ここに入った。「聚楽」は「長生不老の樂を聚《あつ》むる」との意味とされ、その名から風雅な邸宅を想像するが、実際は、幅広い堀をめぐらした四つの曲輪からなる内郭と、大手門を含む外郭とで構成される城郭であった。

聚楽第の堀の外側には、秀吉の信頼する大名たちが屋敷を構えていた。宇喜多秀家の屋敷は、大手門の南東すぐそば（京都市上京区浮田町）にあった。

翌年四月には、後陽成《ごようぜい》天皇が聚楽第に行幸され、五日間にわたって荘重華麗な式典がくりひろげられた。

四月十四日の行幸の際、現任公卿の行列に加わっていた武家は、織田信雄《のぶかつ》、徳川家康、羽柴秀長、羽柴秀次、宇喜多秀家の五名であった。そして、それぞれが一〇名ほどの家臣（従五位下より上の諸大《しょたい》夫《ふ》に叙任された者）を従えて供奉《ぐぶ》した。

宇喜多秀家は、戸川秀安、長船貞親《おさふねさだちか》、明石行雄《ゆきかつ》、岡家利《いえとし》、宇喜多忠家、花房秀成《はなふさひでなり》（正成）などの老臣を随身にしていた。

御所から聚楽第までの一・五㎞ほどの間には、諸大名の手配した六〇〇〇人余りの武士たちが沿道警備の任についていたが、明石掃部もこのような警備に駆り出されていたと思われる。

ところで、掃部の長子が、一六〇一年九月時点で十二歳～十三歳（数え歳）であった、と既述したが、それから類推して、掃部（推定二十歳）は、この天正十六年（一五八八）には既に結婚していたと思われる。

その結婚の相手は、宇喜多直家の娘、つまり、秀家の姉であった。

掃部の生母は直家の妹なので、掃部は従妹《いとこ》と結婚したことになり、宇喜多家と明石家は重縁関係で強く結ばれていたのである。

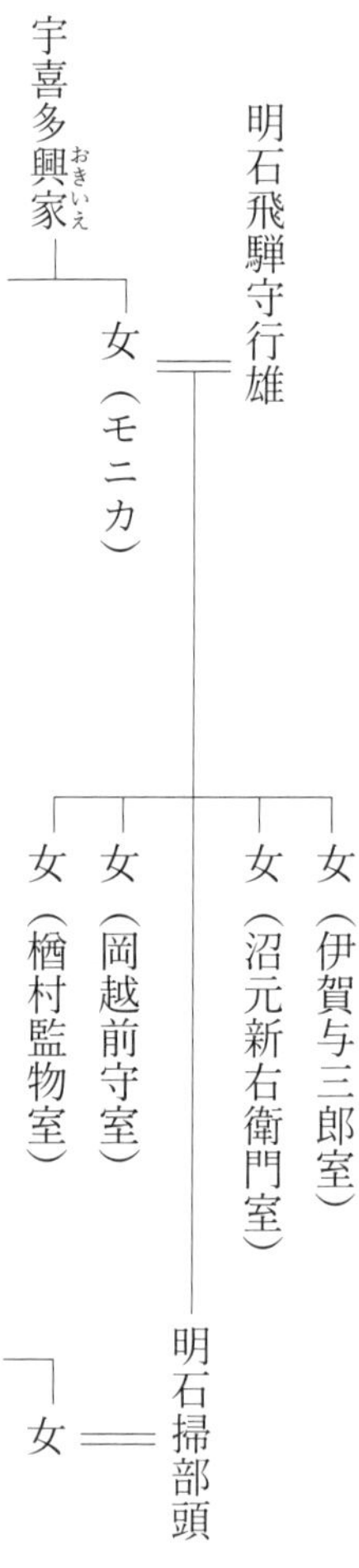

直家
おふく（円融院）
秀家

明石飛騨守には、少なくとも、五人の子供がいたことが判明している。

上の二人が女子で、三番目の子が掃部。四、五番目が女子であった、と推測される。姉二人は、それぞれ宇喜多家中の伊賀与三郎久家《ひさいえ》（岡山市北区御津《みつ》虎倉《こくら》の虎倉城主の嗣子）、沼元《ぬもと》新右衛門家久に、妹二人は、岡越前守貞綱、楢村監物《ならむらけんもつ》に嫁いでいる。

五、知行高、家紋

「浦上宗景武鑑」に載る掃部の知行高は一万七七二五石余りであるが、「宇喜多秀家卿家士知行帳」によると、掃部の最初の知行高は一万二五〇〇石であった。（この石高は父・飛騨守の知行をそのまま引き継いだものと思われる）

のち、文禄三年（一五九四）に一万石が、慶長三年（一五九八）には一万六一〇石が加増されたので、合計は三万三一一〇石になる。この知行高は、宇喜多家中で最高のものであった。（文禄、慶長の二度の加増は、朝鮮役《ちょうせんのえき》での軍功に対するものだったといわれている）

この内、二〇〇〇石は、保木城の維持管理のために無役《むやく》、つまり、軍役《ぐんやく》免除であった。

それに加えて、鉄砲衆四〇人が付与され、その費用として八〇〇石（鉄砲足軽一人に付き二〇石）

が支給されていた。

また、唯一の与力として、一族の明石四郎兵衛が配されていた。彼の知行高は一〇〇〇石であったが、三星城《みつぼし》（岡山県美作《みまさか》市明見《みょうけん》）の在番代として無役であった。

宇喜多家では、万石以上の組に数十人の与力衆が配属されるのが普通だが、明石組だけが例外的に、与力は一族の者一人だけであった。この特殊性は、明石組が飛騨守以来、客将軍団であったことを、如実に物語るものである。


次に、明石掃部の家紋についてだが、これについては何も伝えられていない。

応仁の乱で活躍した明石越前守尚行は「竹の丸に桐」の家紋を使用していて、それが備前明石氏に継承され、後代の掃部もこの紋を使っていた、との説がある。〈『武家の家紋と旗印』〉

しかし、この説は誤りだと思われる。

明石越前守の嫡流の明石貞行（則実）が、関白秀次事件に連座自刃したため、本宗家が絶えたのだが、その従兄弟の助九郎安行は黒田家に仕え筑前に渡った。この末裔である東京在住の明石家（台湾総督・明石元二郎《もとじろう》大将の孫）の家紋は、「なでしこ」紋である。このことから、「竹の丸に桐」紋は明石庶流には伝えられなく、当然、備前明石の系統の掃部もこの紋を使用しなかった、と考えられる。

それでは、現在、明石末流の家が使用している家紋から、掃部の紋所を類推してみることにする。

掃部の従兄・明石景行の子孫という明石家（現在、本家は東京都住）の定紋は、丸に二引両《ふたつひきりょう》と左三巴《みつどもえ》である。

平安末に播磨から美作に移住した明石定明の後裔という明石家（岡山市在住）も、丸に二引両の家紋を使用している。

それらと違って、岡山県美作市後山《うしろやま》の明石家（掃部の与力・四郎兵衛の系統）では、家紋は笹の丸で、幕紋は三引両の紋を使っている。

そもそも、この二引両と左三巴の紋は赤松氏の定紋である（46頁の図版参照）。

赤松円心（則村）は、はじめ三巴紋だけを使用していたが、足利尊氏の幕下で活躍し、その功により足利氏の二引両の紋を拝領した。以来、赤松氏はこの二つの紋をセットにして使用したのである。

播磨を中心に赤松一族は繁栄して、円心の三人の息子から分流した七条殿、伊豆殿、上野《こうずけ》殿、有馬、在田《ありた》などの九家が御一家衆をなした。

また、親戚扱いを認められたものに、宇野、能登、別所、上月《こうづき》などの十八の諸氏があり、御一族衆と呼ばれた。この御一家衆と御一族衆は「御紋内《ごもんうち》」とよばれ、二引両と左三巴を共通の家紋としていた。

明石氏は赤松氏の家来筋（年寄衆十六家の一つ）であり、この二つの紋の使用は許されていなかった。

しかし、備前においては、赤松氏勢力の衰退を契機として、明石氏がその出自を赤松氏の系譜に付会するようになり、家紋も借用して、丸に二引両と左三巴紋を使用するようになったと考えられる。

以上のことから、明石掃部は、丸に二引両と左三巴の二つの紋を定紋にしていた可能性が高い。

二引両

丸に二引両

左三巴

六、掃部の実名は「守行《もりゆき》」か？

明石掃部の名が載った一次史料とそれに準ずる史料は数が非常に少ない。それをまとめてみると、次のようである。

名乗り		文書名	年代	所収史料
明石掃部頭《かもんのかみ》	①	山口玄蕃頭宛 明石行雄書状	（文禄三）十一月十二日	飯田与一左衛門文書『萩藩閥閲録巻五十』
明石掃部助《かもんのすけ》	②	宇喜多秀家触状	（文禄五）四月十六日	備前遠藤家文書『岡山県古文書集第三輯』
明石掃部 ドン・ジョアン	③	フェルナン・ゲレイロ「イエズス会年報集」	一六〇〇ごろ	『報告集第I—3』
明石掃部頭	④	戸川達安宛 明石掃部頭書状	（慶長五）八月十九日	水原岩太郎所蔵文書『岡山県古文書集第三輯』
明石掃部助	⑤	飯尾太郎左衛門宛 宇喜多秀家判物	（慶長五）九月十四日	藤井治左衛門著『関ヶ原合戦史料集』

明石道斎 名全登 称掃部	⑥	慶長年中 士中寺社知行書付	（慶長七年ごろ）	『黒田三藩分限帳』
明石掃部	⑦	以心崇伝日記	慶長十九年 十月十九日	続群書類従完成会 『本光国師日記』

掃部の通称

右の表の内、父親の明石行雄や本人の書状（①、④）によれば、掃部の官途名は、「掃部頭」であった。だが、この官途名は、正式なものではなく、多分、元服後における私的な呼称であった。

通称については、「戸川記」や「備前軍記」などの書では、通常、「掃部」と記されており、イエズス会の報告書では、João Camondono（ポルトガル語で、ジョアン掃部殿）とか、Juan Acaxicamon（スペイン語で、ファン明石掃部）、つまり、「洗礼名＋掃部」と書かれている。掃部頭（かもんのかみ）よりも「かもん」の方が呼びかけやすいということもあって、「掃部」が通称として日常使われていたようである。

しかし、宇喜多秀家発給の判物《はんもの》（②、⑤）では、すべてが「掃部助」になっている。その理由はよくは分からないが、秀家からは、普段、掃部助と呼ばれていたのであろう。

ところで、随分のちの話であるが、寛永十年（一六三三）に、掃部の長男が薩摩で捕縛されたが、この時はじめて、その名が小三郎ということが分かった。

名付けの原則からすると、「小三郎」の父親・掃部の名は「三郎」のはずである。

これは、備前明石氏初代・清景の通称が三郎だったかも、という説（15～16頁）とリンクする。

つまり、三郎（源三郎、又三郎、小三郎など）という嫡男専用の通称が明石氏嫡流に代々受け継がれてきて、明石掃部も、元服以前に、「三郎」と呼ばれていたのではと、推測されるのである。

掃部の実名（諱《いみな》）

掃部の実名としては、「景盛」、「守重」、「守之」、さらに、「全登」などと様々に伝えられている。この中で、全登という名乗りは、慶長六年（一六〇一）以降、実際に使われていたのは確かであり、後章で改めて取り上げるので、ここでは論を省く。

最初に、「景盛」という名乗りについてであるが、確かに、「景盛」は明石氏系図や地誌類に散見される。しかし、一次史料にはまったく見られず、また、「守重」、「守之」に関しても、一次史料に見られない。

結局、これらの名乗りは、「景親」（飛騨守）の場合と同じく、後世の創作とみなすことができよう。

それでは、一次史料には、どんな名が書かれているのだろうか？

そもそも、明石掃部本人の（あるいは、それらしき）実名と花押《かおう》が書かれた文書は、現在のところ、わずかに次の二通しか知られていない。

一つは、水原岩太郎所蔵の戸川達安《みちやす》宛ての書状（戸川文書と略す）。

もう一つは、「美作牧山《まきやま》文書」の中西四郎右衛門宛ての判物（牧山文書と略す）である。しかし、後者の牧山文書については、江戸期に創作された偽文書との説が有力である。〈前原茂雄〉

唯一頼るべき戸川文書については、本来の所有者が撫川《なつかわ》の戸川家（旗本）といわれ、その史料的価値は計り知れないほど大きいが、その原本は、所在不明になってからすでに六十五年以上経過している。

幸いにも、その文面は、『岡山県古文書集　第三輯』（昭和三十一年）に採録されている。

だが、肝心の明石掃部の実名個所は「守○」と翻刻されているだけで、完全な解読はされていなかった。

そこで、戸川文書原本の写真図版が残っていれば、この問題の解決に一歩近づくのでは、と考えた。

調べてみると、戸川文書は、友澤清風所蔵文書として、昭和十一年刊の『岡山市史　第二巻』（1610頁）および、『吉備郡史　巻中』（2352頁）に記載されており、写真図版も添えられている。

『岡山市史』の図版は小さすぎて検証不能であるが、『吉備郡史』の方（下の右側の図版）では、掃部の実名が何とか判別できそうである。

この図版の署名部分を拡大したのが、下の左側の図版である。

㋑と㋺は実名、㋩は花押である。

かつて、戸川文書の原本を検証、翻刻した永山卯三郎（『吉備郡史』編者）および、藤井駿、水野恭一郎（『岡山県古文書集』編者）の各氏は、明石掃部の実名を「守○」としている。

つまり、実名の上の字（㋑）は「守」と確定できたが、下の字（㋺）は、三人の碩学でも解明できなかったのである。

一体、この実名の解読がそんなに難しいのは何故なのか？

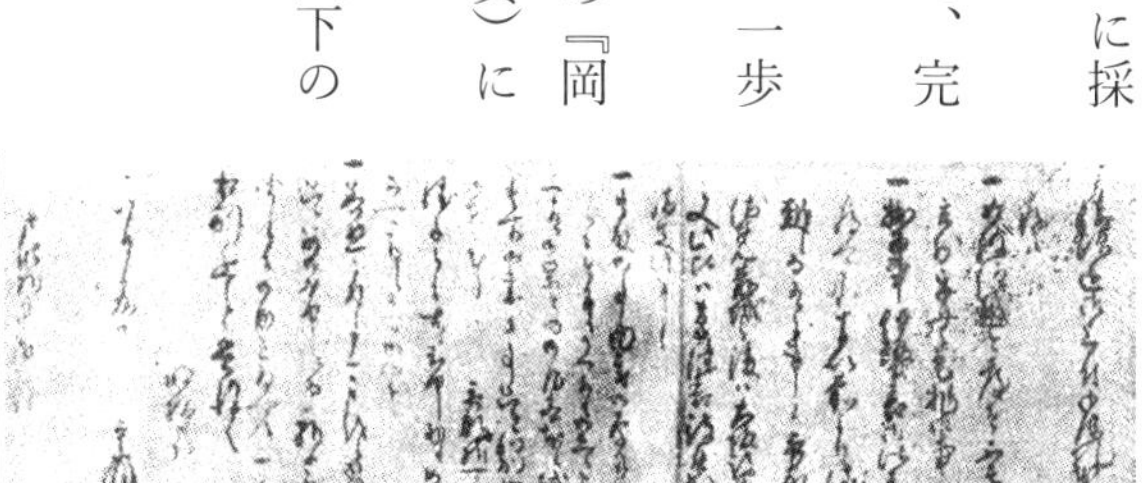

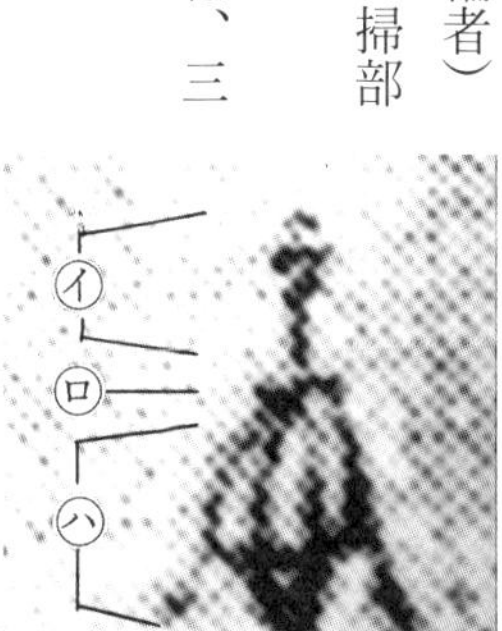

それは、花押があまりにも単純な図形なので、実名の二番目の文字を花押と重複させることによって、容易には模倣できないよう工夫されていたのが主たる理由ではないか、と推理される。

そのように考えて、下の字（㋺）の復元を試みたところ、次の二種の字形が浮かび上がってきた。

（点線は花押を表す）

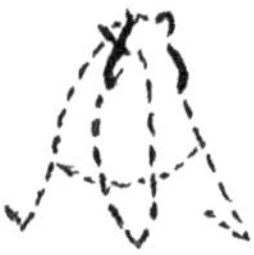

これらの字形と完全に一致する文字は見当たらないが、似通った文字としては、（心）、（以）、（行）があげられる。
この三文字の中では、明石氏の通字である「行」が実名の下の字（㋺）に該当するのではと考えるが、拠りどころとなる図版が、印刷紙面を拡大したものなので解像度が悪く、この考察は推測の域を出ない。
結論として、掃部の実名は「守行」であったかもしれない、と言うに留めたい。

花押について

戸川文書の掃部の署名部分の花押だけを描き出したのが左の図版である。

この花押の特徴は、曲線的でシンプル。ほぼ左右対称、さらに、下部に墨を重ねて安定感を出している。

しかし、そのデザインパターンはとても漢字由来とは思われず、ローマ字を組み合わせて作られたものではないか、と考えられる。

文禄五年（一五九六）に、キリスト教の洗礼を受けた明石掃部が、外国人司祭との親密な交流（イエズス会文書に散見される）を通して、ローマ字の基礎知識を身に付けたことは想像に難くない。そして、その新知識を使い、自分の名前「あかしもりゆき」のイニシャル、A（）とM（）を合体デフォルメしてこの花押を創作した、と推測される。

ところで、ローマ字の印章は大友宗麟、黒田如水（孝高）などのキリシタン大名の間で一時流行したが、印章より格上の花押にローマ字を使った例はとても数が少ない。

天正遣欧使節としてローマ法王に閲した中浦ジュリアンや、「仙台伊達氏支倉《はせくら》関係の信徒のもの、また、長崎にも数人の程度しかローマ字花押は現存していない。」〈『姓氏・家紋・花押』〉

明石掃部は、現代の実印に相当する花押に異国の文字を使用することで、自身の信仰に対する不退転の覚悟を表明していたのである。

第四章　キリスト教入信

一、文禄の役

天正十五年七月から翌年（一五八八）正月の間、宇喜多秀家は、太閤秀吉の養女（前田利家の三女）豪姫《ごうひめ》を正室に迎えた。〈大西泰正、二〇一二〉

秀家夫妻は備前島（大阪市都島区網島町）の屋敷に住まいしたと思われる。

天正十六年七月、毛利輝元は、初めて上洛し聚楽第《じゅらくてい》で関白秀吉に拝謁し、のち九月には、大坂備前島の宇喜多邸で秀吉に再び拝謁した。この時、輝元は「御門外、橋の上」（城門の外側の京橋の上）まで秀吉を出迎えており、宇喜多邸が京橋近くにあったことが推測される。〈「輝元公上洛日記」〉

その日、宇喜多屋敷において、関白秀吉、羽柴秀長、および、黒田孝高、島津義弘などの諸将とともに、毛利輝元、小早川隆景、吉川広家が猿楽、狂言を観覧して楽しんだという。

しかし、平和な時は短く、宇喜多家の軍役《ぐんやく》奉仕はとどまることをしらず、天正十八年の小田原攻め、さらに、文禄、慶長の朝鮮出兵へと続くのである。

北条氏を降して日本国内の統一を果たした秀吉は、明国征服という無謀な夢を実現しようとする。そしてその先導役を拒絶した李氏朝鮮に対して、秀吉の怒りの鉾先が向かうことになる。

天正二十年（一五九二）四月十二日、先鋒の小西行長、宗義智《そうよしとし》の第一軍（一万八七〇〇人）は釜山《プサン》浦《ホ》に上陸し、またたく間に周辺地域を制圧した。

五月三日には、朝鮮王朝の都・漢城《ハンソン》（漢陽《ハニャン》、京城《キョンソン》とも。現在のソウル）に入城した。漢城を辛うじて脱出した朝鮮国王は平壌《ピョンヤン》に逃れた。

秀吉軍はかねての計画通り、朝鮮八道を軍単位に分担して統治しようとした。宇喜多秀家の第八軍（一万人）は、漢城を中心とする京畿道《キョンギド》の担当であった。

朝鮮側の史料によると、宇喜多秀家をはじめとして岡豊前守家利、戸川達安、宇喜多左京亮、花房助兵衛、江原兵庫助、明石掃部頭、長船紀伊守、明石右近宣行、花房志摩守秀成、戸川玄蕃允《げんばのすけ》の宇喜多諸将が漢城内の六ヶ所に分散して駐屯したことが分かる。〈『隠峰野史別録』〉

明石掃部の漢城在陣が確認されたが、「美作沼元家文書」の氏不詳長信書状を見ると、この時期の、掃部の父・行雄の消息がうかがわれる。

その書状の差し出し人は長信という在京の武士であるが、朝鮮陣にあたって、老いのために出陣できないのを嘆いており、さらに、「明与州（明石伊予守行雄）は出陣したのだろうか。楢監《ならむらけん》（楢村監物《もつ》）などは出陣したということだが」と、自分と同世代の老武者たちに思いをはせている。

明石行雄は、その二年後の文禄三年（一五九四）の書状に「老足之儀ニ付」き、遠出ができないと書いており（『萩藩閥閲録《はぎはんばつえつろく》』巻五十、飯田与一左衛門の項）、朝鮮への従軍は不可能であった。

つまり、行雄が隠居して掃部が家督を継いだのは、天正二十年の朝鮮出兵より前であった、ということがいえる。

北上を続ける小西行長、黒田長政の軍は、六月十五日、無人の平壌に入城した。七月十七日には、明の援軍五〇〇〇が平壌を急襲するも、惨敗を喫して遼東まで遁走した。

加藤清正の第二軍は東北方面深部に進撃し、会寧《フェリョン》で募兵活動中の朝鮮二王子を捕虜とした。第二軍はさらに、豆満江《トマンガン》を渡って明領の兀良哈《オランカイ》まで侵攻した。

戦乱が始まってほぼ三ヶ月の間に、西南地方を除いた朝鮮半島の重要拠点はすべて秀吉軍の掌握するところとなった。

しかし、他方では、抗日の義兵が各地で決起し、活発な活動をみせるとともに朝鮮正規軍も徐々に反撃態勢を整えてくる。

十月には、晋州《チンジュ》城において、三八〇〇の朝鮮守備隊が細川忠興《ただおき》など二万の秀吉軍の猛攻を撃退した。さらに、李舜臣《イスンシン》率いる朝鮮水軍は、亀の甲羅のように鉄板を張り巡らした亀甲船をもって、十回の海戦のすべてで日本水軍を撃破し、多大の戦果を収めた。

制海権を完全に失ったため、秀吉軍は前線の将兵への海路からの物資補給に支障をきたすことになった。

さらに、秀吉軍にとっての最大の衝撃は、明国軍の来援であった。

明は歴戦の総兵（総司令官）李如松《りじょしょう》を派遣した。十二月、李如松旗下の四万三〇〇〇の大軍は鴨緑《おうりょっ》江《こう》を渡河して一路南下をはじめた。

文禄二年（一五九三）正月、明軍は朝鮮軍と連合して平壌城を攻撃した。明軍は城内に突入したが、小西軍八〇〇〇もよく戦い辛うじて撃退した。しかし、衆寡敵せず、小西軍は撤退を余儀なくされ、漢城に逃げ帰った。

明軍の並々ならぬ力を知って、秀吉軍は総力を挙げた迎撃態勢を整える。

この間、宇喜多秀家は、戸川達安隊のほか、不破《ふわ》九右衛門などの物頭《ものがしら》に率いられた弓、鉄砲衆二〇〇、および、島津義弘の家臣二名を派遣して、安辺《アンピョン》に在る加藤清正軍に撤収令を伝えさせた。清正は、これらの援兵とともに、朝鮮義兵の追撃を退けつつ漢城に引き揚げてきた。

漢城に集結した秀吉軍は、明軍を城外で迎え撃つ作戦をとった。

正月二十六日、先鋒の立花宗茂《たちばなむねしげ》（約二〇〇〇）は、明将・査大受《さだいじゅ》の部隊を激戦ののち撃退した。李如松は、その兵を収容しつつ、二万の軍勢をもって進出し、小早川隆景隊（約八〇〇〇）と対峙した。

合戦は一進一退の乱戦となったが、立花勢が右翼から明軍の側面へ攻撃を加え、これと前後して、左翼に陣取る宇喜多勢（約八〇〇〇）も明軍の横腹を衝いた。

> 人はともあれ、宇喜多が勢はかかれ〱と秀家下知あれば、戸川、長船、明石等真先に進んで駈《かけ》出《で》れば……宇喜多勢は一歩も先へ出んとして、吉川《きっかわ》（広家）が備《そな》えの脇、田畠の中を押出す。……
> …大明軍の後軍より切て入れば、思いもよらざる事なれば、大明軍敗北す。
> 又、小早川隆景と立花勢とは横を入て追崩して総がかりに追ちらせば、大明勢総敗軍になりて逃て行くを追打ちにして首を取る事夥《おびただ》し。
> 〈『備前軍記』国富源右衛門の条〉

三方からの攻撃に、明軍は次第に崩れ、態勢を立て直せぬまま北へ退却していった。

また、この戦いの時と思われる次のようなエピソードがある。

明石掃部の小姓・近藤助重が深入りしすぎて、明の兵士に取り囲まれ危ういところを、江原兵庫助（＊）の家臣・中島与右衛門が駈け付け、近藤を組み敷いていた敵兵二人を切り伏せて助けだした。

これに対し、掃部は、家老の池太郎右衛門を江原の陣所に遣わし、中島の武功を挙げて感謝の念を伝えたのである。〈「西島家文書」〉

（＊江原兵庫助親次は、戦国期に美作の笹向《ささぶき》城（岡山県真庭市三崎）主として活躍し、一万石を領知した。彼は秀家の姉婿なので、掃部とは義兄弟にあたるが、のち、慶長三年五月に釜山で病没する）

二月十二日、戦勝の余勢を駆って、秀家を総大将とする日本軍は、漢城近郊の幸州山城《ヘンジュサンソン》を攻撃した。幸州山城の朝鮮軍は一万。正規兵のほかに僧侶や義兵も加えた混成軍であったが、日本軍三万の猛攻によく耐えて城を死守した。

毛利元康《もとやす》家臣の下瀬頼直《しもせよりなお》が陣中で書き留めた「朝鮮渡海日記」（文禄二年二月十二日の条）を見てみる。

（日本軍）三万余りも見合せ、時の声を上げ無二《むに》に攻めかかり候。進む中にも備前宰相（秀家）殿内衆《うちしゅう》戸川肥州（達安）一手《いって》、吉川（広家）殿一手、（毛利）元康一手、二重《ふたえ》（二の丸）まで責入《せめいり》切取り候。

然れども続く勢もなくて、又、つめ（本丸）より唐人切崩し候。……

宇喜多殿、吉川殿、石田殿、前野但馬殿、是如《かくのごと》くの大名達さへ手をおわれ（負傷され）候間、下々《しもじも》の手負《てお》い死人はいくばく限り無し。……道端《みちばた》に歴々《れきれき》（負傷した武士たち）居り候事限りも無し。浅手の者も足などに手負《てお》い候者は、其儘《そのまま》路地端《ろじばた》にて終り候（落命した）。ケ程《かほど》の大合戦は例《ため》し少くなし。

戸川達安組の一部隊と吉川、毛利の各一部隊が強引な突撃を重ね、二の丸まで侵攻したが、あまりにも多くの犠牲者が出るので奉行たちが新たな攻撃を中止させた。そのため、後続する兵が無く、最も勇敢な兵たちは孤立して、全滅の憂き目にあった。〈小林定市〉

早朝からの度重なる攻撃でも城を抜くことができず、日本軍は一旦下がって、多くの将兵が兜を脱いで休息をとっていたが、七つ時（午後四時ごろ）、その油断をついて城兵が一斉に出撃してきた。秀吉諸将は防戦するも踏みとどまることができず、大きな損害を蒙って漢城へと敗走した。

この時、宇喜多秀家の叔父・忠家（後見役）が軽傷を負い、また、明石一族の明石右近宣行（景行の弟）も深手を負って落命している。

前野家文書（『武功夜話《ぶこうやわ》』）によると、「備前宰相の手の内（家臣）、討死手負い一千五百有余人」（宇喜多勢の一五％）という大きな人的損害を蒙ったのである。

その後、明軍は秀吉軍の弱点を見抜いた。明将・査大受は漢城《ハンソン》近郊の龍山《ヨンサン》の物資貯蔵所を襲撃して、数十万石の米穀を焼き払った。漢城駐留の五万人の軍兵の二ヶ月分の食糧が灰塵に帰したのである。

この件については、「戸川記」にも記載があり、「粮乏《とぼし》く成《なっ》て、兵、大《おおい》に窮《きゅう》す」とある。兵糧の欠乏と退路遮断の危機に、秀吉軍は明国との和議交渉に積極的に取り組むことになった。

結果、四月十八日に、秀吉諸将は、明使・沈《しん》惟《い》敬《けい》を連れて漢城から総退却、釜山浦《プサンホ》へ撤退したのである。

朝鮮南部に後退した秀吉軍は、前年失敗した晋州《チンジュ》城の攻略を再び試みた。

文禄二年（一五九三）六月二十一日、九万を超える大軍団が晋州城を包囲した。城内には、朝鮮の官兵、義兵あわせて七〇〇〇人の兵と数万人の難民が立て籠もっていた。

六月二十九日、激闘の末、城は陥落した。

この戦いで、宇喜多の将・岡本権之丞《ごんのじょう》が晋州牧使（司令官）の首級を取り、秀吉から感状が与えられた。

明国との全面講和の成立は文禄四年になるのだが、文禄二年八月以降、秀吉軍諸将の帰国が相次ぎ、宇喜多勢も十二月に帰国が許された。

しかし、宇喜多家には帰国しても休む暇は短く、翌年三月から始まる伏見城（指月城《しづき》）や大坂城の普請に駆り出されたのである。

明石掃部は、文禄五年（一五九六）のはじめ、大坂城改修（おそらく、城南の惣構堀《そうがまえぼり》の掘削工事）の監督を命じられていた。

この大坂で、掃部にとって、その後の人生を決定づける重大な出来事が待ち受けていた。

二、宇喜多家中のキリシタン

天文十八年（一五四九）、イエズス会創始者の一人、フランシスコ・ザビエルが鹿児島に上陸して以来、キリスト教信者の数は着実に増え続け、天正の末（一五九〇ごろ）には二〇万人に、一六世紀末には三〇万人に達したといわれている。

天正十三年（一五八五）のルイス・フロイスのイエズス会への報告書には、「兵士百人の将である備前の一人の殿がキリシタンとなった」とある。
また、翌年の報告書には次のように書かれている。

関白殿（秀吉）の海の司令官アゴスチニョ弥《や》九郎《くろう》殿（小西行長）は、……備前の王・八郎殿（宇喜多秀家）の旧臣であった故、八郎殿部下の貴族、大身達は皆アゴスチニョの友人であった。彼は常にデウスの教えを聴いてキリシタンとなるやう彼等に勧めた故、彼等はパードレの同所（大坂）滞在三ヶ月の間に説教を聴くためわが聖堂に来た。この王の家臣中多数はすでに洗礼を受け、重立った執政二人は救《すくい》の事をよく了解し、洗礼を受くる機会を待ってゐる。

〈『イエズス会日本年報』〉

この時期の小西行長は、淡路島洲本城主・仙谷秀久《せんごくひでひさ》の指揮下にあった舟手衆の一人にすぎず、知行高は三〇〇〇石ほどで、海の司令官というのはいささか誇張にすぎている。

それはさておき、宇喜多家はキリシタン武将の小西行長や黒田孝高《よしたか》と親密な関係があり、彼らの影響でキリシタンに改宗する者が少なからずいたのである。

そして、宇喜多家の「執政二人」は、まだ洗礼を受けてはないが、その領内での布教活動を許し、教会などの建設用地を与えることを約したという。

なお、このキリスト教に寛容な「執政二人」の内、一人は岡越前守ではないかと推測されている。

文禄のはじめごろには、延原内蔵丞《のぶはらくらのじょう》がキリスト教に入信したといわれ、文禄三年（一五九四）末には宇喜多左京亮《さきょうのすけ》が、翌年には浮田太郎左衛門が相次いで洗礼を受けた。

（正式に宇喜多と称することが許されたのは本家筋の者だけで、庶流は浮田姓である。また、功臣で浮田姓を賜った者もいる）

延原内蔵丞は、父とともに浦上宗景の家臣であったが、宗景没落後、宇喜多直家に帰順した。のち、浮田姓を賜り、浮田土佐守と称して六〇〇〇石を知行した。秀家の代になると、直轄領の代官所支配を束ねる地位にあった。関ヶ原合戦後は、妻の実家である丹後の別所吉治《べっしょよしはる》の元に身を寄せたが、熱心なキリシタンであったため、蟄居を命じられたという。

また、浮田太郎左衛門は、直家の叔父・五郎左衛門の子といわれ、天正七年の美作三宮《さんのみや》城攻めをはじめとする各地の合戦に参加し、秀家の代には奉行人として国政に参画した。

太郎左衛門は、後年、加賀前田家に仕えたキリシタン・宇喜多休閑《きゅうかん》（浮田久看）と同一人物の可能性があるが、確証はない。

宇喜多左京亮

宇喜多左京亮は、直家の弟・忠家の子であり、秀家の従兄《いとこ》にあたる。また、明石掃部の従兄弟でもある。

岡山城の西方の富山《とみやま》城（岡山市北区矢坂東町）の城主であったが、富山城の破却後は、伏見あるいは大坂の邸宅に居住していた。

性格は、直情径行といわれ、「浦上宇喜多両家記」には、武気強精、常に荒くして家人など手討《てうち》にすること数知らず、とある。

文禄三年（一五九四）の暮れ、左京亮は京都の教会で洗礼を受け、パウロという洗礼名を授けられ、

たちまち熱烈なキリシタンとなった。〈「一五九五年二月付オルガンティーノの書簡」、『報告書Ⅰ―2』所収〉

そんな折、秀家の室・豪姫が産後に原因不明の病気にかかった。俗にいう狐憑《きつね》きといわれるものである。

この時、太閤秀吉は、溺愛する娘・豪姫のために、伏見の稲荷大明神に宛てて、朱印状を発行している。

備前中納言女ども（豪姫）には障り物《さわりもの》の怪相《けあい》見え候。とかく狐の所為《せい》に候。何とて左様《さよう》にみいり候や。

曲事《くせごと》におぼしめされ候へども、今度《このたび》は御免《ごめん》なされ候。もし、この旨相背《むねあいそむ》き、むさとしたる儀これあるにおいては、日本の内、年々狐狩仰《おお》せつけらるべく候。

一天下にこれある有情《うじょう》無情の類《たぐい》まで、御意《ぎょい》重からず候や。すみやかに立ち除《の》くべく候。委曲《いきょく》、吉田の神主《かんぬし》申し渡すべく候なり。

（秀吉朱印）

卯月十三日

稲荷大明神殿

〈『太閤秀吉の手紙』〉

豪姫にとりついた狐は即刻立ち去るように。もし、聞き入れぬ場合は国中で毎年狐狩りをするぞ、と狐の総元締めの伏見稲荷大明神を恫喝している。しかし、豪姫の病状はかんばしくなかった。

そこで、夫の宇喜多秀家は、日蓮宗の僧侶に加持祈禱をさせたが、その霊験は見られなかった。

秀家は立腹して、「家中の日蓮宗、改宗すべしと觸《ふれ》られける」。〈「備前軍記」〉

もともと、備前は日蓮宗の盛んな土地柄であり、先代の宇喜多直家もその熱心な信者であったから、家臣の多くが日蓮宗に帰依していた。秀家はそのような家臣たちに向かって、改宗のお觸れを出したのである。

さらに、義母の北政所（寧々）が豪姫への阿弥陀の加護を祈念して、宇喜多家中の主だった者を浄土宗に改宗させることを望んだから、話は複雑なことになった。

これに対して、宇喜多左京亮は、死を賭しても改宗しないと強硬に反抗した。秀家は折れて、左京亮のキリシタン信仰を容認したという。

イエズス会年報は、左京亮の信仰生活を次のように記している。


左京殿は修道院長師を己が邸《やしき》を訪れるよう招待した。

彼は他の数名のキリシタンとともに、（院長師）を己が礼拝堂へ案内した。

そこにはまず大きな日本語で十戒《じっかい》が書かれてあり、次に非常に立派な大きいアグヌス・デイ（デウスの子羊の意。イエス・キリストを表す子羊を刻印した護符）が掲げてあった。

また、部屋の側面には彼が非常に大切にしていた十字架像があり、もう一方の側面に聖母《マリア》像があり、その足下にはロザリオ（数珠《じゅず》）と苦行の鞭《むち》（自らを戒め信仰心を奮い立たせるための皮革製の鞭）があった。

〈「一五九六年ルイス・フロイス日本年報」、『報告集Ⅰ―2』所収〉

また、イエズス会報告集の別の項では、大坂の左京亮屋敷について、「その正面と棟《むね》には……金めっきの十字架が」堂々と飾られていた、と書かれている。

三、掃部の受洗

直情的な性格の宇喜多左京亮は、誰はばかることなく周囲の者にキリスト教の布教を努めた。左京亮は、当時大坂城改修の普請奉行として在坂中の明石掃部にも入信するよう、熱心に働きかけた。

左京亮の父・忠家と掃部の母は兄妹なので、掃部と左京亮は従兄弟にあたり、また、年齢的にも近く、二人は単なる同輩にとどまらぬ親しい間柄であった。

左京亮は、キリスト教の教義を掃部に説教するよう、修道士に依頼した。

説教は彼（掃部）の望みによって四ツ時（夜中の十時）まで延ばされ、彼はすべてを正しく理解した時に次のように約束した。自分は都において残りの説教を聞いて洗礼を受けるつもりである、と。〈「一五九六年ルイス・フロイス日本年報」、『報告集Ⅰ―２』所収〉

これを勧めた人々は説得に力を尽くし、受洗のために三回も四回も機会を作ったが、彼は逃れ、幾多の理由を設けて受洗を引き延ばしていた。

それは、教えの戒律を完全に守ることができないということを心配したし、また一度或《あ》る教えに従った後に他の教えに入ることは身分高く名誉ある人物の為《な》すべきことではないと考えていたからである。

しかし、遂に主の恩寵が勝利を得ることになり、これに因《ちな》んで〔ジョアン〕の霊名が与えられた。これによって彼に大きな効果と変化がもたらされ、二十年以上の間あらゆる人々の徳と貞潔の稀な手本となったほどである。〈「モレホンの一六一五年より一六一九年まで日本及び支那に於て継続せる大迫害に関する記録」、『芸備キリシタン史料』所収〉

明石掃部は熟慮を重ねた末に入信を決意して、大坂の教会で洗礼を受けた。

洗礼名をジョアンという。ジョアンJoãoとは、イエス・キリストの最初の弟子・聖ヨハネ（ラテン語でヨハンネスJohannes）のポルトガル語形である。

イエズス会の記録には、通常、掃部の洗礼名をジョアンと記しているが、時にはイタリア語でジョバンニGiovanni、あるいは、スペイン語でファンJuanと書かれている。ちなみに、ヨハネはフランス語でジャンJean、英語ではジョンJohnと変化する。

掃部は宇喜多秀家の義兄にあたり、直属の家臣（陪臣）も多く、彼の入信は数多の信徒獲得を約束するものであった。その意味からも、イエズス会の掃部に対する期待は非常に大きいものがあった。

ところで、掃部が洗礼を受けたという大坂の教会施設は、天正十一年（一五八三）、秀吉がイエズス会に与えた土地に建てられたといわれる。発掘調査はまだ行われていないが、現在の北大江公園（天満橋近くの中央区石町一丁目）あたり、と推定されている。〈『図説・日本の城と城下町①大阪城』〉

また、船場《せんば》城下町の一画（中央区瓦町）では、大坂冬の陣（一六一四）の焼土層の下から、オリーブ油を入れていたとみられる容器が出土している。大阪市文化財研究所の発表では、口縁部が欠けているが、高さ四三cm、最大幅三五cmで、底部は平らでなくて少し尖っている素焼きの壺である。

これに似た壺は長崎で教会跡から二例出土していて、スペインあるいは同国に関係深い地域で作られたもので、オリーブ油などを貯蔵運搬するために用いられていた、と考えられている。

オリーブ油は、教会の特別な儀式での聖油として、また、外国人司祭たちの日々の食事のために使用されたとみられている。〈『葦火』一四五号〉

明石掃部の受洗は文禄五年（一五九六）のことであるが、遅くとも九月下旬（西暦では十一月下旬）までに行われた、と考えられる。

掃部、二十八歳（推定）の時であった。

二十六聖人の殉教

ところが、同年十月に、京、大坂でキリシタン宣教師たちが捕縛される事件が起こった。

秀吉は、これより十年ほど前の天正十五年（一五八七）に、伴天連《ばてれん》追放令を出してはいたが、この禁令はさほど手厳しくは実施されなかった。

マカオと長崎の間での南蛮貿易には、イエズス会の仲介が不可欠であったため、宣教師たちの日本滞在とひそやかな伝道に対しては黙認の態度で臨んでいたのである。

ところが、文禄五年八月、スペインのガレオン船（重武装の商船）サン・フェリペ号が土佐に漂着した。

この船は、フィリピンのルソン島を出港してノヴァ・イスパニア（メキシコ）に向かう途中、暴風雨のため船体が大破したのである。漂着した船の積み荷はその土地の領主に帰属する、という鎌倉以来の慣習法に則り、長宗我部氏が、その積み荷のすべてを没収し、その経過を秀吉に報告した。

積み荷の引き取りに増田《ました》長盛が派遣されたが、長盛はスペイン船の航海士を尋問して驚くべき供述を得た。

スペイン王はポルトガルをも統治して強力な軍隊と広大な植民地を有しており、その植民地獲得の方法はまず宣教師を送り込んでその地にキリスト教を根付かせ、その後に軍隊を入れ、信者になった地元の領主を内応させて征服する、というものだった。

かねてから、キリスト教国のスペインやポルトガルの日本征服を危惧していた秀吉は、この報告を聞くと激怒して、キリシタン宣教師の捕縛と処刑を命令した。

特に、フランシスコ会派の宣教師バプチスタが、文禄二年（一五九三）にスペイン総督使節という肩書きで来日した時、秀吉は、布教をしないという条件付きで、彼に京都で広大な土地を与え、優遇していた。しかし、そのフランシスコ会士が、なかば公然と布教活動を行い、信者の数を増やしていることに対して、秀吉は苦々しく思っていたのである。

前田利家や石田三成は事態の拡大を極力くい止めようと奔走した。その結果、逮捕者は最小限の人数にとどめられ、殊に、イエズス会への追及は限定的なものにされた。

文禄五年十月十九日（一五九六年十二月八日）、京都と大坂において、フランシスコ会のスペイン人司祭ペトロ・バプチスタをはじめとして、スペイン人修道士が四人、メキシコ人修道士一人、ポルトガル人修道士一人、さらに、イエズス会の日本人修道士が三人、他に、日本人信者が十五人捕縛された。

のち、二人の日本人信者が加えられ、最終的には二十六人が長崎に送られ、殉教するのである。

ところで、この迫害のはじまる直前のことであるが、細川家の重臣・小笠原少斎清秀（のち細川ガラシャ生害の際、夫人を介錯、殉死）は武家故実の礼法家として有名であったが、大坂の自邸にジョアン・ロドリゲス司祭を通辞（通訳官）というふれこみで住まわせていた。

そのため、キリシタン武士たちがここによく集まり、いろんな宗教的議論をたたかわせることがあった。

その時、次のような聖なる論争があった。（外国人宣教師とその最も近しい信者のみが処刑されるという）噂が広がったとき、私達の家には、アンドレ小笠原、ヴィクトル野田源助、ジェンポ・パウロ、パウロ左近殿、明石掃部と他の数人がいて、彼らの中で誰が第一人者になるであろうかという議論が始まった。

アンドレ小笠原（＊）は、それは自分であることを証明した。二番目に、ヴィクトル野田源助（＊）であった。……パウロ左近殿（＊）と明石掃部は、如何なる場合でも自分達は後に残されないことを決め、その場にいた他の信者も同じことを主張して、彼らの論議はそこに立ち会った人々に慰めと霊的な喜びを起こさせた。

〈『二十六聖人』第九章〉

（＊アンドレ小笠原とは、清秀の三男・玄也《げんや》秀次、のち殉教）

（＊ヴィクトル野田源助とは、大坂奉行所の役人）

（＊パウロ左近殿とは、前田玄以《げんい》の長男・秀則。当時、丹波亀岡城主。のち、父によって追放される）

入信して間もない掃部は、このように、多くの若き信者たちと信仰の絆を確かめあい、信仰心を強めあっていった。

そうこうする内、迫害の噂が現実のものとなり、京都と大坂の各所で、奉行所の役人たちが捕縛すべき人物を調査して、その監視下においた。

そんな中、イエズス会司祭のペドロ・モレホンとフランシスコ・ペレスの二人が、殉教者に加えてほしいと熱望し、奉行所の監視下にあるイエズス会大坂司祭館に入る事態が起きた。

この時、宇喜多左京亮と明石掃部は、この二人の司祭を説得の上、堺へ脱出させるのに成功している。


その夜、パウロ左京殿と備前中納言の姉と結婚している明石掃部は私達の家にやってきた。この明石は信者になったばかりであるが、既にその純粋な信仰の立派なしるしを示した。この二人の侍と他の身分ある二人が二頭の馬を引いてきて、必要であれば無理に神父達を連れ出し、大坂から三里離れた堺に、この嵐がおさまるまで匿うつもりであった。この危険な仕事を馬丁に任せず、自分達が神父のためにこの務めを果たすのだと言っていた。

神父達は長い間抵抗し、自分達は逃げも隠れもしないと言い、この理由で死ぬことは大きな光栄であり、その覚悟をして故国を離れ、また、もし太閤が彼らを死刑に処するなら隠れているのは不可能であり、もし、この家を出ても、その結果はただ彼らを隠している家の持ち主が、また、逃亡に手を貸した人々が処罰を受けるだけであろう。

この二人の侍（掃部と左京亮）はその話を聞いて感激し、……自分達もいかなる場合も純粋なキリスト信者及び神父達の弟子として、神に対する完全な忠実を守ることを約束した。にもかかわらず神父達がそこに留まることをどうしても承諾しなかった。……

ついに彼らの嘆願と理由が多かったので、神父達は条件付きで彼らに承諾した。……

二人の神父は、……あの貴人たちが曳いてきた馬に乗って家を出た。……

同様に、兄弟以上の愛を示していた彼ら（掃部と左京亮）は泣きながら神父達と共に命を捧げるため励ましあっていた。このまま左京殿の家に行き、数日後、大坂市内で準備された他の家に移った。


〈『二十六聖人』第二章〉


左京亮と掃部の二人は、個人的な願望による殉教は結果的にイエズス会全体を危険にさらすことになる、と司祭たちの説得に努め、ついに、殉教を思いとどまらせた。

司祭たちを馬に乗せ、自分たちは馬の轡《くつわ》を取って歩きながら、こみあげてくる信仰への熱き想いを語り合い、涙を流した。

こうして、二人の献身的行動によってイエズス会司祭が救出された。

一方、捕縛されていたキリシタンたちに対しては、両耳と鼻を削ぎ落とせという秀吉の命令が出されていたが、石田三成の裁量で手心が加えられ、左の耳たぶのみが削がれた。そして、後ろ手に縛られたまま牛車に乗せられて、京、大坂、堺の街中を引き回された。

この後、囚人たちは順次、地元の兵士に護られて、徒歩で長崎へと送られた。ただ、道中では、一行に何か起これればその護送者が責任を問われるので、どこでも比較的丁重に扱われたのである。

殉教者の一人、パウロ三木の書簡によれば、一行は堺を出発して五日目の慶長元年十一月二十五日（一五九七年一月十三日）、宇喜多領の播州赤穂《あこう》郡に入り、ここで宇喜多家に引き渡された。

この時、宇喜多の護送隊長は明石掃部であった。

掃部自らが志願してこの役目についたのは明らかである。大坂備前島で秀家の許可を得た掃部は、急いで帰国し、囚人たちの護送の任にあたったのである。

ところで、掃部が囚人一行の引き継ぎを受けたのは「赤穂郡」というが、詳しくはどのあたりだったのか？

護送隊を含めると二〇〇人にも及んだという一行がとる道といえば、当時の国道ともいうべき山陽道しかありえない。さらに、常識的に考えれば、一行は早朝に宿を出て、その日の夕刻までには次の宿所に到着しなければならない。また、他領に入ったなら、できるだけ直近の宿駅で囚人たちを引き渡したはずである。

そのように考えていくと、殉教者一行の引き継ぎの場所はおのずと限定される。

姫路を出発した一行（護送者は姫路城主・木下家の者か）は、山陽道をひたすら歩き、若狭野《わかさの》村（兵庫県相生市）で宇喜多領の赤穂郡に入り、西進して千種川《ちぐさがわ》の手前の牟礼《むれ》の宿に至り、ここで、掃部の手にゆだねられた、と考えられる。

当時、牟礼（兵庫県赤穂市JR有年《うね》駅周辺）には、川越えに備えての小さな宿場があったといわれ、また、おあつらえ向きに、この牟礼三ヶ村（原、牟礼東、横尾）は掃部の知行地であったようである。

「海老名家文書《えびなけ》」（『赤穂市史・第二巻』）には、牟礼三ヶ村は掃部の父・飛騨守行雄が知行していたとあり、その所領はそのまま掃部に引き継がれたと考えられるからである。

掃部は、囚人たちの引き渡しを受けると、すぐに彼らを宿所に案内した。

ここで、掃部は高ぶる感情を抑えることができなくなった。

キリシタン殉教者たちは、長崎への長い道のりの間、祈りを唱えながら歩んで行ったが、その様子は沿道の人々に強い印象を与えた。なかでも、もっとも衝撃を受けたのは他でもなく、明石掃部その人であった。

掃部は、面識のあったパウロ三木と眼が合うやいなや、彼の手をとって誰はばかることなく、滂沱《ぼうだ》の涙を流して泣いた。掃部は、大坂の小笠原邸でイルマン（修道士）のパウロ三木に何度も会っていたのである。

キリスト教に入信してまだ数ヶ月の掃部の魂はあくまで純粋であった。彼は、彼自身がキリシタンであることを隠すことなく語り、もし、罪に問われるなら喜んで殉教者の列に加わるつもりだ、とその心情を吐露した。

この情景はパウロ三木の残した手紙によって明らかにされているが、それは次のようであった。


播磨国の赤穂郡という所から備前国（備中国の誤り）の川辺川《かわべがわ》までそれは三日の旅程で、明石掃部の管轄下にあります。

彼は私を見ると手を握って、神父様方に御説明できないほど多くの涙を流しました。

彼は本気、堅固にてキリシタンの諸事について臆病を示さないという決心を抱いていることについて話をする必要がありません。私達の人数に加えるために、太閤が彼を調べることを望んでいると言っています。このことで、彼の信仰の堅固さを示し、私に大きな慰めを与えました。〈「ミヤコ及び大坂にいる四人の神父宛のイルマン・パウロ三木の手紙」、『二十六聖人』所収〉

翌二十六日早朝、掃部は囚人たちを護衛して千種川を渡り、そこから少し行くと山道にかかり、最大の難所である船坂峠《ふなさかとうげ》を越えて備前国に入り、夕刻には片上《かたかみ》（岡山県備前市）に到着した。宿所に入ると早速、掃部は囚人たちに手紙を書くことを許している。

ペトロ・バプチスタの手紙には、「私たちの係りの役人であるこの善良な人（ジョアン明石掃部）が密かに与える時間以外に他の時間がないので短く書きます」、とある。〈「マニラ管区長フライ・ファン・デ・ガロビヤスへの聖ペトロ・バプチスタの手紙」、『二十六聖人』所収〉

掃部は、殉教者たちに許される限りの便宜を図ったのである。

翌二十七日、片上を出発した一行は、山陽道を西へ進み、福岡（備前市長船町）で吉井川を渡り、平島《ひらじま》、藤井を経て、夕刻、岡山城下に至った。

この三年前の文禄三年（一五九四）ごろには、岡山城下の大規模整備がほぼ終わり、旭川の渡河地点も以前と変わり、城の一㎞南の二つの中洲を利用して橋が架けられ、城下の商人町（岡山市北区表町）を通り抜けるように道筋が整備されていた。〈森俊弘、二〇〇九〉

当時、この中洲の一つ、西中島（岡山市中区西中島町）が旅籠町《はたごまち》となっており（『絵図で歩く岡山城下町』）、殉教者たちはここに宿泊させられたものと思われる。

翌早朝、岡山城下を出立した一行が、ほどなく万成山《まんなりやま》の山塊を回りこむと、右手に芳賀《はが》の低い丘陵が見えてくる。

一行の一人、ディエゴ喜斎《きさい》はここの生まれといわれている。彼は洗礼前の名を市川喜左衛門といい（現在もこの芳賀の集落には市川姓が多い）、天文二年（一五三三）の生まれと伝えられ、一行中の最高齢者（六十五歳）であった。ディエゴ喜斎は故郷の山河を眺めて何を想ったことであろうか。

だが、一行の歩みは止まることなく、吉備津神社を左手にして進み、備中に入り、山手村、軽部村を通って川辺川（高梁川《たかはしがわ》の旧名）のほとりに到着した。（当時の川辺川本流は、現在の川筋よりずっと東、今のＪＲ伯備《はくび》線の東側を流れていたといわれる）

ここまでが宇喜多領であった。

掃部は殉教者たちを護って川辺川を渡し舟で渡り、川辺宿に入った。

囚人護送は、自領において引き渡しを受けるとそのまま宿泊し、次の日から自領内を護送し、他領に入ってその地の役人に引き渡すのが原則であった。

川辺宿（倉敷市真備《まび》町川辺）は、秀吉直臣の七手組の将・伊東丹後守長次の知行地であった。そこで多分、伊東丹後守の代官の立ち合いのもと、毛利家の護衛隊に囚人たちを引き渡したと思われる。

翌朝、殉教者の一行は川辺宿を出て、その後一ヶ月足らずで長崎に到着し、十二月十九日、西坂の丘において十字架に架けられたのである。

西坂の丘（現在のＪＲ長崎駅のすぐ北の丘）は、立山《たてやま》の西麓のコブ状の丘であり、往時は海がすぐそばまで迫っており、北から長崎の街に入る道沿いにある。（１５６頁の地図参照）

長崎の街のほとんどからこの丘を遠望できた。

キリシタンの自治下にあった街の北の玄関口にあたる丘の上に十字架を並べ立て、処刑することによって、秀吉は、キリシタン信徒たちに対する見せしめの効果を狙ったのである。

この二十六人の殉教者は、のち、一八六二年（文久二年）に、ローマ法王によって聖人の列に加えられ、この事件は西欧で、「日本二十六聖人の殉教」として称賛され続けている。

二十六人の身柄を毛利家にゆだねて引き返す時、明石掃部はどんな気持ちであったろうか。

この数年後、掃部は長崎に一時滞在するのであるが、その時にはもちろん、西坂の丘に立ち寄って、ここで殉教した人たちに想いをはせ、深い祈りを捧げたことであろう。

第五章　宇喜多家内訌

一、際限なき軍役と領国の中央集権化

二十六聖人殉教の三年前、文禄三年（一五九四）に、花房《はなふさ》助兵衛《すけのひょうえ》職之《もとゆき》が、主君・秀家と衝突して宇喜多家を放逐された。宇喜多家内訌《ないこう》の始まりであった。

花房職之は、若いころ明石景行に仕えていたが、のち、宇喜多直家の直臣になった。元亀、天正の戦乱期には、六〇〇の兵を率い、荒神山城（岡山県津山市）を拠点に美作の経略にあたり、毛利方諸将と数々の死闘を演じた、家中きっての勇将であった。

彼は、家老の長船紀伊守の仕置きに不満で、秀家に諫言して施政を痛烈に非難し、さらに、日蓮宗改宗のお觸れを批判した。秀家は立腹して、職之に切腹を命じようとしたのだが、秀吉が介入し、結局、佐竹義宣《よしのぶ》預かりで常陸《ひたち》太田（茨城県常陸太田市）に蟄居《ちっきょ》、という処分になった。

当時、宇喜多領国内は深刻な矛盾をはらんでおり、この事件はその最初の現れであった。

しらが康義氏の言を借りれば、「国内統一戦争から朝鮮侵略へと続く豊臣政権の強制にもとずく『際限なき軍役』……それに伴う荒田化等、領国の疲弊、土豪層の利害と対立する文禄検地の実施」が、家中騒動の要因であった。〈しらが康義〉

宇喜多氏は、天正十年（一五八二）以降、豊臣政権の一翼に組み込まれるとともに、際限なき軍役を強制された。

まず、天正十年（一五八二）には、備中高松城合戦に続き、山崎合戦に加勢を出し、翌天正十一年春から賤ケ岳《しずがたけ》合戦に加わり、六月に帰陣。

天正十二年（一五八四）春、小牧長久手合戦に一万五〇〇〇の兵で参加、冬に帰陣。

天正十三年三月、兵三万にて雑賀根来《さいがねごろ》合戦に出陣。六月、四国征討に一万五〇〇〇で出陣、七月に帰陣。

天正十五年二月、九州島津討伐に宇喜多秀家一万五〇〇〇の兵を率いて出陣。六月中旬、帰陣。

天正十七年（一五八九）、方広寺大仏殿の造営普請に一万人を動員。

天正十八年四月、兵八〇〇〇、水軍一〇〇〇にて小田原攻めに参加。八月には奥州白河近辺の検地の実施に動員され、九月に帰国。

天正十九年、朝鮮出兵のために五〇艘の大船を建造。

天正二十年（一五九二）三月、一万の軍勢で朝鮮へ渡海。文禄二年（一五九三）十二月に帰朝。

文禄三年（一五九四）三月から、伏見城（指月《しづき》城）本丸の普請。

文禄五年、大坂城改修普請（南惣構《そうがまえ》堀の掘削工事か）。

慶長二年（一五九七）三月、朝鮮へ再出兵（二万人）。翌年十月に帰国。

このような軍役や普請役には、武士層のみならず、陣夫として多くの郷村の働き手が徴発された。結果として、農村において逐電人《ちくでんじん》の増加や田畠の荒田化が進んでいく。特に、文禄、慶長以降、農村の荒廃と農民の離村は全国的な傾向となっていた。

さらに、宇喜多秀家は、秀吉の猶子《ゆうし》（相続権を持たない一種の養子）として、また、五大老の一員として、豊臣政権内部での交際に莫大な金品を費やした。

「備前軍記」に、「秀家卿奢《おご》り相まして鷹狩、猿楽《さるがく》を好み、鷹 幷《ならびに》 鷹匠、猿楽の役者、多く養ひかかえられ、其遊興《そのゆうきょう》に金銀の費《ついえ》おびただし」とあり、また、秀家主催の茶会も頻繁に催されたと伝えられている。

このような宇喜多秀家は、秀吉との間に特殊な事情をかかえていて、豊臣政権と一蓮托生の関係にあったと言っても過言ではなかった。

天正十年の備中高松城合戦の時、宇喜多の当主・直家は前年に急逝しており、嫡男の秀家はまだ十一歳の少年であった。強大な敵である毛利氏討伐に大軍を進めてきた秀吉は、宇喜多家にとっては、まさに救国の主であった。

備中高松城攻めに際して、秀吉は岡山に立ち寄った。直家の未亡人おふくは、当時三十四歳であったが、秀吉の寝所に忍んで行き、契りを結んだ。以来、おふくは秀吉の側室として姫路城に住み、のち伏見城、大坂城へと移り住んだ。「備前殿」と称され、一時は秀吉の寵を一身に集めたという。

秀吉の死に際して、おふくは落飾して円融院（円入院）と名乗った。

秀吉の妻妾は三十数人にのぼるが、その中で出家して菩提を弔ったのは正室・北政所と松の丸殿（京極高次の妹）と、この備前殿の三人だけだった、といわれる。

宇喜多秀家は、少年期から秀吉のそば近くで養育され、成人しても、京都（聚楽第近く）、伏見、大坂の各屋敷で生活した。そのため、国許に帰る機会はあまり無かったと思われ、領国の仕置きや家臣団の統率は重臣に任せきりであった。このことが、秀家と家臣団との意思疎通を悪くした。

さらに、乙子城以来の長臣たちが相次いで隠居、あるいは死亡して、世代交代の時期にあたり、いざという時、家中をとりまとめる人物がいなくなっていた。

宇喜多家では、戸川、長船、岡の三家が家老職に就くのが慣例であった。はじめ、戸川秀安が筆頭家老であったが、その隠居後は長船越中守貞親がその職責を継いだ。

天正十六年（一五八八）長船貞親の不慮の死により、岡豊前守家利（利勝）が仕置きをすることになる。

さらに、文禄元年（一五九二）には、岡利勝が朝鮮陣中で病没する。

秀家の叔父・忠家や明石行雄はすでに隠居の身であり、もはや重鎮といわれる人物は皆無であった。

ここで、第二世代の登場となり、戸川秀安の嫡子・達安が仕置家老の座につくことになる。

ところが、文禄三年（一五九四）、伏見城本丸の作事奉行であった長船紀伊守清行（貞親の子）が秀吉に気に入られ、秀吉のお声がかりで、戸川達安にとって代わり、長船紀伊守が仕置きをすることとなった。

長船は秀家の方針に則って、浮田太郎左衛門、中村次郎兵衛とともに国政を担った。

中村次郎兵衛は、「備前軍記」などによると、豪姫の輿入《こしい》れの時に加賀前田家から派遣された付け人だった、とされている。しかし、次郎兵衛の子孫による書上《かきあげ》（＊）では、次郎兵衛はその父の代から宇喜多家臣だった、とされており、この説の方に妥当性がある。〈大西泰正、二〇一〇〉

（＊藩主に差し出した、本人および先祖の身上書）

秀家は、才覚に秀でた次郎兵衛を重用《ちょうよう》して、三〇〇〇石の知行を与え、岡山城下町の整備や旭川の川筋変更などの大規模工事を差配させている。また、軍制上でも一組の組大将に任じている。「戸川記」には、主君の異例の抜擢によって要職についた者を指す「出頭人《しゅっとうにん》」の語を、中村次郎兵衛と浮田太郎左衛門の二人に冠している。

また、延原内蔵丞（浮田土佐守）や浮田菅兵衛宗勝（直家の叔父・義家の孫）、浮田（遠藤）河内守も出頭人的な直属奉行人として、行政の実務を担ったとされる。〈森脇崇久〉

長船紀伊守らの最重要な施策は検地の実施にあった。際限なき軍役と普請役、それに伴う莫大な出費をまかなうためには、検地の実行がもっとも有効な手だてであった。

「戸川記」に、「御家不如意《おいえふにょい》に仍《より》、倹約《けんやく》と号《ごうし》、宇喜多の分国悉《ことごと》く検地を入《いれ》、且《か》ツ譜代《ふだい》の諸士の拝地《はいち》をも宜敷分《よろしきぶん》ハ割替《わりかえ》て所替《ところがえ》を申付《もうしつく》る」とある。検地の実務は文禄三年（一五九四）九月ごろまでに完了していた、と考えられている。

この検地によって、実勢の石高が確定され、そのことによって、相対的に収税と家臣団の軍役負担が強化されることになった。まさに、太閤検地の目的の一つである大名領国の分権強化、言い換えれば、分国内の中央集権化を推進するものであった。

検地が完了すれば、家臣の多くは別の知行地に所替えさせられ、それに伴って、長年培ってきた在地領主としての既得権益を失うことになった。

「諸士挙《あげ》て彼（中村次郎兵衛）を悪《にく》む」というように、在地領主的性格をもつ上級家臣たちは、政権の中枢にある長船紀伊守とその奉行衆に対して不満を募らせたのである。

その不満分子の嚆矢《こうし》とされるのが、花房職之《もとゆき》であったし、あとに続くのが戸川達安、宇喜多左京亮、岡越前守、花房秀成（正成）などであった。

従来、この抗争には宗教上の対立が深くからんでいた、といわれてきた。長船紀伊守、浮田太郎左衛門、中村次郎兵衛などはいずれもキリシタン。対する戸川達安、岡越前、花房秀成などは熱心な日蓮宗徒。進歩的な思考の持ち主であるキリシタンに対する保守的な考えの強い日蓮宗徒という図式で表現されてきた。

しかし、造反派の主要メンバーの宇喜多左京亮は、既述の通り、熱烈なキリシタンであったし、逆に、長船紀伊守や中村次郎兵衛はキリシタンではなかった。

実際には、信仰の違いが現実的な政争の場で問題になることはなかった。むしろ、この抗争は長船紀伊守に対する戸川達安の権力闘争という一面もあった。

戸川達安が仕置家老として国政を執っていたのを、秀吉の一存で長船にとって代えられたことの無念さは想像に難くない。

「戸川家譜」に、「肥後守（達安）、内慮《ないりょ》（内心）は隙《げき》あれとも婿なれハ不及異儀《いぎにおよばず》」とある。

達安は、長船紀伊守の娘を正室に迎えており、女子二人を生ませている。その関係上、義父に対しては我慢するしかないと言っている。しかし、本当のところは、紀伊守の背後に存在する太閤秀吉の威光を恐れてのことであった。

それ故、家中の造反派の渦巻く不満も、秀吉の在命中は暴発することはなかった。

二、掃部の宗教活動

家中が分裂の気配のあるこの時期、明石掃部はどのような立場に立って、どのような行動をとっていたのであろうか。

ここで、文禄期の宇喜多家臣団内の序列を示す一次史料を取り上げてみる。遠藤家に伝わる宇喜多秀家觸状《ふれじょう》である。

以上

態《よくよく》申觸候、仍《すなわち》御参内ニ付而《つきて》
立からの馬入候間、服部孫三、板波山介
申《もうす》次第《しだい》ニ見せ可申候
自然機ニ入候者《気にいりそうらわば》
一日可借ル候、為其令申候也

卯月十六日　（宇喜多秀家）花押

但組中まで
岡　越前守とのへ
富川肥後守とのへ

花房志摩守とのへ
岡　采女正とのへ
浮田　平太とのへ
浮田河内守とのへ
岡本　権丞とのへ
長船吉兵へとのへ
服部権兵へとのへ
中吉平兵へとのへ
角南　隼人とのへ
浮田六郎右衛門尉とのへ
苅田与右衛門尉とのへ

長舟紀伊守とのへ
　ハ無御座候
明石掃部助とのへ
村田七郎右衛門尉とのへ
宍甘四郎左衛門尉とのへ
鳥山左馬允とのへ

〈「遠藤家文書」〉


これは、宇喜多秀家から家臣団の各組（部隊）の将にあてて回覧された書状である。

内容は、秀家が宮中に参内《さんだい》することになり、急に「立《たち》からの馬」（大柄で見映えのよい馬）が必要になった。そんな馬がいたら一日借用したい、というものであった。〈小川博毅、二〇一三〉

この回状の宛名は、最初が岡越前守（貞綱）、二番目が富川《とがわ》肥後守（戸川達安《みちやす》）、三番目に長舟《おさふね》紀伊守（長船清行）、そして、四番目に明石掃部助《かもんのすけ》となっている。

先の三名は、宇喜多家草創の功臣家である。この三家が交代で仕置《しおき》家老（筆頭家老）を務めるのが不文律となっていた。

明石家は、家中では禄高が最高であったが、客分あつかい（客将）なので、家格は四位に留まっていたのである。

ところで、明石掃部の名前の右側余白に、草書体で「ハ無御座候《はござなくそうろう》」と書き込みがある。良馬はないか、との問いに、掃部が、「(明石組中に)は、ございません」と、律儀に返答している。

この時（右の文書が文禄五年四月の説の通りであれば）、掃部、二十八歳（推定）であるが、彼らしい几帳面さが感じられて、清々しい気持ちにさせられる。

（右の觸状が浮田河内守の後裔の遠藤家に伝わっていることは、河内守が「立からの馬」を提供したことを物語っている。なお、遠藤家には、河内守あての隠尊流馬術の秘伝書（天正十八年）が伝えられていて、宇喜多家中の馬術練成の

一端がうかがい知れる）

本来、明石家は客分扱いであったから、掃部自身は政治に深入りしないように心がけていたらしく、さらに、文禄五年のキリスト教入信以降は、より一層政治に無関心であった、と思われる。

「戸川記」には、「明石掃部は此《この》宗門を広めしのみにて何《いず》れへも不寄《よらず》」とある。掃部は、家中のどちらの派閥にも属さず、もっぱらキリスト信仰に明け暮れ、家中の武士たちや領民への布教に専念していたのである。

イエズス会年報には次のように記されている。

強い情熱とデウスについての深い知識を有したこの武士（掃部）は、他の人々を、説教を聞くために伴って来、数年でこの地は備前の藩庁の重立った貴人たちが改宗した。そしてこの国では二千人を超えるキリシタンが洗礼を受けるであろう。……ドン・ジョアン（掃部）は、……大きい屋敷と多数の家臣を有している。彼と妻とをデウスに委《ゆだ》ねるため、屋敷には十分に備わった聖堂があり、そこには彼と親交のあるすこぶる高貴なキリシタンたちが出入りしている。（明石）ドン・ジョアンは多くの喜捨《きしゃ》や慈善事業を行ないつつい先日には、長崎の教会を助けるため十分な布施を命じた。

〈「フェルナン・ゲレイロの一五九九―一六〇一年日本諸国記」、『報告集Ｉ―３』所収〉

この報告書を見ると、岡山城下の明石屋敷の一画には聖堂が建てられ、そこが備前におけるキリシタン信仰と布教の拠点になっていたことが明らかである。

三、慶長の役

宇喜多家臣団の結束は次第に崩れ、一層の深刻さを増してきた。

しかし、この事態は、幸か不幸か、外患によって一時棚上げにされることになった。明との和平交渉の破綻によって、秀吉は朝鮮への再征の軍をおこしたのである。

慶長二年（一五九七）三月、宇喜多秀家は二万の兵をもって渡海した。宇喜多家にとっては限界に近い動員数であった。ただ、この兵数には数千の陣夫、すなわち、郷村から徴用した百姓たちが含まれていた。

通常、陣夫の役割は兵糧の輸送（小荷駄《こにだ》隊）が主たるものであったが、今回は、それに加えて、城郭の建設という仕事があった。

慶長の役は、漢城の再攻略を意図するものではなく、講和の条件を有利にするため、半島南部を長期間占領しようというものであった。

そのため、数多くの日本式城郭・倭城《わじょう》の建設が進められた。その多くは単なる兵站拠点としてだけではなく、朝鮮水軍の攻撃を避けるための舟入《ふないり》施設を設けて、日本水軍の保護に注力している。

宇喜多勢は、藤堂高虎と共同で、順天《スンチョン》倭城（全羅南道《チュルラナムド》順天市）を築城した。およそ三ヶ月の普請で完成し、十二月には小西行長らが入城在番した。

その間、釜山浦に本営を置く秀家は、八月、小西行長、蜂須賀家政、島津義弘などの軍勢とともに、全羅道の要地・南原《ナムウォン》城を攻略した。

同城には明と朝鮮の四〇〇〇の兵が駐屯していたが、激戦四日ののちに陥落させた。

この城の攻撃に際して、宇喜多の諸隊は競い合い、明石掃部の家臣・平尾与三右衛門《よざえもん》（知行三〇〇石）が掃部の馬標《うまじるし》（馬印。指揮官の所在を示すための標識）を掲げて南門に一番乗りを果たしたという。〈「平尾伝之丞書上」〉

日本軍は一時朝鮮半島中部まで北上するが、明、朝鮮連合軍の攻勢や物資補給の問題により戦線を縮小せざるを得なくなり、南の海岸地帯へと後退した。

十二月、明、朝鮮連合の五万の大軍が蔚山《ウルサン》倭城を攻囲した。普請が成ったばかりの城内には水や食糧の蓄えが無く、浅野幸長《ゆきなが》と加藤清正の軍は飢餓に耐えるしかなく、悲惨の極みを体験した。翌年正月に、毛利秀元などの援軍により救われたのだが、これ以降、秀吉諸将の厭戦気分はより一層増幅していった。

四、家中騒動

在韓の諸将は異国での不毛の戦いに倦《う》み疲れていた。

ちょうどこの時、慶長三年（一五九八）八月十八日、太閤秀吉は六十二歳にしてその夢の生涯を終えた。

日本軍諸将は順次帰国の途についたが、宇喜多の将兵が帰国できたのは十月に入ってからであった。

ただ、秀家は、三月に秀吉からの召還命令を受け取っていたので、彼自身は早くに帰朝していた。

宇喜多家臣団は、一年七ヶ月ぶりに国許の岡山に帰った。しかし、秀吉という重石のとれた今、宇喜多家中の内訌は、たちまちの内に再燃し、爆発の時へと進んでいった。

軍装をほどいて程なく、慶長四年に、仕置家老の長船紀伊守が他界した。

戸川達安の主導で宇喜多左京亮、岡越前守、花房秀成が謀議を重ね紀伊守を毒殺した、と「備前軍記」は伝えている。

もっとも、「戸川記」には、「長船紀伊守、病死」と書かれていて、毒殺説の真偽は分からない。

ともかく、紀伊守の急死により、戸川達安が仕置家老の座に再び就くことになった。

しかし、達安は、国政に関して、何の権限も持ち得なかった。

行政の実務は、依然として、中村次郎兵衛や浮田太郎左衛門などの奉行衆の差配のもとに行われていた。つまり、秀家による親政体制が敷かれて、専制的領国経営へと転換しつつあったのである。

家老や組頭は軍制上の権限のみを保持し、秀家の任用する直属の奉行人や用人《ようにん》が行政の実務を司るという体制になっていた。

戸川達安は、非常手段に打って出た。まず、中村次郎兵衛の排除を謀ったのである。

中村次郎兵衛の家中退去

京都太秦《うずまさ》（京都市右京区）の中村次郎兵衛の屋敷が多数の戸川派に襲われ、抵抗した家人《けにん》の内、五人が殺害された。この時、次郎兵衛は大坂住吉（大阪市住吉区）に所用で出かけていて、難をのがれたという。〈大西泰正、二〇一六B〉

異変を知らされた次郎兵衛は、近くの玉造の宇喜多家上屋敷（＊91頁の地図上の②）に逃げ込んだ。

（＊備前島と玉造の宇喜多屋敷については、267頁の小論、「宇喜多騒動に関しての地理的考察」を参照のこと）

戸川達安は、岡越前守、花房秀成、楢村監物《ならむらけんもつ》、中吉与兵衛《なかぎり》らを伴って大坂に上り、宇喜多上屋敷に押しかけて中村次郎兵衛の引き渡しを要求した。

これは、慶長四年（一五九九）の末のことと考えられるが、ちょうどこの時、秀家は、秀吉の遺言に従って伏見城（木幡山城《こはたやま》）在番を務めていて、不在であり、屋敷は豪姫が取り仕切っていた。

豪姫は次郎兵衛を屋敷の奥に匿い、秀家に事の次第を通報した。

一方、戸川たちは、宇喜多邸の表門と裏門に兵を配して人の出入りを監視した。

報告を受けた秀家は、家中の内訌が世間に広まるのを恐れ、何とか事態を穏便に収めたいとして、次郎兵衛に対して、「当家を立去り候に於てハ、当分（その内）事も鎮《しず》」まると、再三内意を伝えた。

しかし、次郎兵衛は、臆病者との誹《そし》りを受けるのを嫌い、家中退去を拒否して切腹すると言い張った。

困った秀家は、政治的無派閥の明石掃部を国許から呼び寄せ、説得を依頼する。

掃部が言うには、「私義ハ四人の者共（戸川、岡、左京亮、花房）と一統」ではないが、岡越前との由緒（掃部の妹が岡の正室）があり、この件には関わりたくありません。とはいえ、「此度出入《こたびのでいり》」（騒動）が内々に解決できなければ、御家の一大事になるかと思われますので、と説得を引き受けることにした。

掃部は、深夜に、次郎兵衛の元に行って、色々と説得を試みるが、次郎兵衛は頑として切腹に固執した。

掃部が言うには、「其元《そこもと》は少身より（低い身分から）段々の御取立《おとりたて》に預」った御厚恩の人（秀家）に対して「不忠不義の人」である。何故なら、「其元《そこもと》一人」が切腹した場合、仲間の「近習外様《とざま》の諸士数十人」が、報復として家老共を襲撃あるいは、「御家を立退き家老中四人の非義」を公儀へ訴え出るのは必定。そうなれば、御家の為にも、仲間の為にもならず、其元は「不忠不義の人」ということになる。と、次郎兵衛を強く説得して宇喜多家からの一時的退去を納得させた。

その後、「風雨烈《はげ》しき夜陰にまぎれ、蓑笠《みのかさ》着たる人足十人計《ばかり》の中に次郎兵衛を取囲ミ、屋敷を出して、退去させたのである。〈『落穂集・巻之八』〉

この次郎兵衛退去は、慶長四年十二月末（一六〇〇年二月）のことと考えられる。

（この事件と次の寺内暗殺事件との時系列的順序については、260頁の「宇喜多騒動についての一考察」を参照の事）

寺内道作の殺害

秀家は、事態の鎮静化のため、中村次郎兵衛を退去させたが、さらに、国許の浮田太郎左衛門とその与力四人にも、改易、退去を下命したようである。〈寺尾克成、二〇一六〉

ところが、これら秀家の苦渋の譲歩を弱腰と見くびったのか、戸川達安はより強硬な行動に走り、一線を越えてしまう。

用人《ようにん》・寺内道作の斬殺である。

「戸川家譜」には、「山田兵左衛門といふものに申付《もうしつけ》、殺之《これをころす》。彼ハ常ニ往来し、心安くする故、夜に入りて行、内へかけ金かけ置て打切しと也」とある。

寺内道作（喜左衛門）は、長船紀伊守の家臣（知行一四〇〇石）であったが、秀家からも八万石の蔵入地《くらいりち》の代官を任された用人（行政実務者）であった。さらに、彼の息子が書いた先祖書上には、「親

ハ関ケ原年（慶長五年）ニ伏見にて相果申候《あいはて》」と記されている。〈「寺内太郎左衛門の先祖書上」〉

ところで、京・相国寺《しょうこくじ》の「鹿苑日録《ろくおんにちろく》」慶長五年正月八日条に、「中村次郎兵衛、去《さる》五日夜、相果《あいはつ》ト云々《うんぬん》」とあり、正月五日夜に次郎兵衛が暗殺されたらしい、という風聞を伝えている。

次郎兵衛は、この時すでに出奔しており、正月五日夜に殺害された真の被害者は寺内道作以外には考えられない。また、「鹿苑日録」は次のように推測している。下手人（山田兵左衛門）は捕縛されたが、秀家は以前、この下手人とは「不苦之間《くるしからず》」（苦しゅうない近こう寄れの間柄、つまり、御目見え以上の武士）だったので、きっと、大谷吉継に引き渡し、公の裁きを受けさせるだろう、と。

しかし、『時慶記《ときよしき》』（慶長五年正月十日の条）には、「伏見、浮田中納言家中、昨日、磔由候《はりつけのよし》」とあることから、山田兵左衛門は、正月九日、伏見において磔刑《たっけい》に処せられたと思われる。

宇喜多秀家は、事態鎮静化のため、中村次郎兵衛、浮田太郎左衛門などを退去させるという譲歩をしたのにもかかわらず、側近の寺内道作が殺害されるに及び、激怒して、下手人を磔刑に処したのである。

さらに、山田兵左衛門は戸川達安の家臣なので、戸川がこの事件の首謀者であることは、一目瞭然であった。秀家は、直ちに、戸川一派に向けて討伐部隊を派遣した。

造反派、宇喜多左京亮邸に立て籠もる

討手の将兵は、備前島の宇喜多下屋敷に入り、ここを出撃拠点とした。（91頁の地図上の①）
（伏見城と備前島は、京街道上にあり両者の距離は三十八㎞ほどで、通常の行軍速度で約八時間（一日行程）かかる。また、下屋敷と左京亮邸の間は約一・一㎞である）

これに対して、戸川達安、岡越前守、宇喜多左京亮、花房秀成の四人の重臣は、「高麗橋《こうらいばし》東北の角《かど》」（「慶長年中板坂卜斎記《ぼくさいき》」）の宇喜多左京亮邸に立て籠もった。（次頁の地図上の③）

彼らは岡山から、花房弥左衛門（秀成の嫡子、達安の娘婿）、戸川玄蕃允《とがわげんばのじょう》（達安弟）、戸川又左衛門（達安従弟）、角南隼人《すなみはやと》（達安の妹婿）、楢村監物《けんもつ》（掃部の妹婿）、中吉《なかぎり》与兵衛などの同調者や、新免宗《しんめんむね》貫《つら》（戸川組与力頭）、明石久蔵（岡組与力頭）などの与力衆を呼び寄せたので、雑兵まで加えると、総勢二五〇余人が結集したという。〈「戸川家譜」、および『備前軍記』〉

（この時、戸川組与力頭の浮田喜八（高取喜八郎、一三二〇石）も招集されたが、豪姫や円融院につながりがあるので呼び出しに応じなかった。そのため、関ヶ原合戦のあと、戸川達安に殺害されたという。〈「浦上宇喜多両家記」〉この事例から、与力衆への招集は、かなり強制的だったことが推測される）

集結した造反派は、宇喜多左京亮の発案で、敵味方の識別のため全員が髪を切って坊主頭になり、「唯今《ただいま》屋鋪《やしき》より討手《うって》勢、可来《きたるべし》」（今すぐにも、下屋敷から討手の軍勢がやって来るかもしれないぞ！）と警戒して、表裏の門を厳重に固めた。〈「戸川家譜」〉

さらに、戸川たちは、「大坂町屋の詰《つま》り〳〵に」兵を配して、左京亮邸付近で鉄砲の音がしたら「町中所々焼立候へ《やきたてそうらえ》」（「慶長年中卜斎記」）と命じた。まさに、斬り死に覚悟の決起であった。

秀家は、討伐隊に命じて彼らを討ち果たそうと思うのだが、大坂城惣構《そうがまえ》内の町中なので、下手をすれば城下が一面火の海になるやもしれず、武力行使を躊躇して、一日延ばしに日を送っていた。

ここにおいて、戸川達安と親交のある榊原康政《さかきばらやすまさ》が仲裁に乗り出した。

一方、秀家は、本来なら石田三成の助力を仰ぐところだが、この時三成は失脚して佐和山城に謹慎していたので、大谷吉継に折衝を依頼した。

しかし、榊原と大谷による調停はうまく進まなかった。家康は、榊原が調停の労をとることに不興で、彼を上野館林《こうずけたてばやし》（群馬県館林市）に帰国させ、この騒動を高みの見物と決めこんだ。

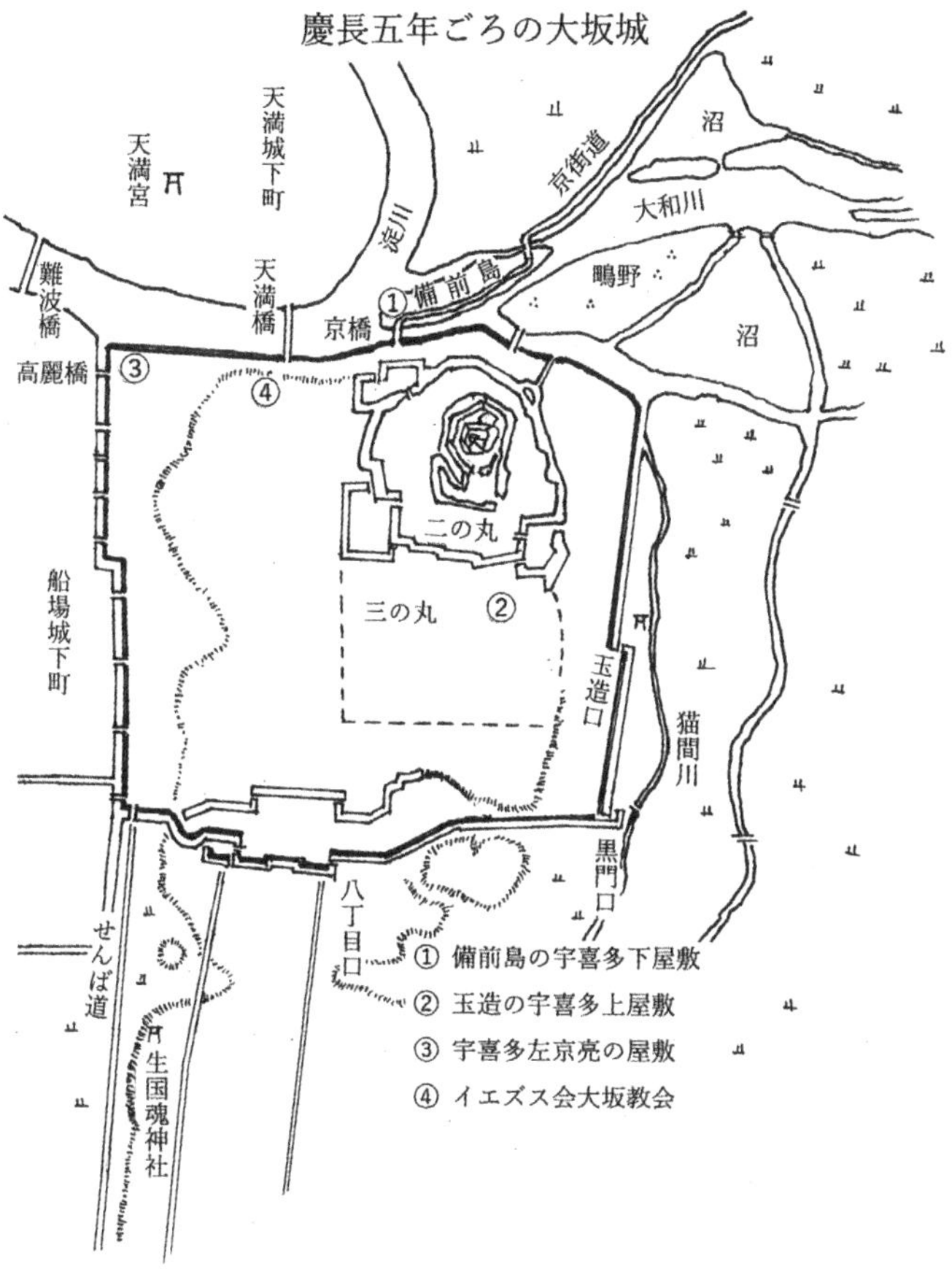

桜井成広『豊臣秀吉の居城・大阪城編』
（日本城郭資料館出版会 1970）より転載、加筆

家康は、親三成派の宇喜多家が内部崩壊するのを期待していたのである。

方策の尽きた秀家は、しかたなく公儀に裁定を持ち込まざるを得なくなり、結果として、家康に頭を下げて調停を要請し、その裁定を仰ぐことになった。

裁定の結果として、戸川達安、戸川又左衛門、中吉与兵衛は家康預かりで常州岩槻《いわつき》（埼玉県さいたま市）に蟄居、花房秀成は増田《ました》長盛預かりで大和郡山《やまとこおりやま》（奈良県大和郡山市）に蟄居、ということに決まった。

それ以外の、宇喜多左京亮、岡越前守、戸川玄蕃允、角南隼人などは一応おとがめなしとされ、岡山に帰参を命ぜられた。

本来、主君への反逆は死罪を免れぬはずだが、「当代記」が次のように記すごとく、家康は戸川たちに肩入れして、軽い処分で決着をつけた。


浮田中納言備前主、家老之衆と為主従間有云事《しゅじゅうのあいだにいいごとありとして》、大谷（吉継）者《は》中納言理《のことわり》を専被云立《もっぱらいいたてられ》、内府公（家康）彼家老之者被介法《かのかろうのものをかいほうされた》（介抱）。


特に、戸川、中吉《なかぎり》については、家康の領国内に形式的に配流として、事実上、彼らを自身の家臣化した。

この裁定がもとで家康と大谷の間に亀裂が入ったようで、のちの関ヶ原での両者の関係に影響してくる。

五、掃部、仕置家老になる

戸川達安は追放、岡越前守は謹慎となると、空席になった仕置家老に誰が就くかという問題が起こった。

急死した長船紀伊守の跡を継いだ長船吉兵衛宣行（紀伊守の甥）が、家柄からすれば第一の候補者であったが、まだ若輩のため、家中を一つにまとめていくには力不足であった。

そこで、客分扱いであるが、明石掃部に仕置家老職就任の命が下されたのである。

敵対する立場になった戸川家の家記「戸川記」には、掃部について、「たいした軍功は無かったけれど、人並み優れた天性の器量を持っており、家中の采配を任せられる人物である（「掃部正《かもんのかみ》、させる武功は無《なか》れ共《ども》、生質大気にて采配をも任せらるへき器也」）」と、好評を記している。

宇喜多家が難局を乗り切るには、掃部をおいて他にはいないと誰もが認めていたのである。

慶長五年（一六〇〇）二月中旬、宇喜多秀家は岡山に帰城して、家中の立て直しに本腰を入れた。

家中騒動による人的損失

ところで、戸川達安、花房秀成などが放逐され他家預かりとなると、彼らの家臣たち（陪臣）は全員浪人することになる。

ただ、戸川達安組と花房秀成組に配されていた与力衆のほとんどは、他の組あるいは本丸御番衆（旗本）に編入された。

この時期、宇喜多家を放逐された者や自ら退去した者の名を列挙してみる。また、彼らの家臣（陪臣）の人数の推測値を記す。（軍役賦課基準は、一般の武士については六人役、組大将については五人役で計算するが、軍役基準の根拠については、巻末の小論「慶長期 宇喜多家の総家臣数」274頁を参照のこと）

○他家預かりの処分を受けた者

戸川達安（組大将）	二万五六〇〇石	一二八〇人
花房秀成（組大将）	一万四八六〇石	七四三人
中吉《なかぎり》与兵衛（本丸御番衆）	一〇〇〇石	六〇人

○慶長五年はじめに退去した者

戸川又左衛門（本丸御番衆、もと岡弥平治《やへいじ》）	三〇〇石	一八人
岡市之丞（戸川組与力頭）	三一六〇石	一八九人
国富《くにとみ》源右衛門（本丸御番衆）	八〇〇石	四八人
苅田《かんだ》与右衛門（本丸御番衆）	八〇〇石	四八人
納所《のうそ》弥右衛門（戸川組与力）	三〇五石	一八人
岡崎藤左衛門（花房組与力）	一二〇石	七人
矢吹《やぶき》五郎右衛門（花房組与力）	一〇〇石	六人

○関ヶ原合戦で徳川方についた者

宇喜多左京亮（組大将）	二万六八二八石（与力分含む）	一三六三人

○関ヶ原本戦前に退去した者

岡越前守（組大将）	二万三三〇〇石	一〇六五人
楢村監物《ならむらけんもつ》（組大将）	三一〇〇石	一五五人
戸川玄蕃允《げんばのじょう》（本丸御番衆）	二〇〇〇石	一二〇人
角南隼人《すなみはやと》（本丸御番衆）	一五〇〇石	九〇人
角南如慶《じょけい》（本丸御番衆）	一〇〇〇石	六〇人
角南太郎右衛門（本丸御番衆）	六五〇石	三九人

右の造反退去者の中には、組（備《そなえ》）を統括する組大将（士《さむらい》大将）が五人、戦闘力を左右する物頭《ものがしら》（足軽大将）級の者も数人含まれている。

また、中村次郎兵衛（三〇〇〇石、一五〇人）や浮田太郎左衛門（五三六〇石、二六八人）のように、戸川派のために退去を余儀なくされた者もいた。

これらの知行高の合計は、一一万三七八三石となり、宇喜多家臣団全体の石高（三三万八七二四石）に対して三三・六％となる。また、兵員数は、五七二七人にのぼり、宇喜多家中の総員数（＊一万九三六〇人）に対して、二九・五％という数字になる。（＊これらの数値は、２７４頁の「慶長期 宇喜多家の総家臣数」による）

実に、三割近くの戦力が失われたことになり、まさに、この内訌造反事件は宇喜多家の屋台骨を激震させた大騒乱であった。

戦力の補充

この状況の中、仕置家老に就いた明石掃部の目下の急務は戦力の補強であった。

のち、戸川達安への書状で、「於上方《かみがたにおいて》、人の存《ぞんじ》たる衆余多《あまた》」を召し抱えた、と書いたように、掃部は、京、大坂方面で大規模な募兵を行い、数多くの武士を仕官させた。

そして、この新参組の組大将として、本多左兵衛《さひょうえ》政重を獲得した。

本多政重とは、徳川譜代の重臣・本多佐渡守正信の次男である。十二歳の時、倉橋家に養子に入り、長五郎と名乗った。元服して家康に仕えたが、慶長二年に徳川秀忠の乳母《めのと》子・岡部荘八を斬って逐電、伊勢に隠棲して正木《まさき》左兵衛と称した。

慶長四年（一五九九）、京にのぼり、大谷吉継に仕えていたが、その翌年に、宇喜多家から仕官の誘いを受けたのである。

宇喜多秀家は、大谷に頼みこんで政重を譲り受け、彼に二万石の知行を与えて新参組の組大将とした。

この時、政重、弱冠二十一歳であったという。〈「本多系譜」〉

この破格とも言える待遇には、政重の実力への期待以上に、徳川陣営と何らかの折衝ルートを確保しておこうとする政略的意図もあったのではないか、と思われる。

こうして新しく、二万石規模の組、人数にすれば、一〇〇〇人ほどの戦闘集団が編成されたのだが、戸川組にとって代われるほどの強力な部隊の練成には、短期間ではとても達成困難なことであった。

旗幟《きし》の改変

ところで、宇喜多家では、代々、「兒《こ》」の字の旗を戦場で使用してきた、と伝えられている。

これは、宇喜多氏の始祖の百済《くだら》の王子が渡来し、備前児島《こじま》（岡山市南区）に土着したという伝承に由来するとされる。また、宇喜多氏が南朝の忠臣・児島高徳《こじまたかのり》の後胤であることを誇示するものでもあった。

しかし、『備前軍記』（「宇喜多常玖《じょうきゅう》を島村殺す並《ならびに》宇喜多の事」の項）には、「秀家卿の時は旗の紋、唐太鼓《からだいこ》なり。いつより改りしにや。今もこゝに唐太鼓の紋残りし所あり」と、旗紋の改変を明記している。

他の軍記物を見てみると、「改正三河後風土記」には、福島正則と宇喜多勢との激闘を、「福島の山道の旗と浮田が太鼓の丸の旗と、秋風に打靡《うちなび》き東西に飜翻《はんぽん》し入交《いりまじ》り混亂す」と描写していて、「関ヶ原軍記大成」では、「此時、秀家卿の太鼓の丸の旗、正則の山道の旗を退《の》く事、二三度に及びたり」と書いている。

これらの記述を見ると、宇喜多の旗紋は、「唐太鼓」あるいは「太鼓の丸」に、確かに改変されたと認められる。

また、「慶長軍記」には次のようなエピソードが載せられている。

関ヶ原本戦の前、宇喜多勢が石田三成の要請を受けて大垣城に入ろうとすると、城兵たちは、見慣れぬ旗印を掲げた大軍を敵の襲来と勘違いして大いに動揺した。この時、島左近（三成の家老）が、「太鼓丸《たいこまる》ノ紋ノ旗ハ秀家ノ紋也、味方ニテ有ケルソ」と言って皆を落ち着かせた。〈『関ヶ原合戦を読む―慶長軍記・翻刻解説』〉

この記述から、旗紋の改変は関ヶ原合戦の直前だったことが、推定される。

それにしても、父祖伝来の「兒」の旗紋を改変することは尋常なことではない。とすれば、家中騒動を起因とする家臣の大量退去、および、家臣団内の亀裂などの未曾有の事態が起こったこの慶長五年の時点において、家中の結束を図るための一つの拠り所として、新しい軍旗が必要となった、と考えられるのである。

では、その「唐太鼓」あるいは「太鼓の丸」、「太鼓丸」の旗紋とはどのようなものであったのだろうか？

今日、その文様はまったく伝えられていないが、「唐太鼓」あるいは「太鼓の丸」の言葉の持つ意味などを考察した結果、左のような旗紋に到達した。

（旗紋の考証については、巻末の小論、「唐太鼓」の旗印についての再考察、２８３頁を参照のこと）

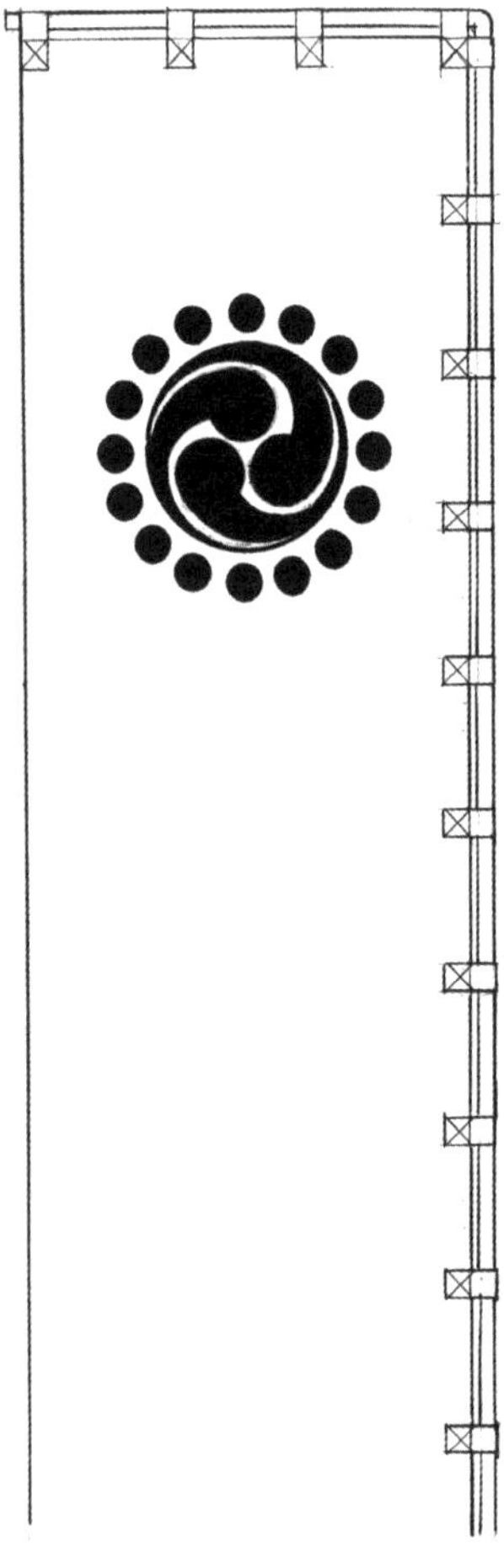

秀家が、この新しい旗紋に託したものは、本来、唐太鼓紋の持つ「邪気を払う」力で、邪（家中騒動で生じた各種の軋轢）を打ち払い、宇喜多家が隆盛に向かうように、との祈念であった。

宇喜多の将兵は、この旗幟《きし》を掲げて、関ヶ原の戦場を駆けめぐったのである。

第六章　関ヶ原合戦

一、関ヶ原への道

慶長二年（一五九七）、幼い秀頼の行く末を案じる秀吉は、五大老による政策決定機関を作りあげた。五大老とは、徳川家康、前田利家（死後はその子の利長）、宇喜多秀家、上杉景勝、毛利輝元の五名であった。この五人の合議によって重要な政策が決定されることになった。その政策の実務機関として五奉行が置かれた。すなわち、石田三成、増田《ました》長盛、浅野長政、長束《なつか》正家、前田玄以の五人の奉行であった。

しかし、秀吉の死とその半年後の前田利家の死によって、中央政局は家康を中心として大きく変動していった。さらに、慶長四年（一五九九）閏《うるう》三月の豊臣七将による石田三成襲撃事件と、その結果としての三成の佐和山蟄居は、家康の野望達成への追い風となった。

大老筆頭の家康は、他の四人の大老と五奉行を順次屈服させていく戦略をとった。

九月には、家康の暗殺を謀ったとして、浅野長政が武蔵府中（東京都府中市）に蟄居させられた。また、この謀議に関わったとして、土方雄久《ひじかたかつひさ》は常陸《ひたち》（茨城県）に、大野治長《はるなが》は下野《しもつけ》（栃木県）に配流された。

これを機に、家康は、大坂城西の丸に入り、ここに新たに天守閣を築いて自身の存在を天下に誇示した。

十月に入ると、家康は前田利長を恫喝して屈服させた。家康は、前田家が秀頼に対して謀反を企てているとして、強引に北陸討伐を決定した。これに驚いた利長は、やむなく、生母・芳春院（利家正室）を江戸に人質として送り、恭順の意を表した。

この時期、宇喜多家では、譜代の重臣たちによる家中騒動が起こっている。家康としては、裁定を下して事態を収拾させたことで、宇喜多家に恩を売ることができたし、また、戸川達安などを自陣に取り込んで、宇喜多家の弱体化を図ることもできたのである。

次に、家康は上杉景勝の屈服をもくろんだ。上杉景勝は、謙信の後を継いで越中、越後、佐渡を領していたが、慶長三年三月、秀吉の命により会津若松（一二〇万石）に移封された。景勝は、十月に上洛して滞在していたが、翌四年八月、領国の仕置きを理由に会津に帰った。

景勝は帰国すると共に、領内の城郭の修築に力を入れ、兵糧を蓄え、武器を購入し、さらに多くの浪人を召し抱えた。景勝にすれば、秀吉没後の政治情勢からして、遠からず戦乱の世に戻るのではないかと考えたのである。

出羽山形の最上義光《もがみよしあき》など隣接する大名たちは、上杉の不穏な動きを頻繁に報告してくる。慶長五年（一六〇〇）四月、家康は景勝に釈明を強く求めたが、景勝は容易に上洛しようとしなかった。

上洛を拒むこと自体が秀頼様に対する謀反の疑い濃厚、という論理で、家康は諸大名に向かって会津討伐の命令を下した。そして、上杉討伐は、秀頼の命を受けた五大老筆頭の家康が諸将を率いて出陣する、という形式をとった。

六月十五日、秀頼は、家康に軍資金として黄金二万両と兵糧米二万石を与えた。

十八日、家康みずから総大将として諸大名を率い、伏見城を出陣、会津攻めに向かった。

十九日、宇喜多秀家は、とりあえず、宇喜多左京亮の組を家康のもとへ先発させた。


秀家率いる宇喜多本隊は、六月末に岡山を出立、七月二日、大坂に到着した。

秀家は、七月五日、秀吉を祀る豊国社《とよくにしゃ》（京都市東山区）に参詣して神馬立《しんめだ》ての神事を行った。これは、神馬とともに本殿を三周して戦勝を祈願するものであった。

また、七日には、秀家の女房衆（豪姫）が湯立《ゆだて》神事を奉納している。〈「舜旧記《しゅんきゅうき》」〉

この時点での祈願は、上杉討伐での戦勝を祈念するものであった。

ところが、事態は急変する。佐和山の石田三成が、安国寺恵瓊《えけい》、大谷吉継と謀議を重ね、ついに、家康打倒の兵を挙げた。

秀家は、一転して三成に呼応し、西軍に参加するのである。

二、宇喜多家の戦力

関ヶ原合戦で宇喜多秀家が率いた将兵の数について考えてみる。

まず、軍役動員の観点からみると、上杉討伐のため、公儀から、三人役（一〇〇石に付き三人）の軍役が課せられたといわれ、宇喜多家の公称石高と思われる「四十七万四〇〇〇石」（「慶長三年大名帳」）から計算すると、少なくとも、一万四二〇〇人の将兵の動員が指示されたと考えられる。

慶長四年時点では、宇喜多家には、十三の組（備《そなえ》。この内、七組が一万石以上）があり、宇喜多家の武士（直臣と陪臣）の七三・五％が各組に属し、その他の武士の大部分は本丸御番衆（旗本）に属した。

そんな中、戸川達安組と花房秀成組の二組が解体され、陪臣は浪人し、与力衆は他の組や本丸御番衆に編入された。

また、岡越前守、楢村監物、戸川玄蕃允、角南隼人、角南如慶などは、大坂での左京亮邸立て籠もり事件以来、秀家に疎まれて、供をすることを許されなかった。そのため、彼らは主君から見放されたことに憤慨して、ほどなく、岡山を立ち退き、大和郡山《こおりやま》（奈良県大和郡山市）に向かった。大和郡山城には、花房秀成が増田長盛預かりで蟄居しており、また、戸川達安の妻子（岡越前守の妹が達安の側室）も人質として軟禁されていたので、あるいは、その奪回が目的であったのだろうか？　不明である。

ここで、実際に関ヶ原で戦った宇喜多将兵の数について、「宇喜多中納言秀家卿家士知行帳」、および、巻末の小論・「慶長期 宇喜多家の総家臣数」を基に、試算してみる。

まず、先発した宇喜多左京亮組は、鉄砲衆（四〇人）を含んで、一三六三人であった。

ただ、左京亮の家臣・矢部助左衛門（二〇〇石）が大坂での造反事件に嫌気がさして帰農したという例もあり（「吉備温故秘録」）、陪臣の中に禄を離れた者がいくらかあったようで、その上、伏見と大坂の邸宅の留守居役も必要で、それらを引くと、宇喜多左京亮組の兵数を一二五〇人とみる。

しかし、左京亮は、家康指揮下で上杉討伐に向かったのち、そのまま東軍に属することになる。

それでは次に、宇喜多秀家が実際に率いた軍勢について、部隊ごとに、兵数を考証していく。（◎印は万石以上の組）

◎長船吉兵衛組	長船家家臣（一二〇四人から居城の長船城在番に一〇〇人を割《さ》く）	一一〇四人
	与力衆（長田右衛門を除く。鉄砲衆四〇人を含む）	五七〇人
◎明石掃部頭組	（保木城在番に一〇〇人を割く）（与力なし、鉄砲衆四〇人含む）	四四五人
◎宇喜多源三兵衛組	（与力衆、鉄砲衆五〇人を含む）	一五九五人
◎本多左兵衛組（新参）	（鉄砲衆四〇人含む）	一六二四人
○浮田主馬組	（与力衆の内、三人退去）	一〇四〇人
○浮田菅兵衛組	（与力衆、鉄砲衆四〇人含む）	二九三人
○明石久兵衛組	（与力衆、鉄砲衆四〇人含む）	二七六人
○浮田河内守組	（鉄砲衆四〇人含む）	一五九人
○本丸御番衆	（造反退去の七人と、各城在番の七人を除く一二九人）五万一七四八石×六人役	三一〇四人

○旧・戸川達安組与力衆（退去者三人を除く八七人）　一万八七三六・五石×六人役　一一二四人
○旧・花房秀成組与力衆（退去者二人を除く一五人）　一〇一〇石×六人役　六〇人
○鉄砲組衆　（各城在番の三組を除く）　四五六人
○弓衆　（「慶長初年宇喜多秀家士帳」に記された弓衆を加算）　七〇人
○鐘《かね》太鼓　三〇人　○忍役　二九人

以上を合計すると、一万一九七九人である。

なお、右の宇喜多源三兵衛組についてであるが、この組はもともと岡山城を守備する在番組であったのを、戦闘力不足を補うために、急遽、先手備《さきてそなえ》（攻撃型戦闘団）として出陣させるという苦肉の策をとった。

代わりに、岡山城代として、宍甘《しじかい》太郎兵衛組（一二一〇石）と宍甘四郎左衛門（本丸御番衆、八〇〇石＋鉄砲衆三九人）の二人を残した。〈「新出沼元家文書」〉

また、明石掃部の唯一の与力・明石四郎兵衛（一〇〇〇石）は、美作倉敷《くらしき》城（岡山県美作市林野《はやしの》）の在番を、長船吉兵衛組の与力頭・長田右衛門（三〇〇〇石）は、虎倉《こくら》城（岡山市北区御津虎倉）の在番を命じられて関ヶ原に同道できなかった。

さらに、本丸御番衆の次の面々も各地の城番を命じられている。

川端《かわばた》丹後守（一六〇〇石＋鉄砲衆三九人）　常山《つねやま》城（岡山市南区迫川《さこがわ》）
宍甘《しじかい》太郎右衛門（一六二四石）と牧《まき》藤左衛門（五〇〇石）　広瀬城（兵庫県宍粟《しそう》市山崎町）

延原《のぶはら》六右衛門（二六〇〇石）と中吉《なかぎり》平兵衛（一五〇〇石＋鉄砲衆二〇人）
小瀬《おぜ》中務《なかつかさ》（一〇〇〇石）
沼元《ぬもと》新右衛門（石高不詳）

赤穂城（兵庫県赤穂市）
高田城（岡山県真庭市勝山）
小串《こぐし》城（岡山市南区小串）

〈「新出沼元家文書」〉

ところで、この時期、宇喜多家は、播州佐用《さよう》郡の有力国衆の服部勘助を家臣に加えている。

播磨の赤穂、宍《し》粟《そう》、佐用の三郡は、天正七年に宇喜多氏が信長に服属した時に安堵されて以来、宇喜多氏の領有するところであった。しかし、天正十四年ごろ秀吉に召し上げられ、翌年、赤穂郡と宍粟郡が宇喜多家に返還され、佐用郡は豊臣家の蔵入地《くらいりち》（直轄領）のままであった。

服部氏は利神《りかん》城（兵庫県佐用郡佐用町平福）を本拠とした佐用随一の武士であったが、この時、服部勘助を取り次ぎとして、石洞《いしどう》近政、浜田信康、神吉《かんき》宗定、大野春房など、近在の郷士三〇〇人ちかくが参集し、雑兵を含めると、その勢一〇〇〇人ほどが宇喜多勢に加わったと伝えられている。〈『三日月町史・第二巻中世』〉

この佐用衆を加えれば、秀家が率いた宇喜多勢は、計算上、一万二九七九人となり（先発した左京亮の部隊を合算すると、一万四二二九人になり、三人役の動員令を辛うじて達成している）、さらに、本陣設営資材や弾薬、兵糧などを運ぶ小荷駄隊（非戦闘員の陣夫が数百人規模か？）も引き連れていた。

ちなみに、「備前軍記」は、関ヶ原合戦に出陣した宇喜多勢を、「騎馬千五百、雑兵《ぞうひょう》一万五千」（一万六五〇〇人）と記すが、「関ヶ原御合戦当日記」には、「浮田ガ勢一万二千」とある。

三、伏見城の戦い

石田三成と安国寺恵瓊《あんこくじえけい》の要請を受けた毛利輝元は、西軍に組することを即決し、七月十六日、大坂に入城した。輝元は、大老主席に就任し、秀頼を守護するためとして、大坂城西の丸に入った。

早速開かれた軍議の席で決められた戦略は、まず、畿内周辺の軍事拠点の伏見城、田辺城（舞鶴城、京都府舞鶴市北田辺）、安濃津城《あのつ》（三重県津市）の三城を攻略して、次に、美濃、尾張方面へ進出し、そこで家康を迎え撃とうとするものであった。

七月十九日、小早川秀秋、島津義弘などの西軍が伏見城を囲んだ。

伏見城には、家康の老臣・鳥居元忠、佐野綱正など一八〇〇の兵が決死の覚悟で立て籠もっていた。連日激しい銃撃戦が続いたものの、それ以上の戦況の進展はなかった。

七月二十三日、宇喜多秀家は豊国社に再度参詣して、今度は、打倒家康を祈願した。この時、義母の北政所も人を派遣して戦勝祈願をしている。

そして、二十五日、秀家は、宇喜多全軍を指揮して、伏見の戦場に姿を現した。

秀家は、攻城の諸将と軍議を開き、各自の持ち場を決めて、本格的に城攻めを開始した。

明石掃部と長船吉兵衛の両組が先鋒となり、死力を尽くした攻防ののち、八月一日に、城を落とした。

この時、新参の本多政重隊も大手門で奮戦し、秀家から自筆の感状を授けられている。〈「本多系譜」〉（石川県金沢市の藩老本多蔵品館の館長の話では、「自筆の感状」は現在伝えられていないとのこと。なお、この蔵品館には、政重が関ヶ原合戦時に使用した、漆黒の色々威《いろいろおどし》二《に》枚胴《まいどう》具足《ぐそく》や穂の長さが八三cmもある大身の槍などが常設展示されている）

また、明石掃部の家臣・平尾与三右衛門《よざえもん》は、松ノ段へ一番に攻め入り、さらに、寺坂五郎左衛門と牧左馬助（本丸御番衆、六〇〇石）が本丸への先陣争いをして、牧が一番乗りを果たし、首二つを挙げる功名を立て、五〇〇石の加増を得たという。〈「平尾伝之丞書上」、および、「牧左馬助覚書」〉

伏見城攻撃に加わっていた毛利秀元、吉川《きっかわ》広家の軍は、七月二十六日、その落城を待たずに別行動を命じられ、近江の瀬田中島に移動したのち、伊勢路の攻略に向かった。

しかし、毛利の諸隊は、八月五日に鈴鹿峠を越えながらも動きが鈍く、いたずらに日を過ごしていた。

宇喜多秀家は、伏見城攻略のあと、大坂に帰陣して休息をとっていたが、伊勢方面の戦況を心配して、督戦のため、明石掃部を先発させた。

掃部は、およそ六〇〇〇の兵を率いて、八月十日ごろ、伊勢に着陣した。〈『関ヶ原から大坂の陣』〉

掃部は、毛利諸将に対して、松坂城と安濃津城への早期の攻撃を強く要請した。それでも、吉川広家などの戦意は低く、安濃津城に対して本格的に攻撃を始めたのは、掃部が大垣に転進したあとの八月二十三日になってのことであった。

四．掃部と戸川達安

この時、徳川方の東軍の動きは、福島正則、池田輝政、黒田長政、浅野幸長《よしなが》などの先発隊が、すでに西上をはじめていて、八月十四日には清洲《きよす》城（愛知県清須市）に到着する、といった状況にあった。この軍中には、戸川達安《みちやす》、宇喜多左京亮、花房助兵衛職之《もとゆき》など、宇喜多家を離反した者の姿があった。

戸川達安は、八月十八日、伊勢に陣を張る掃部のもとへ、一通の書状を送った。興味深い内容なので、長文であるが、全文を平文に訳して載せることにする。（原文は、参考史料として巻末256～259頁に記載する）

○　戸川達安から明石掃部への書状の控え

この方面近くに在陣されていることを知り、懐かしく想い、書状をお送りいたします。

一、このたびは、思いもかけず敵味方に別れることになりましたが、やむを得ぬことと存じます。

一、そちらに貴殿（掃部）がお一人で陣取っておられるとは、どういうことでしょうか。お聞きしたいものです。

秀家はどこに在陣しているのですか。貴殿がそばに居られないのを不審に思います。

一、この方面のことですが、上方《かみがた》勢と戦うため、東軍諸勢が清須あたりに在陣しています。井伊兵部少輔《ひょうぶのしょう》（直政）、本多中書《ちゅうしょ》（忠勝）、松平下野《しもつけ》殿（忠吉）や、その他の先手《さきて》衆も一両日の内に、こちらに着陣いたします。石川左衛門大夫《さえもんたいふ》（康通）、松平玄蕃（家清）は先遣隊としてすでに清須に着いています。内府様（家康）は、去る十六日に江戸を出立され、二十五、六日には清須に必着されるとの知らせが順次入っています。

一、私どもも、この方面の先手衆に属して、こちらに来ました。（宇喜多）左京亮は、富田信濃守の縁者なので、安濃津城へ加勢のため渡海していて、ここには居りません。

一、合戦に関しては、もうすぐ内府様の意のまま（大勝利）になることでしょう。さてさて、秀家の御身上については、このたびの戦いで滅亡すると思いますが、貴殿はいかがお考えでしょうか。

侍従殿《じじゅうどの》（秀家嫡子・秀高）のことですが、幸いにも、内府様の意向にそって娘婿になれば、宇喜多の御家は存続していくでしょう。これについては、貴殿のご分別でどのようにもなることです。

今度の戦いで必ず宇喜多家は滅ぶでしょうが、このことは、我らにとっても本意ではないということを分かってください。

ともかく、秀家の仕置きでは領国が成り立っていかないことは、天下衆知のことであります。そこで、侍従殿を擁立しても、貴殿たちのいう筋目は何ら変わらないのですから。今、このことをご理解されることが第一だと思います。

我々は、貴殿に対していささかも疎かにする気はありませんので、貴殿のお考えを、心底から残らず詳しく、ご返事に書いてください。

それでは、誰か面識のある者を一人差し向けまして、お話を承ります。
一、私どもは、このたび内府様のご厚恩を受け、その上、関東においても、いろいろと親切に処遇されましたので、女房、子供や母親があなた方の所に居ても（この者たちがどのようになろうとも）、内府様へ、無二のご奉公をして、とにもかくにも、その下で討ち死にする覚悟であります。
くれぐれも、はっきりしたご返事をお待ちしています。
（慶長五年）八月十八日　（戸川）達安
〈「水原岩太郎所蔵文書」〉

戸川達安は、ただ単に、懐かしさのあまりにこの書状を出したのではない。これは、明石掃部を調略して、あわよくば、宇喜多家を西軍から離脱させようとする意図のものであった。

もちろん、「戸川記」に明記されているように、これは家康の指示を受けてなされたことであった。達安が第一に伝えたかったことは、五番目の条項であった。つまり、家康は、秀家の嫡男・秀高（当時十一歳）に娘（養女）を娶《めと》らすことを考えていて、それが実現すれば宇喜多家は安泰となり、その上で、秀高を当主に据えれば、より一層、お家は栄えることになる。これこそが、貴殿（掃部）たちの目指すところでもあろう、という趣旨であった。

これに対して、掃部は、次のような鄭重な返書をしたためている。

○明石掃部から戸川達安《みちやす》への書状（49頁の図版）

清須まで西上されて、書状をお届けいただきありがたく存じます。

一、（貴殿が）おっしゃられる通り、このたびは、はからずも敵味方に別れることになりましたが、これはお互い仕方のないことであります。

一、拙子《せっし》（私）は、伊勢方面の仕置きなどを命ぜられ、十日ほど前からこの地に来て滞在しています。

秀家は、伏見を落城させたあと、大坂に戻っていましたが、今頃は、草津（滋賀県草津市）あたりに進出して滞陣されています。

一、内府様の先手衆《さきて》（先鋒部隊）が清須に到着しているとのことですが、当然そうだと思います。それにつけても、貴殿（達安）が、先手衆に加わって、そこにお出でとあれば、今度の戦場でお目にかかることになるでしょう。

一、内府公が去る十六日に江戸を出立されたとのことですが、このたびの件は、内府本人の西上が無いと解決されないことなので、もっともなことと思います。

そのことを内心考えていましたので、今まで西上されなかったことを不審に思っていました。

一、合戦のことで、内府の勝利は近いとおっしゃいましたが、そちらでそのように思うのはもっともです。

しかし、こちらの者たちは次のように言っています。

豊臣秀頼公が勝利されるのは間違いない。しかも、内府は西上の途中で防戦一方となり、我々が勝つのであると。

一、秀家家中のことに言及されましたが、それは、各《おのおの》（達安たち）の心構えがしっかりしていなかったために外聞も内実も悪くなってしまったのです。

しかし、お聞き及びのことでしょうが、上方《かみがた》において、人に知られた武功の衆を多数召し抱えましたので、家中はまったく大丈夫になっています。このことについては、ご安心ください。

一、宇喜多左京亮殿は、安濃津（三重県津市）方面へ、加勢のため出陣とのことでしたか。

しかし、安濃津から舟で迎えに出た者たちは、途中で（九鬼嘉隆《くきよしたか》の水軍に）打ち果たされたようですから、左京亮は、いまだ、安濃津には着いていないと思います。

（安濃）津の城は、厳重に攻囲されていますので、ほどなく、結果が出ることと思います。

一、御両人（達安と左京亮）のことは、こちらで、度々話題になります。

このごろ、お二人のご様子を承っていなかったのですが、この書状をいただき、満足しました。

一、貴殿のことですが、内府のご厚恩を受けておられるので、とにかく、内府の下で討ち死にも辞さないという心情には共感いたします。

そうそう、貴殿のご妻子のことですが、只今、大和郡山《やまとこおりやま》に居られます。

秀頼様のお心次第ですので、ご妻子は少しも疎略に扱われませんからご安心ください。

一、はっきりした返事をよこすようにと承っていますが、貴殿の書面だけでは様子が分からないので、貴殿の真意をお聞きするため、使者を一人添えて、この書状をお送りいたします。

八月十九日　　　　　　　明（石）掃部頭《かもんのかみ》

戸（川）肥（後守）様まいる
御報

守〇〔花押〕

〈「水原岩太郎所蔵文書」〉

時に、明石掃部、三十二歳（推定）。対する戸川達安は、すこし年長の三十四歳であった。互いに畏敬する二人が敵味方に別れて交わした書簡は、実のところ、情報戦の一端を担うものであった。達安は、東軍先鋒隊がすでに清須に入っていることを報じ、さらに、家康本隊が二日前の八月十六日に江戸を立って、二十五、六日には清須に必着と伝えている。（実際は、家康が江戸を立つのは九月一日。清須到着は九月十一日であった）

この報に接した掃部は、内心の動揺を隠しながら、家康の到着なくしては合戦が始まらないはずだから、家康がすでに出発したのは当然で、想定内のことと言いきっている。

掃部は、達安の問いの項目ごとに丁寧かつ明解な返答、または反論をしている。

さらに、達安に、その妻子の無事を伝えているが、西軍の管理下に置かれた人質であることもさりげなく伝えて、達安を牽制することを忘れてはいない。

だが、秀家の嫡子・秀高の婚姻、擁立に関する提案に対しては、掃部は沈黙を守っている。

これは、重大かつ微妙な問題であり、書状の往復だけでは、家康の真意が分からないため、家臣を派遣して直接、達安の話を聞いたのである。掃部は、この件に関して、完全な拒否はしておらず、達安の言葉の裏にある家康の政略の信頼性に対して、もっと情報を得ようとしたと読み取れる。

さらに言えば、この後の政治、軍事上の状況次第では、この家康の提案が受け入れられる可能性もあったのではないかと、想像される。

戸川側の記録では、これに関して次のように言っている。

掃部、色々諫《いさめる》と雖《いえども》、(秀家は)一旦申合《もうしあわせ》たる武の道を可翻《ひるがえすべきや》と。遂に無承引《しょういんなし》と也。

〈「戸川記」〉

ここには、掃部が、秀家に向かって、家康の申し出を受けるべきと、何度も諫言したと書かれている。

しかし、これは明らかに、達安側の創作話とみられる。

結局、戸川達安の働きかけは、何ら進展することがなかった。

それ故、「公(家康)の怒《いかり》を憚《はばか》り、(掃部の)書ハ上覧に不入候《いれずそうろう》也」(「戸川記」)ということになった。

五、杭《くい》瀬《せ》川《がわ》の戦い

慶長五年(一六〇〇)八月十五日、秀家は、毛利輝元、増田長盛などの催促を受け、およそ七〇〇〇の将兵を率いて伊勢路に向かった。伊勢路の経略が進展しないので、その梃入れのためであった。

秀家は、二十日ごろには、安濃津付近において掃部と合流できたと思われる。

しかし、大垣城(岐阜県大垣市)の石田三成は、秀家に急使を送り、美濃方面の切迫した状況を訴えて、大垣に急行するよう要請した。

宇喜多全軍は、すぐさま美濃に向かい、桑名、太田を経て、八月二十三日午後、大垣に到着した。

しかし、時すでに遅く、その前日、清須城を進発した東軍三万五〇〇〇が木曽川を強行渡河して、西軍の防衛戦を各所で撃破していたのである。

西軍にとって最大の誤算は、堅守を誇る岐阜城（織田秀信）が東軍の猛攻の前に、一日も支えることができず落城したことである（八月二十三日）。

岐阜落城の煙をはるかに望みながら、宇喜多勢は大垣城に入った。この時、見慣れぬ旗印を掲げた大軍の接近に、城兵が敵の来襲と勘違いして大いに動揺した、というエピソードがあった。

秀家は、入城するとすぐに、石田三成に進撃を献策したが、三成は、水田の中で大軍を動かすのは無謀だとして、出撃策を却下した。

勢いにのる東軍は、翌二十四日に、大垣城の眼前を西へ横切って赤坂宿に進出し、そこに陣を張った。

それから二十日あまりにわたって、東西両軍は対峙したまま兵を動かすことはなかった。双方が戦いを仕掛けなかったのには理由があった。大垣の西軍は兵数において劣勢なため、別動部隊の集結を待たねばならなかった。また、東軍においては、家康の到着なき間の勝手な戦闘行為が禁じられていたからである。

石田三成は、北陸路（福井県）にある大谷吉継に、至急の来援を要請した。

吉継は、脇坂安治《わきさかやすはる》、小川祐忠《すけただ》、平塚為広、戸田重政などの諸隊を率いて、九月三日、関ヶ原の西南の山中村《やまなか》に到着した。

さらに、七日には、安濃津城を攻略した毛利秀元、吉川広家、長宗我部盛親、長束正家《なつか》ら三万余りの兵が大垣の西の南宮山《なんぐうざん》に進駐した。

三成は、大坂城の毛利輝元にも、再三使いを出して、出馬を促した。輝元は、これに応えて、秀頼を奉じ関ヶ原に向かおうとしたが、大坂城中の増田長盛が東軍に通じているという流言《りゅうげん》に惑わされて、出陣を延期してしまった。

これは、輝元の優柔不断な性格によるものというより、家康に気脈を通じた吉川広家の働きかけによるもの、と推測される。

さらに、八〇〇〇の兵力を有する小早川秀秋の動向は、これから始まろうとする戦いの帰趨を決定する大きな要素であった。小早川秀秋は、伏見城攻略ののち伊勢路へ派遣されたが、途中の近江石部《いしべ》宿（滋賀県湖南市）で十日あまり滞留し、そのあと、鈴鹿峠を越えたところで突如反転して近江高宮宿（滋賀県彦根市）に至り、ここに滞陣した。まさに、軍役拒否の行動であった。そして、九月十四日になって美濃に入り、関ヶ原の南西・松尾山砦を占拠した。

家康は、八月六日からずっと江戸にあって、天下の形勢を用心深くうかがっていたが、東軍先遣隊が岐阜城を攻略した報を受けて、西上を決意した。

九月一日、家康は兵三万余りを率いて江戸を出陣、十一日に清洲城に到着、十三日には岐阜城に入った。

そして、十四日の夜明け前に岐阜を発ち、正午には赤坂宿に入り、岡山に本陣を設営した。岡山は、赤坂宿のすぐ南に位置する小丘で、大垣城とはおよそ四㎞隔たっている。

家康は、到着するやいなや大垣城に向かって、「日の丸の金扇《きんせん》」の大馬印、それに、葵《あおい》紋の幟《のぼり》七旒と源氏の正統を誇示する総白の幟二〇旒を並べ立てた。劇的な登場は家康得意の心理作戦である。

家康本隊の突然の出現は、西軍の間に大きな衝撃と動揺を与えた。

宇喜多秀家は、即座に、「ともかく軍議をするまでもない。我らの手の者に刈り田《かりた》を命じ、それに警護の人数を添えて敵の力量を探るべき」と三成に進言した。〈「改正三河後風土記」〉

つまり、西軍諸隊の動揺を鎮めるためには、いま一戦を交えて、こちらの威力を示さねばならなかったのである。

三成は承諾して、石田勢からは島左近勝猛《かつたけ》と蒲生郷舎《がもうさといえ》の両家老が五〇〇の精兵を率い、宇喜多勢からは明石掃部と本多政重の両将が八〇〇ほどの兵を率いて、誘撃作戦を展開することになった。

大垣城と赤坂の間を南流する杭瀬川《くいせがわ》というさほど大きくもない川がある。この川の上流の西側が東軍の最前線となっていて、中村一榮《かずよし》と有馬豊氏《とようじ》が陣を張っていた。

島左近と蒲生郷舎は、川の東に伏兵を置き、一隊が川を渡り敵陣のすぐ近くで稲を刈って敵を挑発した。

中村隊の一人の兵が柵を越えて出てきて、石田の兵三人を撃ち殺した。石田の兵がその者を撃ち倒したので、中村の兵たちは一斉に自陣の竹柵を押し倒して攻撃してきた。石田勢はしばらく防戦していたが、わざと退却しはじめる。中村隊はそれに乗じて川を渡り追撃する。そこに石田の伏兵が現れ、退路を断った。中村隊の苦戦を見て、有馬豊氏の部隊も川を渡って戦いに加わった。この時、明石掃部は、三〇〇余りの兵を率いて、池尻《いけじり》から福田縄手《なわて》へ迂回して進撃、鉄砲を撃ちかけたあと長槍を振るって戦いに加わった。〈「常山紀談 拾遺巻二」〉

戦いは西軍優位のまま進んでいった。

家康は、本陣の楼屋の二階で食事を摂りながら、この戦いを見物していたが、味方の敗色が濃いのに機嫌を損ね、本多忠勝に味方を引き揚げさせるよう命じた。忠勝は、両軍が槍合戦をしているところへ鉄砲の斉射を加え、西軍のひるんだ隙に味方を退却させた。

西軍も勝利を確信していたし、日も暮れようとしているので、追撃することなく兵を引き揚げていった。

「常山紀談」は、この時、西軍が退陣する様子を伝えている。

秀家内、稲葉助之丞、治部《じぶ》（石田三成）が使番《つかいばん》、林半助、乗下《のりさが》り〲殿《しんがり》仕《つかまつ》り候。

明石掃部も堤《つつみ》を伝ひ乗上《のりあ》げ、馬に輪《わ》をかけ殿《しんがり》仕《つかまつ》り候。

宇喜多臣・稲葉助之丞（堀伊右衛門）と石田臣の林の両名が、乗った馬を後ずさりさせながら殿《しんがり》（＊）をつとめ、また、明石掃部は、杭瀬川の堤防の上に駆け上がり、馬を螺旋《らせん》状に小さな弧を描くように乗りこなしながら隊列の最後尾を退いていった。（＊殿《しんがり》とは、部隊の最後尾に位置して、敵の追撃を阻止する役目）

掃部が馬に「輪をかけ」とあるが、これは、古式馬術でいう「輪乗り」のことである。騎馬武者同士の戦いにおいては、敵をやりすごして、その馬背《ばはい》に回りこめば必勝なので、馬を縦横無尽にできるだけ小さく回す操馬術（輪乗り）が重要であった。

「馬上武芸の最後の奥儀は乗馬の急回転にある」（『日本の伝統馬術・馬上武芸編』）、といわれる。狭い土手の上で、この輪乗りができるほど、掃部は馬術に相当練達していたのである。

また、掃部のこの行動は、味方の勝利をより印象づけるためのパフォーマンスでもあった。

家康は、楼屋の上からこの戦いを観戦していたが、敵の最後尾を殿する武士を指さしながら、「白しなへさしたる武者、初めから終りまで戦場での武者振り見事なり」（「翁草《おきなぐさ》」）と、誉めそやすことしりであったという。


「白しなへ」の「しなへ」は、「しなひ」とも記され、剣道の竹刀《しない》と同じ語源で、よくしなる竹の意である。これから転じて、「白しなへ」とは、よくしなる竹に純白の細長い布を取り付けた旗指物《はたさしもの》のことである。また、旗指物とは、具足（鎧）の背面の金具に差し込むように作られた旗状の標識で、戦場において自分の存在を顕示するためのものであった。特に、功名を他人に証言してもらう場合に有効なものであった。そのため、朱や金銀で飾りたてたり、奇をてらった形のものも少なくないが、この「白しなへ」の指物は、とてもシンプルでいて案外戦場で目立つものであった。


ところで、家康に称賛された「白しなへさしたる武者」とは誰のことであろうか？

これについては、後世、いろんな説がある。

神澤貞幹《かんざわさだもと》の「翁草」によると、石田家臣の林半助、あるいは、牧野伊予守（石田家臣）の家士・石黒藤兵衛、または、宇喜多家老の明石掃部の三人の内のいずれかであろう、としている。

さらに、掃部説の根拠として、「明石掃部なりと、加賀の本多安房《あわ》は申《もうし》き」と書いている。

加賀の本多安房守とは、前田利常の代にその家老となった本多左兵衛政重のことである。杭瀬川の戦いで掃部と行動を共にした政重が、「白しなへ」の武士は掃部であった、と証言しているのである。

掃部の見事な采配と武者ぶりが、味方の将兵の脳裏に強く焼き付けられていたのだ。

宇喜多秀家と石田三成は、大垣城外の八幡宮の別当・遮那院《しゃないん》の門前で、首実検を行った。東軍で討ち死にした武士は、中村一榮《かずよし》の家老・野一色頼母《のいっしきたのも》以下三二騎にのぼり、雑兵《ぞうひょう》は一四八人が戦死した。それにくらべて、西軍で討ち死にした武士は二人だけであった。

この杭瀬川の戦いは小規模な局地戦ではあったが、その一方的な勝利によって、西軍の士気は大いにあがったのである。

六、関ヶ原本戦

この慶長五年（一六〇〇）時点で、明石掃部三十二歳（推定）、戸川達安三十四歳、と既述したが、ちなみに、他の武将の年齢も列記してみる。諸将の行動に対する理解の一助になると思う。


宇喜多秀家、元亀三年（一五七二）申歳《さるどし》生まれの二十九歳。

本多政重、二十一歳。　石田三成、四十一歳。　島津義弘、六十六歳。

豊臣秀頼、八歳。　　　大谷吉継、三十八歳。　小西行長、四十三歳。

徳川家康、五十九歳。　福島正則、四十歳。　　黒田如水、五十五歳。　黒田長政、三十三歳。

毛利輝元、四十八歳。　吉川広家、四十歳。　　小早川秀秋、十九歳。


遮那院での首実検のあと、大垣城内で軍議が開かれた。

まず、島津義弘が、敵は遠路の進軍で疲れきっているはずだから、今夜、この城にある兵でこれを襲えば必ず勝てる、と提案した。これに対し、島左近は、およそ夜襲とは少数の兵の用兵であり、大兵を動かすには向かない、と夜襲策を退けた。

石田三成は、東軍の西進の動きを懸念し、秀家に向かって、「敵を直接大坂に向かわせるのは上策ではない。こちらから出て行き関ヶ原で待ち受け、そこで決戦に及ぼう」と提案した。

明石掃部と島左近の二人も、「忍びの者の報告によると、家康が昨日昼ごろに着陣したのは間違いなく、急な進軍だったと思われます。それに、東軍が大垣を囲んでからでは関ヶ原に行くことが難しくなるでしょうから、早急に出発すべき」と発言したので、衆議一決した。

大垣城には、七五〇〇の兵（宇喜多家からは、馬場与兵次実職《さねもと》など三〇騎ほどの本丸御番衆）を残置して、その他の全軍は関ヶ原に向かうことになった。〈『関ヶ原の役』、および、「馬場重郎右衛門奉公書」〉

午後七時、西軍諸隊はひそかに城を出て関ヶ原に向かった。

暗闇の中、松明《たいまつ》もつけず、およそ三万の将兵は長蛇の列をなして黙々と道を急いだ。悪いことに、小雨も降りだし、全軍ずぶぬれで、狭い山あいの道を一五㎞あまり行軍した。

九月十五日未明、午前一時に、先頭の石田三成隊（七〇〇〇人）が関ヶ原に到着し、笹尾山を背に陣を張り北国脇街道を押さえた。

つづいて、織田信高など（一〇〇〇人）と、伊東丹後守に率いられた黄母衣衆《きほろしゅう》（秀頼旗本、一〇〇〇人）、島津義弘隊（一五〇〇人）が石田隊の手前に順次着陣した。

次に、小西行長の部隊（六九〇〇人）が、北天満山を背にして陣をとった。

最後に、宇喜多勢（一万二〇〇〇＋小荷駄隊）が南天満山の前に到着し、布陣を完了したのは、午前五時ごろであった。

この西軍の転進に気付いた東軍は、急いで行動をおこし、午前三時には、中山道《なかせんどう》を関ヶ原にむけて西進を開始した。先頭を福島正則と黒田長政の隊が進み、加藤嘉明《よしあき》、藤堂高虎《とうどうたかとら》以下の諸隊がこれにつづいた。

暗闇での行軍だったので、福島隊の先頭と宇喜多隊の最後尾の小荷駄《こにだ》隊とが、関ヶ原の街路で交錯する場面もあった。

福島正則の先手衆は、逃げ遅れた宇喜多の小荷駄隊を襲い、守備する武士の首少々を討ち取ったという。

この時、小荷駄隊の後ろに付いていた殿軍《しんがり》部隊が、敵中に取り残されてしまった。物頭《ものがしら》の不破《ふわ》九右衛門（八〇〇石、鉄砲組頭）と堀伊右衛門（のち、尾張藩士・稲葉助之丞）が下知し、「真黒《まっくろ》ニナリテ（密集隊形をとり）羽柴左衛門大夫（福島正則の）備《そなえ》ノ中ヲ一文字ニ押通《おしとお》」って宇喜多の陣に合流することができた。〈『関ヶ原合戦を読む』〉

東軍が夜明けを待たずに進発したのは、その十六年前に、家康が秀吉軍を撃破した長久手《ながくて》の戦いの再現をもくろんだからかもしれない。つまり、移動する西軍を追尾捕捉して、流動的遭遇戦を仕掛けることを意図していたと思われる。

しかし、西軍は劣悪な条件下でも手際よく転進を遂げ、強固な防衛線を作りあげていた。

関ヶ原の西軍陣地跡については、近年の調査によって、そこに完璧な防御陣地が構築されていたことが明らかにされている。

西軍の陣地は、大方が山裾を急斜面に削って切岸《きりぎし》状に加工され、柵もめぐらされている。特に、西軍陣地の弱点は、北国脇街道が通る、笹尾山と天満山の間の平坦地、四〇〇mの間であるが、ここには、現在、土塁の一部が残っている。


高さは三メートルを越し、基底部は六メートルほどである。未明に着陣し開戦までの数時間で完成する規模ではなく、数日から十日ほどの工事量を必要とする。決戦当日、西軍は以前からあった陣地に籠る形になったのである。

〈『フィールドワーク関ヶ原合戦』〉


では一体、誰がこれらの陣地を構築したのかといえば、当然、大谷吉継によるものであろう。大谷吉継は九月三日に関ヶ原に着陣している。その勢は一五〇〇であるが、彼の指揮下には、戸田重政（三〇〇人）、平塚為広（三六〇人）、木下頼継（七五〇人）、脇坂安治（九九〇人）、小川祐忠（二〇〇〇）、朽木元綱《くつき》（六〇〇）、赤座直保《あかざなおやす》（六〇〇）などの諸将がいて、兵数は合計するとおよそ七一〇〇人になる。

石田三成などと協議の上で、これらの軍兵をもって陣地を整備構築した、と考えるのが妥当であろう。

なお、周辺の村々からも多くの郷民が徴用されたことは、想像に難くない。

関ヶ原は、東西四㎞、南北二㎞ほどの狭い盆地である。その盆地の西辺の山裾を、北から南へ、西軍諸隊の陣地が連なっていた。

その西軍陣地に対峙する形で、東軍側の戦線が形成されていた。

慶長五年（一六〇〇）九月十五日、夜明け近くに雨はあがったが、濃い霧はなお関ヶ原一帯をおおっていた。午前九時ごろ、松平忠吉、井伊直政の三〇騎が先鋒の福島正則の陣を出し抜いて、宇喜多の陣に向けて発砲した。遅れじと、福島隊も宇喜多勢へ一斉射撃を加え、ここに東西両軍の死闘が開始されたのである。

戦線の北端の石田三成の陣には黒田長政が猛攻を加えた。戸川達安は数騎であったが、この黒田隊に陣場借りをして参戦していた。

小西行長の陣には寺沢広高らの諸隊が攻撃をかけ、宇喜多勢は「陣を五段に立てて」（「常山紀談」）、福島勢（七三〇〇余人）と激突した。

ところが、この戦いにおいて宇喜多勢がどのように戦ったのか、具体的に描いた史料は見当たらない。

そもそも、この関ヶ原での各武将の戦闘行為そのものに関して、信頼できる文献史料はきわめて少ないといわれる。まして、敗者たる宇喜多旧臣による伝承がほとんど無いという状況下で、宇喜多勢の戦闘行為の実相を知るためには、直接対戦した福島正則側の史料に頼らざるを得ない。

この合戦を仕官の好機と捉える尾張在所の郷士たちは、尾張衆（総勢八〇〇余人）として結束し、清洲城へ馳せ参じて、福島正則から先手《さきて》に加わることを許された。この尾張衆の内、生駒隼人《いこまはやと》利豊と小《こ》坂助六《さかすけろく》尉雄善《のじょうかつよし》の二人は、それぞれ、詳細な記録を残している。

生駒利豊の書状と覚書（「岐阜幷関原手柄之次第書」、「生駒宗直物語」）、および、小坂助六尉の覚書（『武功夜話』所収）である。この両者の記録内容には、同じ場面での描写もあり、互いに補完しあっていて、十分信頼性のある文書と考えられる。

また、『落穂集』には、宇喜多の鉄砲組物頭《ものがしら》・河内《こおち》七郎右衛門を討ち取った米村権右衛門《よねむらごんえもん》からの聞き書きが載せられている。

これらの生々しい戦闘記録などを通して、宇喜多侍の戦いぶりを見ていこう。

福島正則勢、宇喜多勢と対陣

（尾張衆）関ヶ原において着陣……物見の者注進候、すなわち、宇喜多の陣所より三町（約三六〇m）は離れ間敷《まじく》候由。

朝まだき時雨《しぐれ》候いて、山霧厚く前方見通しがたく、我等より先は、味方人数の備え相《あい》無し。

辰《たつ》の下刻（朝九時前）とおぼしき頃、山霧晴れ渡り、宇喜多陣の旗のぼり生便敷《おびただしく》林立。

敵方布陣の様子ありありと打ち眺め、尾張衆一同ふるい立ち、惣手《すべて》の者、馬を身近に引き寄せ、身構え候。……

一、敵方（宇喜多）の鉄炮隊、二段に相構え、その数一千は下る間敷《まじ》く、敵方本陣（前線指揮所か）は、小高き岡の上に陣取り、堅固に候なり。……

辰五ツ半の頃合（朝九時ごろ）、大夫《たいふ》様（福島正則）鉄炮の手の者六百ばかり、我等陣取りの前、二段構え候折合《おりあ》い、霧晴れる半《なか》ばに、敵味方鉄炮の音、山谷に鳴り渡り、御下知《げち》相届くいとまも相無《あい》し。

両陣より鬨《とき》の声、天地に響き候。忽《たちま》ちにして、修羅《しゅら》と相成るなり。それがしども、渕川《ふちかわ》右側（藤古川東岸）を取り進み、兼《かね》て物見《ものみ》候如く、坂上《さかのうえ》へ一目散に、馬を乗り入れ候。関所（不破関址《ふわのせき》）を越え、中途、坂口にて、敵（宇喜多勢）三十ばかり、懸かり来たり候。

〈『武功夜話　三』〉

宇喜多勢は、鉄砲衆を展開して銃撃戦を行ったあと、最前線の明石掃部組をはじめとして、長船吉兵衛組本多政重組、宇喜多源三兵衛《げんぞびょうえ》組などの先手衆が、順次、攻守の矢面に立った。

宇喜多が先手《さきて》、明石掃部、……本多左兵衛等、鳴《な》りをしづめ、福島の勢を近々と引付けて、明石が手より一同に、鉄炮をつるべかくる（交代しながら続けざまに撃つ）。宇喜多が勢は大軍、其跡《そのあと》より、鋒《ほこさき》を並て突て懸《かか》る。

〈「改正三河後風土記」〉

宇喜多勢対福島勢、一進一退の攻防

尾張衆（福島方郷士軍）この坂口より上《のぼ》り詰め、相働き候折柄、身方《みかた》（味方）と覚敷処《おぼしきところ》より大きく山崩れ《やまくず》（戦線崩壊）、二度三度。……我等一緒になって踏みこらえ候。……西の方より敵（宇喜多勢）新手《あらて》押し出し来たるを、備えを引きしめ、鑓《やり》の柄《え》続く限り（折れない限り）引きたたき合い、眼をつり上げ口をゆがめ、太刀《たち》の目釘《めくぎ》の続く限り切り合い候。必死の一念、柵《さく》打ち破り、敵陣所前まで馬を乗り込み候。

此の敵、三、四拾ばかり懸《かか》り来たり候を……相待ち引き付け、ひるまず責め立て……打ち勝ち候折丑寅方《うしとら》（北東の方角）より左衛門太夫様の御先手衆《さきて》（福島正則の先鋒部隊）押し返され、崩れ立ち候。

〈『武功夜話　補巻』〉

宇喜多勢は、福島勢の攻撃をしのぐと、猛然と反撃に出て、福島勢を四、五町（五〇〇〜六〇〇m）押し込み福島正則本陣をも脅《おびや》かした。

福島勢、毎度突立《つきたて》られ、既に敗走せんと見えければ、正則、馬を乗廻《のりまわ》し、「比興《ひきょう》（卑怯）なる奴原《やつばら》を一々　首を刎《は》ねよ。面々此所《ここ》にて死ね。返せ、返せ」、と下知すれば、家老共《ども》も馬より下《お》り立ち、持槍《もちやり》を横たへ、「各《おのおの》近頃見ぐるしく候」、と声をかけ、真先に進みもり返す。ここにて高名《こうみょう》するも討たるるも互いにありて勝負はさらに分らず。〈「改正三河後風土記」〉

沢井左衛門尉《さえもんのじょう》、馬を乗り入れ来たり大声にて呼ばわり候は、敵は新手《あらて》をもって押し返し来たる。袋に入るも同然なり。一まず速やかに引きたまえ。敵（宇喜多）の人数、数千に上《のぼ》る人数なれば、叶《かな》い間敷《まじ》く……ここにて切死《きりじに》は不覚《ふかく》なり、と呼ばわり駆《か》け廻り候。（森）勘解由《かげゆ》殿《どの》、……殿《しんがり》手前引き受け申す程にとて、清十郎殿、平内殿、追い慕《した》い来たる敵に立ち向い、面《おもて》もふらず切り結び候。

斯《か》くて我等、溝川《みぞかわ》（藤古川支流か）辺りまで退き、木を伐《たお》し遮《さえぎ》り、浮田勢を喰い止めんと取り構《かま》え候。

一、森陰《かげ》より、福島左衛門太夫殿の鉄炮隊、……噇《どう》と責め寄《せ》せ来たる（宇喜多勢）を、鉄炮隊真《まっ》黒《くろ》に相成り、打ち懸《か》け候。是れにて敵を討ち取る、数百。さしもの浮田勢、ひるみ候。……敵身《み》方《かた》、彼我《ひが》定まらず、修羅場と相成り候。

〈『武功夜話　補巻』〉

福島勢は、一時、崩壊の危機にあったが、態勢を立て直して、再び攻勢に出る。

宇喜多中納言も「明石を討《うた》すな。先手《さきて》を救え。かかれ、かかれ」と下知すれば、……福島が山道《やまみち》の旗と浮田が太鼓の丸の旗と、秋風に打靡《うちなび》き、東西に飜翻《はんぽん》し、入交《いりまじ》り混乱す。

〈「改正三河後風土記」〉

こうして、宇喜多の「太鼓丸の旗」が福島の「山道の旗」を押し退《の》かせること、数度におよぶ、という激戦が展開された。

（小坂）助六尉《すけろくのじょう》に、真暮《まっしぐら》に突進《つきすすみ》来たる武者これあるは、赤毛の陣羽織《じんばおり》を着たる（宇喜多の）武者、郎党ども五、六人引具《ひきぐ》して長鑓《ながやり》を向け来たるなり。……我等主従の者、十有五人ばかりと相成り、赤毛羽織と、無二無三《むにむさに》、火花を散らして打ち合い候。横合いより素肌者《すはだもの》（防具を着《つ》けぬ最下層の戦闘員）二十人ばかり、赤毛羽織に加勢、集まり来たる。（自家の）郎党……等、それがしの馬前に鑓《やり》ぶすまを作り叩《たた》き合い候も、段々に切りこまれ危き処《ところ》、兼松修理《かねまつしゅり》……縦横に駆け廻し（素肌者を）打ち取り候なり。

〈『武功夜話　三』〉

関ヶ原合戦図(開戦時)

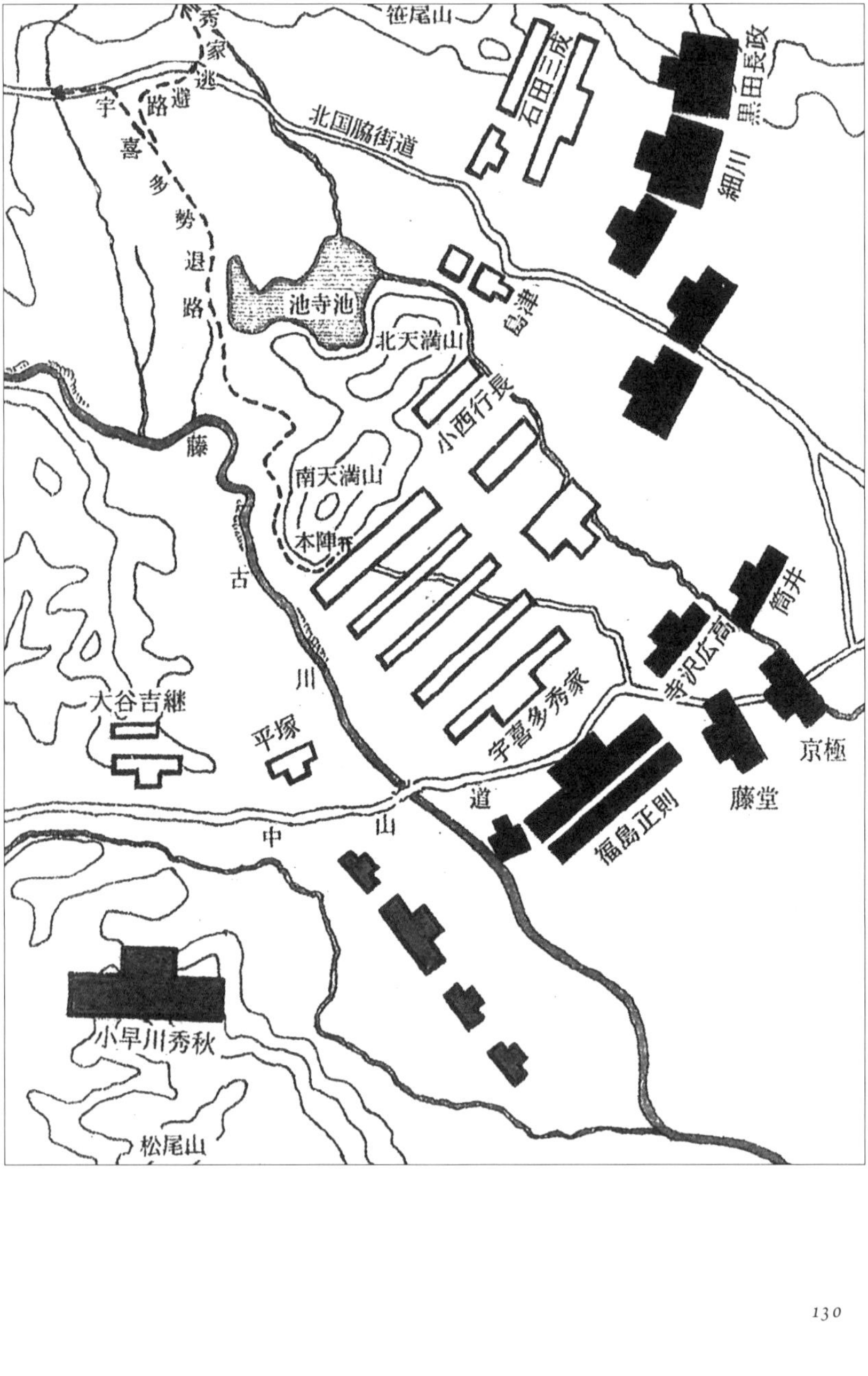
笹尾山
石田三成
黒田長政
細川
北国脇街道
秀家逃避路
宇喜多勢退路
池寺池
北天満山
島津
小西行長
藤
南天満山
本陣
古
川
大谷吉継
平塚
宇喜多秀家
寺沢広高
筒井
京極
藤堂
福島正則
道
山
中
小早川秀秋
松尾山

寺沢広高、宇喜多勢に横槍を入れる

是の時、寺沢志摩守殿、後方より浮田の中軍《ちゅうぐん》へ割って入り、浮田勢千々《ちぢ》に乱れ、谷合い森陰《もりかげ》より、潜《ひそ》み候敵、現れ出づるやら計り難く、油断なく進み候。〈『武功夜話　補巻』〉

宇喜多勢の北隣には、小西行長が陣を敷いていた。行長が本国・肥後から率いてきた直属の兵は、わずか二九〇〇ほどだったので、与力として、寄せ集めの兵四〇〇〇人が付与されていた。〈『小西行長』〉

それ故か、戦意に乏しく守勢に終始して、陣を後退させていった。

このため、宇喜多勢が攻勢に転じて福島勢を何回も追い詰めるたびに、宇喜多の左（北東）側面の伸びきった戦線は寺沢広高（二四〇〇人）や筒井定次（二八〇〇人）などの東軍諸隊からの側面攻撃にさらされ、いたずらに戦力を消耗させていったのである。

秀家の小姓頭・足立勘十郎の死

最前より相戦い候・赤毛羽織の武者、……林大学、よき敵なれと鑓《やり》をつけ懸《かか》り候。双方、馬を駆け廻し打ち合うところ、彼の者の郎党と覚《おぼ》しき者駆け寄り、大学殿の馬の足したたかに打ち払い候。

然ればば馬は驚き竿《さお》立ちに相成り候。大学殿、……不覚にも落馬仕《つかまつ》るところ、敵、隙入り組みしき、仕止《しと》め候。……大学殿、組み敷かれ候処《ところ》は高みにて、我等より五、六間（一〇mほど）先の事にて、我等の前に、敵三人立ち塞《ふさ》がり来たり。手助けの術《すべ》とて相無く、……。

〈『武功夜話　補巻』〉

坂口を上《のぼ》り詰《つ》め候ところ、大きく開《ひら》け候。前面の敵、その人数六十ばかりと覚しき備《そな》えの正面より打ち懸かり候なり。

加藤藤兵衛尉、引き組み候二引きの旗（二引き両の旗指物）差したる敵、強者《つわもの》なれば、二間ばかり引き組みたるまま土手へころげ落ち、彼《か》の郎党、背後より藤兵衛尉（を）突き伏せ、首打ち取られ候見受《みう》け候も、何分《なにぶん》足場悪《あ》しく、駆け寄り難《がた》く候間の出来《でき》に候。……（小坂）助六尉《すけろくのじょう》始め叔父御《おじご》孫八郎殿、……一団と相成り、二引きの武者を取り巻き、前野清蔵門《せいぞうもん》（小坂家若党）この武者を取り組み打ち捕り候なり。

〈『武功夜話　三』〉

敵方《てきがた》、金之《の》キリうちわノサシ物（桐紋を描いた金色の団扇《うちわ》状の旗指物）さし候もの（者）、鉄炮大将と相見へ、山のね（山の根。山裾《やますそ》の意）へ、をり（降り）さがり、鉄炮うたせ下知いたし候。……キリうちわさし候者……いかニも、をもき（重き）躰《からだ》ニテ、道具（槍、薙刀などの武器）なども不持《もたず》、二人ニ手をひかれ、山をあがり、の（退）き申候。……すはだもの（素肌者）刀をひっかざし、つつとかゝり参《まいり》候を、我等、鑓《やり》ニテつきたをし（突き倒し）、其者ニかまハず、二足、三足、あがり申候處《もうしそうろうところ》、我等（生駒隼人の）左の方、ひきミだを（低み垰《たお》。ゆるやかな斜面）を、小坂助六、馬にて乗上《のりあげ》申候處を、敵、鑓ニテつきおとし、助六ニかまハず、我等方へかゝり来候。
我等も相かゝりニわたし合《あい》（渡り合い）、つきあい（突きあい）、つきたをし討取《うちと》り申候。
後ニ承候《うけたまわりそうら》へバ、浮田中納言殿（秀家）小姓頭《こしょうがしら》、足達《あだち》勘十郎と申者之由候《よしにそうろう》。
〈「岐阜弁関原手柄之次第書」〉

尾張衆・生駒隼人の討ち取った宇喜多侍が足達勘十郎だと判明した経緯は、勘十郎の同輩であった粟井《あわい》半右衛門という者（関ヶ原合戦の少し前に宇喜多家に仕官）が、勘十郎討ち死の場面を目撃しており、戦後に、知人（阿波・蜂須賀家臣）に彼の死の詳細を語ったことから、勘十郎の名前と身分が判明したのである。〈「生駒宗直物語」〉

ところで、宇喜多家分限帳には、足達（足立）勘十郎の名は見当たらないが、「長法寺文書」（『岡山県史第六巻　近世Ⅰ』）に、「宰相《さいしょう》殿様（秀家）上使衆」の一人として、「足立菅十郎」の名があり、同一人物の可能性が大きい。

秀家 戦場を離脱する

正午ごろ、松尾山の小早川秀秋が東軍に寝返り、大谷吉継の陣に襲いかかった。

大谷勢は善戦するものの、脇坂安治、朽木元綱、小川祐忠、赤座直保の軍も寝返ったため、壊滅状態になり、大谷吉継は自刃した。

宇喜多勢の右翼（西側）に布陣していた大谷隊が壊滅したのだが、藤古川によって形成された河岸段丘（崖状の川岸＊）が天然の要害をなしており、その上、夜来の雨で増水していたため、宇喜多に対する小早川勢の直接的な脅威はなかったようである。（＊現在、この深い渓谷を利用して、上水道用ダムが

造られている）

大谷隊は全滅。石田三成隊は守勢一方。島津義弘隊、小西行長隊は陣地に籠もったまま。宇喜多勢への東軍諸隊の圧力は強まるばかりであった。

宇喜多秀家は、敗色濃いのを察し、ほとんど無傷の本丸御番衆の一部をもって、家康本陣に突撃して討ち死を遂げようとした。しかし、明石掃部が押しとどめ、ここで犬死にするよりも、早々に岡山に帰り籠城して、最期《さいご》の一戦を遂げた後に心残りなく自刃する方が、「末代迄の御名誉」では、と強く諫めた。

秀家が納得したので、掃部は、二〇人ほどの「譜代の侍」に細かく言い含めて、秀家の供をして岡山に帰るよう指示した。〈『落穂集　巻十一』〉

ところが、秀家が天満山を離れる頃（午後一時ごろ）にはすでに、大谷隊を壊滅させた小早川勢の一部が藤古川上流を渡河することに成功して、北国脇街道上に姿を現していた。〈『敗者から見た関ヶ原合戦』〉

街道上に敵影を認めた秀家主従は、二〇人ばかりの小勢なので強行突破を諦め、やむなく北の方向に退避した、と推測される。その後、伊吹山系に迷い込み、主従は散り散りになり、さまよった末、幸運なことに秀家は白樫村《しらかし》（岐阜県揖斐川町《いびがわ》）の郷士に助けられ、匿《かくま》われることになった。

鉄砲組物頭《ものがしら》・河内七郎右衛門の最期《さいご》

秀家を送り出したあと、明石掃部は、最前線に出て督戦につとめていた。

その中、鉄砲組物頭・河内《こおち》七郎右衛門が、部下を指揮して駆けまわっていた。掃部は、その見事な用兵を見て、「其方《そのほう》、敗軍の折節《おりふし》なるに、勝《すぐ》れたる働きなり」と、ねぎらいの言葉をかけた。河内は、「武士たる者の働きなれば珍らしからず」（武士としての当然の働きであって、誰もがすること）と事もなげに返事を返した。〈『関ヶ原町史』〉

この素っ気ない返答の奥に、歴戦の強兵《つわもの》ならではの自負と気概が脈打っている。

この河内七郎右衛門友清は、かつて元亀天正のころ、花房助兵衛の与力頭として、美作の経略に力を尽くした武功の士であった。のち、花房助兵衛が追放されてからは、本丸御番衆として八〇〇石を給せられ、さらに、鉄砲衆三九人を預かる物頭に任ぜられていた（年齢は四十代前半か）。また、彼もキリシタンであり明石掃部とは信仰を共にする者であった。

一方、慶長四年に家康の暗殺を謀ったとして、下野《しもつけ》の結城秀康《ゆうきひでやす》（家康次男）のもとに配流されていた大野修理亮治長は、許されて福島正則の軍に加わっていた。

修理《しゅり》（大野治長）ハ福島正則の手へ駆着罷有処《かけつけまかりあるところ》に、……

敵（河内七郎右衛門）一人、馬上に鎗《やり》を持て、修理に向ひ候ニ付、修理も鑓を持て、二、三度もからミ合《あい》候処に、修理が家来、米村権右衛門《よねむらごんえもん》、刀を抜持《ぬきもち》、馬上に罷有《まかりある》敵の股《また》を切ルと存じて（切ろうと思い）打付《うちつけ》候処に、具足の胴へ切付、二の太刀を振り上《あげ》候。と、敵ハ馬より飛下《とびお》り、米村を取《とり》て引寄せ頓《ぬかづき》て組伏《くみふせ》候処を、修理ハ馬を乗廻し、敵の具足の透間《すきま》を見合、一鑓《ひとやり》突候に依《よっ》て、力弱り候処を、下よりはね返し、米村、上に成《なり》て、首をかき可申《もうすべきや》と修理に断候《ことわりそうら》へハ、尤《もっとも》との答ニ付、頓《ぬかづき》て首をかき落し候。

〈『落穂集　巻十一』〉

これが、河内七郎右衛門の最期であった。

ところで、米村権右衛門は、討ち取った武者の首に懸かっていた綺麗な数珠（ロザリオ）を、同輩のキリシタン武士に譲ったが、のち、この武士が京都の教会に詣《もう》でた時、司祭が、このロザリオは自分が河内七郎右衛門に進呈したもの、と指摘したことにより、その身元が判明したのである。〈『落穂集　巻十一』〉

宇喜多勢の戦死者数

この戦いで、組大将の宇喜多源三兵衛をはじめとして、多くの将兵が命を落とした。

福島正則家中の功名帳・「関原首帳《せきがはらくびちょう》」（東京大学史料編纂所所蔵）を検討した結果、宇喜多勢の戦死者の総数（雑兵を含む）は三〇〇〇人を優に超えた、と考えられる。（詳細は、巻末２９２頁の「関ヶ原合戦において宇喜多勢はどう戦ったか？（三）」を参照されたい）

西軍全体の死者が「八千余人」（「関東始末記」）といわれているが、宇喜多軍の死者は、実に、その四割ほどを占めていたのである。

七、敗軍

宇喜多勢は、多大の犠牲を払って、主君・秀家が安全なところまで脱出するに充分な時間をかせいだ。

明石掃部は、ついに、退却命令を出した。

『落穂集』の著者・大道寺友山の大叔父・大道寺内蔵助《くらのすけ》は、福島正則の家臣として宇喜多勢と戦ったが、その時の見聞を次のように伝えている。

宇喜多秀家本陣址（天神神社）

西軍の死者を祀る西首塚（胴塚）

（福島勢が）一同に突懸《つきかか》り候ニ付、備前勢十間計《ばかり》も、しさり引《びき》に致し、又突掛《つきかか》り可申様子《もうすべきようす》に有之《これあり》候が、如何《いかが》仕候や、すぐに敗軍。悉《ことごと》く追討《おいうち》に仕《つかまつ》りたる事に候。

（福島勢が一斉に攻撃すると、宇喜多勢は、二〇mほど後ずさりして、再び攻勢に出る様子をみせていたのに、どうしたことか、急に敗走をはじめた）

ここに記されている宇喜多勢の敗走直前の様子、および、秀家の岡山籠城を勧める明石掃部の諫言を合わせ考えれば、宇喜多勢は、福島勢の攻撃による戦線崩壊で潰走したのではなく、岡山城での籠城を目論《もくろ》んで（少なくとも、掃部の意向で）、意図的撤退をしたことが明白である。

「慶長軍記」に、「上方勢《かみがた》（西軍）悉《ことごと》ク聞崩《ききくず》シケルニ、浮田勢、跡《あと》ニ残ル事、是又《これまた》、強兵《つわもの》ト云ツヘシ」（『関ヶ原合戦を読む』）とあり、最後まで持ち場を離れず、組織的に戦い続けたことが認められている。

また、尾張衆の小坂助六尉の覚書では、

すでに宇喜多勢、惣崩《そうくず》れと相成り、この場に敵影も見えず候。……

（尾張）衆は、坂上《さかのうえ》へ駆け向い、追い討ち候なり。

森久三郎殿、先頭となり峠を駆け上り候ところ、（宇喜多勢の）鉄炮のため顔面打ち砕かれ、その場において相果て候。右見届け候いて首打ち落し候は清十郎殿（久三郎の弟）。……

敵に久三殿（の）首級《しゅきゅう》奪われ間敷様《まじきよう》、持ち帰り候なり。

〈「武功夜話　三」〉

右の文を読むと、宇喜多の殿軍《しんがり》の兵が森久三郎を撃ち殺してもすぐには逃げず、久三郎の首を獲ろうとしていると思わせるほど、その場に踏み留まっていたことが分かる。それは、殿軍部隊が、本隊の退却のために、命を張って、時間稼ぎをしていたのである。

宇喜多勢は、数組の鉄砲衆を殿軍として、一定の反撃力を保持したまま、撤退を遂げたのである。なお、福島勢の先鋒の尾張衆は、「敵、敗軍以後、山をおり下り、関藤川《せきのふじかわ》（藤古川の古名）の端《はた》ニて取《とり》候首共《そうろうくびども》」を携えて福島本陣に戻り、正則に戦勝報告をしていることから、福島勢は、北国脇街道に入る手前で追撃を止めたことがうかがえる。〈「生駒宗直物語」〉

明石掃部、敗軍後の動向

明石掃部は、大坂に近づくと、敗走する将兵から離れて別行動をとり、秀家よりも一刻も早く、岡山へ帰り着きたいと思い、船に乗って餝磨津《しかまのつ》に向かった。〈「落穂集」および「備前軍記」〉

餝磨津《しかまのつ》とは、現在の姫路港（兵庫県姫路市飾磨《しかま》区）である。ここ姫路は、北政所《きたのまんどころ》の兄・木下家定の領地であった。当時、家定は、政治的には中立の立場をとっており、北政所警護と称して京都にあった。

姫路城には三男の延俊《のぶとし》が城代として入っていたが、ちょうどこの時、彼は、東軍に呼応して、丹波の福知山城攻撃に参加しており、領国の警備は手薄であった。掃部はこのことを知る由もなかったであろうが、中立国という認識で、この港に上陸したと思われる。

では、何故、岡山から遠い港に上陸したのかとの疑問については、次のように考えられる。

掃部は、宇喜多領の一番東端の入り口、つまり、赤穂郡の牟礼《むれ》付近の山陽道で、秀家を出迎え、さらに、敗残の将兵を収容、慰撫しようとした。それにより、将兵を霧散させることなく再結集し、岡山で籠城して再起を図ろうと考えたのである。それ故、海路をとって、先回りしたのである。

しかし、この計画は徒労に終わった。

肝心の宇喜多秀家の行方が分からず、さらに、岡山城では、暴徒が城内の兵糧米などを略奪してしまい、籠城ができる状態ではなくなっていたのである。

秀家が上方《かみがた》に出陣したあと、供を許されなかった岡越前、戸川玄蕃、楢村監物、角南隼人、角南如慶の五名は逐電して、大和郡山に向かった。それらの家臣（陪臣）のほとんどは、そのまま岡山に残っていたと思われ、関ヶ原の敗報が伝わると、統率者のいない彼らは暴徒化して、城内の「兵糧、大豆 并《ならびに》 雑具迄乱取《までらんどり》の如く」（「備前軍記」）略奪していった。

この時、岡山城在番の任にあったのは、宍甘《しじかい》太郎兵衛と宍甘四郎左衛門の二人であった。〈「新出沼元家文書」中の宇喜多秀家書状〉

二人の石高を合わせても二〇〇〇石ほどで、与力も一〇〇石以下の者が八人である。兵力的には、せいぜい、一七〇人というところで、到底、この暴動を抑え込む力は無かったのである。

掃部は、すべてが終わったと悟り、「岡山へも帰られず、備中足守辺《あしもりあたり》に親き禅僧《したしきぜんそう》のありしを頼って隠れ其所《そこ》に明年（慶長六年）三月頃まで居たりしとぞ」（「備前軍記」）、と伝えられている。

ところで、イエズス会文書に、関ヶ原における、明石掃部の超人的活躍が描かれている。

（明石掃部は）はなはだ勇敢な武将で、経験も非常に豊かであったから、奉行たちは彼を軍勢の先頭に立たせ、彼は大いに奮戦したので敵軍さえもこれに驚嘆した。ところが、裏切り行為があったために彼は包囲されてしまい、もはや生きて脱出する術《すべ》はまったく無くなった。……（掃部は）馬をなくしていたので、徒歩で闘いながら、敵の騎兵隊に突撃し大いに前進した結果、……親しい友人・甲斐守《かいのかみ》（黒田長政）に遭遇した。……甲斐守は、どのようなことがあっても彼を救い、内府様（家康）から許しを得ようと考えた。……かくて、ドン・ジョアン（掃部）は自由の身となり、甲斐守に仕え、……かくも明白な危険を免《まぬが》れ得たことに対し、我らの主に感謝するのに倦《う》むことはなかった。

〈「フェルナン・ゲレイロの一五九九～一六〇一年日本諸国記」、『報告集Ⅰ―3』所収〉

（掃部は、乱戦の中、死地を求めて突撃したが、奇跡的に親友の黒田長政に出会って救出され、家康の許しを得て、黒田藩士になった）

しかし、このイエズス会文書の話は全く現実的ではない。

黒田長政は、関ヶ原の一番北側で石田三成勢と戦っていて、掃部がそこまで、少なくとも一㎞の間、敵兵のひしめく中を、徒歩で突破するなど、絶対無理である。

また、長政と掃部の間柄は、その後のいきさつを見る限り、親しい友人だったとはとても思えない。さらに何よりも、掃部自身は、岡山で籠城するという強い意志を持って、備前に帰り着いたのである。

結局、この話は、掃部が修羅の戦場から無事生還できた上、その数か月後には黒田家に高禄《こうろく》で召し抱えられた、という幸運な経緯を、イエズス会司祭が、神の恩寵をことさら強調した奇蹟譚《きせきたん》に作り変えて、ローマの本部へ報告したものであり、史実としては到底信ずるに足るものではないのである。

ところで、宇喜多家旧臣で造反派の関ヶ原後を見てみると、まず、宇喜多左京亮は、坂崎出羽守と名を変えて、津和野二万石（島根県鹿足郡津和野町）の大名となった。

戸川達安は、備中庭瀬（岡山市北区）で二万九二〇〇石の大名に列せられた。

また、岡越前守（六〇〇〇石）、花房助兵衛（八二二〇石）、花房秀成（五〇〇〇石）、楢村監物（二〇〇〇石）、戸川玄蕃允（二〇〇〇石）の諸氏は、備中の内でそれぞれ知行地を与えられ、徳川将軍直属の旗本として、江戸あるいは駿府に出仕した。

第七章　筑前での十年

一、妻の死

関ヶ原合戦ののち、備前、美作は小早川秀秋が拝領して岡山城に入った。

そこに隣接する備中の賀陽《かや》、上房《じょうぼう》の二郡の内二万五〇〇〇石に、秀秋の実父・木下家定が移封されて、足守《あしもり》藩主となった。家定本人は北政所守護と称して京都に在り、足守（岡山市北区）には城代を置いた。しかし、陣屋が築かれたのは、大坂陣の後のことであった。

明石掃部は、親しい禅僧を頼って、ここ足守あたりに隠棲したといわれるが、これは、意図的に小早川領を避けたものと思われる。木下領では、掃部は、いささかも干渉を受ける心配が無かったのであろう。

しかし、この時、掃部は、関ヶ原の敗北以上の不幸に見舞われていたのである。

それは、愛する妻の死であった。

彼女は、宇喜多直家と円融院（おふく）の間に生まれた娘で、秀家の姉にあたる。

ペドゥロ・モレホン（一五六二〜一六三九）によれば、彼女は、「この（関ヶ原合戦の）少しのちに」死亡した、という。〈『続日本殉教録』〉

また、彼女の死因を示唆する記事がイエズス会報告書に載っている。

数日前、出産する妻がまったく回復の見込みのない危篤（状態）に陥ったので、彼（掃部）は早急に大坂の一司祭をそこに赴《おもむ》かせるように懇願した。
その司祭は、医師から不治の宣告を受けた彼女に逢った。
彼女は非常に喜んだ。十分に祈り、告白し、深い崇敬の念をもって秘蹟《ひせき》を受けた。そして聖体《せいたい》を飲みこむと、にわかに大いなる心の安らぎを覚え、健康であると自覚して叫び声を挙げ始めた。
そして、このように神聖な秘蹟に大いに慰められて、彼女は目に見えて快方に向かい、したがって、司祭が戻った時には、余命四日と医師が宣告した危篤から脱したばかりでなく、ほぼ完全に健康を回復し、この恩寵に対し主なるキリストに大いに感謝した。

〈「フェルナン・ゲレイロの一五九九～一六〇一年日本諸国記」、『報告集Ⅰ―3』所収〉

この話の内容は、掃部の妻が、妊娠中に、余命四日と医師から宣告されるほどの危篤状態に陥ったので、掃部は、大坂からイエズス会の司祭を呼び寄せ、秘蹟を受けさせると、妻はみるみる内に健康を回復したというものである。

カトリックでいう秘蹟には七つの儀式があったが、ここでは、病人の心と体の回復を願って、体に香油《こうゆ》（オリーブ油）を塗ったり、キリストの体と血に変化すると信じて、パンとワインを口にする聖体拝領の儀式を行った、と考えられる。

この出来事は、報告書の年紀と記載内容から、一五九九～一六〇〇年五月の間のことであった。

彼女が、この時の危篤状態（妊娠後期における重度の妊娠中毒症か）を脱したあと、無事に出産することができたか否かは記録されていないが、出産の失敗が記されていないということは、無事出産できたと推測される。

しかし、この時の出産が、結果的に、彼女の生命を奪うことになったのであろう。

関ヶ原の敗戦により、実家の宇喜多家は滅亡し、弟の秀家の生死も分からず、人目を避けるように片田舎に引きこもらざるを得なかった。

産後の肥立《ひだ》ちが悪く、衰弱しきった彼女の肉体は、このあまりにも大きな精神的衝撃に耐えることができなかった。

ついに、彼女の魂は、五人の子供を残して、天国《ハライソ》へ召されていった。

掃部は、悲しみに暮れながらも、彼女の遺体を遠く長崎の地に運び、「慈悲の聖母教会《ミゼルコルディアのサンタマリア》」（長崎市本博多町）の墓地に埋葬した。

掃部は、以前から、「長崎の教会を助けるため十分な布施を」（＊）していたというが、その寄付した先は、この教会の母団体の「ミゼルコルディア（慈悲）の組」だったのであろう。

〈＊「フェルナン・ゲレイロの一五九九～一六〇一年日本諸国記」、『報告集Ｉ―３』所収〉

二、黒田家に仕官

明石掃部は、関ヶ原の敗戦後、足守あたりに隠棲していたが、翌、慶長六年（一六〇一）はじめには、筑前福岡の黒田家に召し抱えられることになった。

一六〇一年二月二十五日（慶長六年一月二十三日）付のイエズス会報告書に、掃部の仕官の話が記されているので、慶長五年末~翌年一月に仕官がなったことが推測される。〈「カルヴァーリュの日本年報補遺」、『報告集Ⅰ—3』所収〉

黒田長政は、関ヶ原の勲功によって、豊前《ぶぜん》中津（一二万五〇〇〇石）から筑前福岡へ転封され、五二万三〇〇〇石の大領を与えられた。黒田家は、領国の拡大にともない、家臣団の拡充を迫られ、多くの武士を新規に召し抱えたのである。

掃部は、妻の葬儀のため長崎まで往復したが、その途次、黒田家から仕官の誘いを受けたと思われる。

屋台骨のゆらいだ宇喜多家を一応結束させた手腕と武将としての力量は申し分なく、黒田家は高禄で召し抱えたと考えられる。イエズス会文書に、次のようにある。

明石掃部は、三百名のキリシタンとともに筑前の国へ入り、その領国の中で甲斐守《かいのかみ》（黒田長政）の気前のよさによって、十分な扶持を享受している。……

彼はいとも確実な生命の危険を免れ、たとえ個人の所有物を失ったとはいえ、残りの人生を栄誉をもって過ごすだけの豊かな俸禄を自分に与えられたことに対して、いとも権能あるデウスに感謝してやまなかった。〈「カルヴァーリュの日本年報補遺」、『報告集Ⅰ—3』所収〉

黒田家分限帳の他の者の石高から類推すれば、少なくとも一万石以上の俸禄を拝領したと考えられる。

とすれば、「三百名のキリシタン」（キリスト教徒である三百人の家臣）を備前から連れていった、という記述に矛盾はない。

さらに、掃部は、「十歳か十一歳の自分の長男にそれ（俸禄）を与えていただきたいと懇願した」結果、掃部の息子にも、いくらかの（一〇〇〇石ぐらいか）知行があてがわれたようである。〈「一六〇一、〇二年の日本の諸事」、『報告集Ⅰ—4』所収〉

ところで、黒田長政の祖母は、播州枝吉《しきつ》城主・明石四郎左衛門正風の娘である。〈第一章の播磨明石氏系図（12頁）を参照のこと〉

その関係から、黒田家譜代の家臣に明石姓の者が数名見られる。掃部とは同族であり、掃部の仕官に心証的に何かと有利であったかもしれない。

だが、掃部の仕官に一番好意的なのは黒田如水《じょすい》（孝高《よしたか》）だった、と思われる。

黒田長政は、関ヶ原以後ずっと、家康の側に伺候していて、国許での差配は、その父・如水に任せられていたようである。

如水は、四国征討の時、軍監として宇喜多家と行動を共にして以来、掃部とも顔なじみのはずであり、また、同じキリシタンとして格別の親しみを持っていたのである。

ところで、黒田家には、この時、掃部のほかにも、数人の宇喜多旧臣が仕官している。

黒田藩の分限帳・「慶長年中士中《さむらいちゅう》寺社知行書付《かきつけ》」から、その名をあげてみる。

新目《しんめん》伊賀宗貫　　二〇〇〇石

新目右兵衛（宗貫子）　三〇〇石
岡本権之丞　一五〇〇石
岡本権七　四〇〇石
花房又左衛門　七〇〇石
花房左吉豊則　二〇〇石
飯尾太郎左衛門安延　一五〇〇石
黒田勘十郎政重　三〇〇石

以上、掃部を加えて、九人である。

前記分限帳によれば、関ヶ原合戦後に黒田家へ仕官した新参衆は、全部で四七人にのぼる。これを、出身地別で分けると、備前（宇喜多遺臣）が九人。筑前が七人。豊後が三人。伊勢が三人。近江が二人。豊前、肥後、播磨、摂津、美濃、尾張が各一人。出身地記載なしが一七人である。

出身地の分かる者の内では、宇喜多旧臣が一番多い。

ここで、掃部以外の八人の宇喜多遺臣について、各人の仕官の状況を推し測ってみる。

○新目《しんめん》伊賀守宗貫およびその子・右兵衛

新目は明らかに新免《しんめん》の略記である。

新免宗貫は、戸川達安組の与力頭として、大坂での左京亮邸立て籠もり事件に参加したが、許されて帰参し、関ヶ原にも参陣している。敗戦後、宗貫と右兵衛は、一六人の家臣を連れて黒田家に仕官したという。〈「東作誌」〉

ところで、黒田家中には、新免宗貫が仕官するよりも前に、その縁者が召し抱えられていた。

黒田家分限帳に、「百石　古御譜代《こごふだい》　新免無二《むに》」とあり、傍注に「一真《いっしん》　播磨人」とある。

福岡藩では、播磨以来の家臣を大譜代《おおふだい》衆、豊前中津時代（天正十五～慶長五）に仕官した者を古譜代衆、筑前入封以後の家臣を新参衆と区別していた。

新免無二斎《むにさい》は、戦国期天正のはじめ、美作竹山《たけやま》城（岡山県美作市下市《しもいち》）主の新免宗貫の家臣として、羽柴秀吉との折衝役を務めていたが、関ヶ原合戦の前には、黒田家に仕官していた。〈『宇喜多直家・秀家』〉

この無二斎の働きかけもあって、新免宗貫は黒田家に高禄で仕官できたのだろう。

なお、無二斎は、宮本武蔵の実父とされる人物であるが、関ヶ原合戦時には、黒田如水の指揮下で豊後国内を転戦していて、息子の武蔵（十九歳）も父と行動をともにしていた可能性が大きいのである。

○岡本権之丞と岡本権七

権七は、名前からして権之丞の子と考えられる。

権之丞秀広は、文禄二年の晋州《チンジュ》城攻略戦において、牧使（指揮官）を討ち取る功名をあげている。この軍功が仕官に有利に働いたのであろう。

○花房又左衛門と花房左吉

又左衛門正長は、「花房家系」によると、花房志摩守秀成（正成）の兄で、生国は播磨。左吉豊則は又左衛門の子である。

その仕官については、徳川家旗本になった花房志摩守の強い要請があったのではないだろうか。

○飯尾太郎左衛門（のち甚太夫）

宇喜多家では本丸御番衆（一〇〇〇石）に属し、鉄砲衆三九人を預かる物頭であった。

杭瀬川の戦いでは、東軍の成合利忠《なりあいとしただ》という豪の者を討ち取っている。

太郎左衛門の父は、利右衛門直信といい、豊後富来《とみく》城（大分県国東《くにさき》市国東町）の垣見《かきみ》和泉守の兄にあたる。関ヶ原の折、垣見が西軍に属して大垣城に入ったため、飯尾利右衛門が城代として富来城を守った。しかし、黒田如水の攻撃を受け、降参してその臣下となった。

この父の手引きで、太郎左衛門も黒田家に出仕することになった。

○黒田勘十郎政重

関ヶ原合戦で、秀家が伊吹山中に逃れた時に、その供をした近習衆の一人であった。その後、秀家が、薩摩に落ちのびた際にも、ただ一人供をしたと伝えられる。

彼は福岡藩主と同姓であるが、血縁的なつながりはあるのだろうか？

その疑問を解明するためにも、黒田如水（孝高）の出自を簡単に整理してみる。

黒田氏は、最近の研究で、播磨の地侍の出という説が有力であるが、従前からの説をとれば、近江の名族京極氏の分流といわれる。黒田高政の代に、足利将軍の怒りにふれて近江の所領を失い、流浪の末に、備前福岡の地に流れ着いたという。

福岡（岡山県瀬戸内市長船町福岡）は、吉井川《よしい》の東岸に位置する山陽道の宿駅であった。鎌倉後期には「一遍上人絵伝《いっぺんしょうにん》」に描かれているように、魚や米、さらには、備前焼の壺や刀剣（備前長船系刀鍛冶や福岡一文字系の刀匠が有名）を商う小屋が並ぶ「福岡の市」として、すでに有名であった。

のち観応《かんのう》の擾乱《じょうらん》の時、足利尊氏が、八〇〇〇の軍勢とともに、ここに一ヶ月間駐留したと伝わり、その商都としての繁栄ぶりは名にし負うものがあった。

黒田高政は、この地で、家伝の玲珠膏《れいしゅこう》という目薬を売って暮らしを立てていたという伝説がある。

高政の次男・重隆《しげたか》は、天文十二年（一五四三）、父とともに、播磨に移住し、御着城《ごちゃく》（兵庫県姫路市御国野町《みくにの》）主の小寺氏の家臣になり、またたく間に頭角を現し、重臣に取り立てられた。

その孫（子との説あり）が官兵衛孝高《よしたか》であり、孝高の子が長政である。

現在、福岡の街の一角にある教意山妙興寺には、黒田高政と重隆のものという墓石があり、黒田家と福岡の町との因縁は深いものであった。

孝高は、この福岡の地によほどの思い入れがあったとみえ、筑前国を拝領して、新しく造った城下町を福岡と名付けている。

ところで、黒田高政には四人の男子がいて、次男の重隆は播州へ旅立ち筑前黒田家の祖となったのだが、長男の政秀は病弱だったので福岡の里に残り商人となり、三男の定隆と四男の義綱は、宇喜多家に出仕したといわれる。

そして、黒田勘十郎は、この四男・義綱の孫にあたるとされる。〈『吉備諸家系譜』〉および、〈黒田一紀〉

勘十郎は、藩主・黒田家との血縁を認められた上で召し抱えられたのであろうか？

三、長崎逗留

明石掃部は、黒田家に仕官が叶うとほどなく、大坂の教会に出かけ、司祭たちに歓待されて司祭館に二、三日滞在した。〈「フェルナン・ゲレイロの一五九九〜一六〇一年日本諸国記」、『報告集Ｉ—３』所収〉

そのあと、五月（一六〇一年六月はじめ）に入ると、掃部は長崎に姿をみせた。

掃部は、岬の教会を訪ね、イエズス会日本教区長のルイス・セルケイラ司教と司祭たちに会って、彼自身の望みを訴えた。

それは、俗世を捨ててイエズス会に入り、修道士として心霊修行に専念したい、というものであった。

さらに、掃部は、その願いが叶わぬなら、せめて司祭館で生活することを許して欲しい、と強く懇願したのである。

だが上長たち（イエズス会幹部）は、同宿（＊）か在俗修道士としてか受け入れることを望まなかった。

それゆえ彼は熱心に懇願し、そのあまりの熱意に司祭たちは、彼の敬虔《けいけん》さと世俗蔑視《べっし》のほどを見て驚嘆した。〈「一六〇一、〇二年の日本の諸事」、『報告集Ｉ—４』所収〉

（＊同宿とは、司祭たちの身の回りの世話や一般信者との間をとりもつ人。イエズス会には入会を許されていない）

イエズス会幹部は、様々な理由をあげて、掃部のイエズス会入りを思い留まらせるための説得に努めた。

第一には、掃部には五人の幼い子供がいるので、もし彼が子供たちの面倒を見ることを止めたなら、彼はデウスに対して罪を犯すことになる、という理由であった。

第二には、彼が信仰生活に入ることになると、彼に従ってきた多くの家臣とその家族は路頭に迷うことになる、という理由であった。

また、三つ目には、「聖職者でいるより在俗の身分でいる方がキリシタン宗団を助けて、我らの主（なるデウス様）により多く奉仕をすることができるので、願望のままに行動することは好ましくない」（「一六〇一、〇二年の日本の諸事」、『報告集Ⅰ—4』所収）というものであった。

つまり、掃部には、あくまでも俗世にあって、家臣たちや領民の多くを教化して、キリシタン信徒の数を拡大して欲しい、というのがイエズス会側の強い要望であった。それ故、掃部が聖職者になることには、教会側としては絶対に反対であった。

家中騒動にはじまり、仕置家老の拝命、家中の立て直し、関ヶ原の敗戦、宇喜多家の滅亡、さらに妻の死という度重なる労苦と悲運にみまわれた激動の一年間、で、掃部は、心身ともに疲弊し、虚無感にうちひしがれて、「まだ若年（推定三十三歳）ながら、世俗にひどく幻滅して」いた。そして、彼は、俗世との縁を断ち切ることによってこれらの苦しみから逃れたい、と苦悩していたのである。

しかし、「彼はすこぶる思慮深く、理性に従う人物なので、司祭たちの意見ですぐに気持ちを静めた」。

そして、掃部は、祈祷と瞑想によって、心の平穏をとりもどしていった。

彼（掃部）は、（その）月いっぱいは、我らのもとに滞在し、その期間中は我らの聖堂で挙行されたすべての聖祭に参加した。

彼はまた、午後には、教理の講話を非常に喜んで聞いた。

彼は、亡き妻が葬られた慈悲の聖母教会へ毎日赴《おもむ》いて、彼女の霊魂のためにデウスに祈祷を捧げた。

夕方になると、デウスの至聖なる御母に奉献された聖堂へ赴き、そこですべての時間を信心の黙想に耽《ふけ》って過ごした。

〈「フランシスコ・パシオの一六〇一年度日本年報」、『報告集I―4』所収〉

右の文中の「我らの聖堂」とは、一般に「岬《みさき》の教会」と呼ばれていた教会のことである。（長崎二十六聖人記念館の元館長・結城了悟《ゆうきりょうご》司祭、小崎登明《おざきとうめい》両氏のご教示による）
天正二年（一五七四）、ポルトガルとの貿易のため、長崎に新しく町が開かれた時、町の突端の、海に面した場所に、小さな聖堂（サン・パウロ教会）が建てられた。これが、「岬の教会」のはじまりであった。
文禄二年（一五九三）に長崎奉行によって破壊されたが、翌年、秀吉の許可を得て再建された。聖母マリアに捧げられたので、「岬の聖母教会《サンタマリア》」、あるいは、「被昇天《ひしょうてん》の聖母教会」とも称せられた。

この教会の敷地内に、日本教区を管轄する司教の居館があり、ここに、イエズス会日本本部が置かれていた。さらに、聖職者の高等教育機関の神学校《コレジオ》も府内（大分市）からここに移ってきていた。また、天正十年（一五八二）の天正遣欧《けんおう》少年使節は、このすぐそばの波止場《はとば》から、ヨーロッパに旅立っていった。（次頁の長崎の地図上の①、②）

掃部が滞在した当時、この教会が、日本のキリシタン文化と宣教の中心であった。

しかし、その後、慶長十九年（一六一四）の伴天連《ばてれん》禁止令により、これらの施設はすべて破壊され、跡地には、長崎奉行所が置かれた。のちには、その前面の海を埋め立てて、オランダとの交易のための「出島《でじま》」が造成された。現在は、この地に、長崎県庁舎が建っている。

次に、「慈悲の聖母教会」とは、ミゼルコルディア（慈悲）の組という信者組織によって建てられたので慈悲の名が冠せられている。

この教会の裏手には墓地があり、ここに、掃部の妻が埋葬されていたのである。

また、「デウスの至聖なる御母に奉献された聖堂」とは、「聖母の小聖堂《エルミーダ》」ともいわれ、立山《たてやま》の山裾に位置している。のち、慶長八年（一六〇三）に増築され、「山の聖母教会」と称せられた。

その後、破却され、跡地は、長崎奉行所立山役所になった。現在は、長崎県立美術博物館が建っている。

〈『九州キリシタン史研究』〉

慶長六年五月、掃部の長崎における日々の生活は、要約すれば、次のようであった。

午前中は「岬の教会」で過ごし、そこで行われるミサには欠かさず参席し、午後には、教理の講話

掃部が見た長崎（慶長六年ごろ）

①被昇天の聖母教会（岬の教会）、司教館、コレジオ
②波止場
③ミゼルコルディア（慈悲）の聖母教会
④聖母の小聖堂（のち、山の聖母教会）
⑤日本二十六聖人殉教地（西坂の丘）

を進んで聴講し、少年たちの祈祷の集いにも参加した。

彼は、そのあと、毎日、四〇〇mほど歩いて「慈悲の聖母教会」に行き、その裏手にある妻の墓石の前にぬかずき、敬虔な祈りを捧げた。

夕方ちかくになると、慈悲の聖母教会を出て北東に街を抜け、石畳の坂道をたどり、「聖母の小聖堂《エルミーダ》」に詣《もう》でた。ここで、長い時間、霊的修行としての黙想に耽った。

そして時には、岬の教会からさほど遠くない（一・三㎞ほど離れた）西坂の丘に出かけて、ここで殉教した二十六人に想いを馳せることもあったであろう。

また、掃部は、亡き妻への愛の証《あかし》として、セルケイラ司教の前で、「永久の貞潔の誓いを立て」て、二度と妻帯はしない、と誓ったのである。〈『続日本殉教録』〉

四、蟄居《ちっきょ》そして隠居

長崎滞在も一ヶ月ほど経過し、掃部が福岡へ帰ろうとしていた矢先、一通の書状が届いた。それは、黒田長政からのもので、掃部の俸禄を召し上げ、謹慎蟄居を命じるものであった。

（明石ドン・ジョアンは）この報《しら》せを（普通の）人間ではないほど穏《おだ》やかに静かに聞いて、こう言った。「我らの主なるデウスは御旨《みこころ》のままなし給《たも》うことであり、予はこれによって、己《おの》が霊魂、また、その救いのことに専念することがよりよくできよう。

家来たちには深い愛情を抱き、（主君としての）義務があることゆえ、ただ彼らに対して気の毒に思うばかりである」、と。

そして、彼はいとも辛抱づよく高潔なので、我らの同僚たちには〔しばしば彼らと親しく交わっていたのに〕心配をかけないようにと、誰にもこの報せを伝えようとはせず、或《あ》る日本人修道士に密《ひそ》かに告げただけで、こうした諦《あきら》めの気持ちを抱いて筑前に戻った。

〈「一六〇一、〇二年の日本の諸事」、『報告集Ⅰ—4』所収〉

黒田長政が掃部に対してこのように唐突に処遇を変えたのは、一体、何が原因だったのだろうか？　イエズス会のある報告書は、掃部が関ヶ原で家康の敵であったことと大勢のキリシタンの家臣を養っていることの二点を、その理由にあげている。

しかし、これらを蟄居の理由にするのは的外れである。

明石掃部は宇喜多秀家の義兄弟で仕置家老でもあったけれど、関ヶ原合戦での主体者ではなく、責を負うのは秀家だけで十分、というのが当時の常識であった。

また、黒田長政の父・如水と叔父の直之《なおゆき》は、筋金入りのキリシタンであり、黒田家中にもキリシタン武士が多数存在していて、宗教的理由で掃部を処断することはありえない。

この件に関しての真の理由は他にあった。

彼（掃部）の義兄弟である（宇喜多）備前中納言（秀家）殿……は、前から信じられていたように死亡したのではないと噂されているので、（黒田）甲斐守は、彼と彼の多数の家臣を自領で養っていることを、内府様（家康）が悪意に解することを恐れ、彼から俸禄を没収することを命じている。

〈「一六〇一、〇二年の日本の諸事」、『報告集I―4』所収〉

これによると、関ヶ原で命を落としたはずの宇喜多秀家の生存の噂が立っており、それが、黒田長政の変心の原因としている。

この話には、十分な妥当性がある。伊吹山中で死んだと思われていた秀家がどこかで生きているなら、かつてその家老職まで務めた掃部であれば、いつ馳《は》せ参じて兵を挙げてもおかしくないはずである。このような者を召し抱えていることが家康に知られたなら、面倒なことになるのは必定、と黒田長政は危惧したのである。

少し時間を巻き戻して、宇喜多秀家の関ヶ原以降の動向を追ってみる。

秀家は、関ヶ原の戦場を逃れて伊吹山中をさまよう内に、落ち武者狩りの矢野五右衛門という郷士に出会った。五右衛門は、秀家を匿うことを決意し、秀家を芋の貯蔵穴に隠して、一ヶ月半の間、世話をした。

秀家に付き添っていた進藤《しんどう》三左衛門（本丸御番衆、六〇〇石）は山を下り、大坂玉造の宇喜多邸に至って豪姫と円融院（秀家生母）に事の次第を告げた。

円融院は、堺在住の難波助右衛門《すけえもん》を呼び出して秀家の救出を依頼した。助右衛門は、もとは宇喜多の家臣であったが、御家騒動の際、戸川派に追われて宇喜多家を退去、流浪ののち、堺に居住していた、と思われる。浪人というより商人として暮らしていたようである。

彼は、鹿皮買いの商人になりすまして伊吹山中に入り、秀家を大坂の宇喜多上屋敷まで無事に連れ帰った（慶長五年十月末）。

その間、秀家への追及をはぐらかすため、黒田勘十郎が偽の遺骨を高野山に納める一方、進藤三左衛門は、秀家の差し料・鳥飼國次《とりかいくにつぐ》の脇差を持って奉行所に出頭し、秀家は山中で自害して果てた、と虚偽の申し立てをした。この来《らい》國次（南北朝期の名工。山城伝）の脇差は、かつて、家康が所望したのを断ったといういわく付きの名刀だったので、話は案外簡単に信用された。

しかし、ほどなく、秀家らしき貴人を矢野が匿っていたと訴え出る者がいた。矢野は、駿府の役所に召喚され、取り調べを受けることになった。

この窮地に際し、本多政重が一計を案じ、江戸へ早飛脚を送り、父親の本多佐渡守正信に、関ヶ原敗軍の折、自分が矢野某なる百姓に匿われて命拾いをした、と偽りの報告をした。

喜んだ正信は、五右衛門を江戸に呼び、息子の恩人として充分に礼を尽くしたという。

〈「難波家文書」、「吉備温故秘録」所収〉および、〈「備前軍記」〉

こうして、秀家の自害が一応信用され、秀家への詮議は緩められていった。

秀家と豪姫は、奇跡的な再会を果し、幸福感に満たされていた。しかし、その幸せな日々は長くは続かなかった。この年（慶長五年）の末か翌年のはじめ、宇喜多邸が接収されることになったので、秀家は急いで屋敷を忍び出て、大坂城下に潜伏した。

豪姫は、この再会の時に懐妊したらしく、実家の金沢に帰ったのち、女子（第五子）を出産したという。

この出産のことは、兄の前田利長（二代藩主）と利常（三代藩主）の他は、ほとんど知る者の無い

極秘事項であった。〈『おふり様と豪姫』〉

秀家は、七ヶ月あまりの間、大坂近辺で潜伏生活を送ったあと、慶長六年（一六〇一）六月、近習の黒田勘十郎一人を伴って、海路、薩摩に落ち延びていった。

当時、島津氏は、関ヶ原で西軍に組したことを責められて、徳川との間で、所領安堵のための厳しい交渉を重ねていて、和戦両用の構えを崩していなかった。万一、戦になれば、宇喜多秀家は一軍の将としての利用価値があった。島津義弘は秀家を快く迎え、大隅《おおすみ》郡牛根《うしね》郷（鹿児島県垂水《たるみ》市）に潜居させた。

事実、秀家は、あとを慕って来た小瀬《おぜ》中務正《なかつかさのかみ》（本丸御番衆、一〇〇〇石）、玉川伊予、山田半助（近習）など一〇〇名ほどの旧臣たちを率い、島津家のためと称して琉球征討に出帆した。だが、途中で暴風雨にあったため命からがら引き返している。

この経緯を見る限り、秀家生存の噂がたったのは、彼が大坂城下に潜伏してほどなくのことであろう。

その噂を聞いたなら、黒田長政の掃部に対して抱く疑念は当然のことであった。

掃部は、福岡に呼び戻され、蟄居を命じられた。


（黒田長政は次のように命令した）

彼（掃部）は、家臣らを去らせ、山中の人里離れたところで十人の家来だけを伴って引き籠り、密かにそこに隠れているように（外に出ないように）、と。

〈「一六〇一、〇二年の日本の諸事」、『報告集Ｉ―4』所収〉

この文面を見ると、掃部は十人ほどの家臣たちと共に蟄居を命じられて、長政の最終的な処置を待つ身となっていた。また、この時に、掃部の家来の多くが家中からの退去を強要されたと考えられる。

この時期、藩主・長政は江戸に滞留していたので、父の如水《じょすい》が留守を預かっていた。如水は、古くから宇喜多家と交流が深く、掃部とも顔なじみであったが、何よりも、掃部が熱心なキリシタンであったことで、同じ宗徒の如水としては、掃部を見殺しにすることができなかった。

黒田長政が「明石掃部の命を奪おうと決心している」のを察知した如水は、自身の責任において、長政の命令を撤回した。〈「フランシスコ・パシオの一六〇一年度日本年報」、『報告集Ｉ―4』所収〉

如水は、藩主・長政の顔を立てるため、まず、掃部を隠居させて知行を召し上げ、のち、蟄居を解いた。

その上で、「少年（掃部の長男）に与えていた俸禄はそのままにして、その（明石）ドン・ジョアン（掃部）のきわめて親しい友人で、すぐれたキリシタンである兄弟の（黒田）惣右衛門《そうえもん》殿の領地に行くよう命じた」〈「一六〇一、〇二年の日本の諸事」、『報告集Ｉ―4』所収〉

これは、如水の巧妙な策略であった。

掃部を惣右衛門の管理下に置くという処分は、実質的には、藩主・長政に手出しをさせなくして、掃部の生命と生活を守る方策であった。

かくして、掃部とその家臣は、如水の弟・黒田惣右衛門の知行地である秋月《あきづき》（福岡県朝倉市）で居住を許され、掃部の長男の扶持だけで生活することになった。

あいまいな身分での再仕官

慶長七年（一六〇二）五月、家康は島津義久に対して領国の安堵《あんど》を保証する起請文《きしょうもん》を書いた。島津氏は、これに応えて、島津忠恒《ただつね》（家久）を使者として上洛させた。

十一月二十八日、島津忠恒は、福島正則に付き添われて伏見城に登城し、家康に領国安堵のお礼を言上した。これにより、島津家は、薩摩、大隅《おおすみ》の二ケ国、ならびに、日向《ひゅうが》の一部の本領安堵と当主・義久、義弘などの赦免を獲得した。

関ヶ原以来、徳川と島津は二年以上にわたって緊張状態にあったが、ここに至って、島津氏は領国の安堵に胸をなでおろした。こうなると、島津氏にとって宇喜多秀家の利用価値は無くなり、反対に、匿うことによるリスクの方が大きくなったのである。

島津忠恒は本多正信と内談し、秀家の命の保証を条件に、その引き渡しを交渉した。交渉はうまく進展した。〈『島津義弘の賭け』〉

（その結果、翌八年八月になって、秀家は徳川方に引き渡され、とりあえず、久能《くのう》（静岡市駿河区）に幽閉された。さらに、慶長十一年（一六〇六）四月になって、秀家とその息子たちは八丈島に流刑となった）

こうして、慶長七年十一月末に、秀家の生存が島津氏側から公にされ、秀家の身柄が島津氏に押さえられていることが分かると、黒田長政は、掃部に対する警戒心をようやく解いた。

もはや、宇喜多の旧臣たちがどうあがいても、宇喜多家再興が不可能なのは誰の目にも明らかであった。こうして、長政は、掃部を再度召し抱えるべきか否か、再考することになる。
ところで、明石掃部の家老であった池家《いけ》に、次のような書付が伝えられている。

為扶持《ふちとして》　下座《げざ》郡千二百五拾四石　宛行《あてがい》畢《おわんぬ》　目録別紙有之　全可領知者也

慶長七年十二月廿三日　　長政　印

明石道斎家来中

覚

一　高六百六拾三石五斗八升　　下座郡小田村　明石道斎家中衆

池太郎左衛門
澤原　善兵衛
明石少右衛門

一　高百八十二石四斗三升四合　　同　郡片延村　明石道斎家中衆

島村　九兵衛

一　高百八十二石二斗三合　　同　郡中寒水村　明石道斎家中衆

明石半右衛門

澤原　忠次郎

同　郡頓田村　明石道斎家中衆

一　高二百六十五石九斗六升

明石半左衛門

黒岩彦右衛門

合千二百五十四石

以　上

〈中島利一郎〉

これは、黒田長政が明石道斎《どうさい》（掃部の隠居名）の家中衆（家臣団）あてに出した知行宛行状である。この書付を見ると、俸禄の宛行《あてがい》先を掃部ではなく、八人の家臣あてに直接給付される形をとっている。

また、右の書付に対応する「慶長年中士中《さむらいちゅう》寺社知行書付《かきつけ》」という分限帳にも、「千弐百五十四石新参明石道斎家頼《来》」とあって、掃部あてではなく、家臣に直接知行を給する形式になっている。だが、わざわざ「明石道斎（掃部）の家来」と書いていることは、現実には以前と変わらず、掃部が家臣団を掌握することを認めている。

要約すれば、黒田家と掃部の間には主従関係がないが、掃部の八人の家臣は、黒田長政と明石掃部の両方に臣属しているという、とてもややこしい図式になっている。

うがった見方をすると、面子《めんつ》を重んじる長政としては、一度謹慎蟄居を命じた掃部を、再び召し抱えることは許せなかった。しかし、掃部に肩入れする父・如水の意向を無視するわけにはいかず、掃部の家臣団を黒田藩士にすることでお茶を濁そう、という一種の妥協の産物であった。

何はともあれ、これにより、一種の棚上げ状態にあった掃部の処遇が、一年半の中断の後、小禄を以てだが、改めて決定され、ここに掃部は、曲がりなりにも、実質的な黒田家臣と認められることになった。

筑前での日々

前述の知行宛行状に記されている知行地は、下座《げざ》郡の小田《おだ》、片延《かたのぶ》、中寒水《なかそうず》、頓田《とんだ》の四村（福岡県朝倉市、旧甘木《あまぎ》市）であった。

江戸初期の黒田藩では、知行取りの家臣は、自分の領地から独自に年貢を徴収し、領民も自由に使役できるなど、知行地へのある程度自由な支配が許されていた。

当然、掃部主従もその恩恵を受けることができたと思われる。

さらに、黒田藩の軍事組織は、備《そなえ》と組とで成っていた。

一万石クラスの大身の者は、自らの家臣（陪臣）による備（軍団）を組織していたが、大多数の武士は一五の組（慶長期）のいずれかに配属されて、寄親、寄子（与力）の関係に縛られていた。

明石掃部主従は、一二五四石という小禄にもかかわらず、どの組にも属することなく、独自の備を組織することが許され、自主性を保持していたようである。

このことは、多分、黒田如水の配慮によるものと思われる。

さらに、もう一つの大きな配慮は、掃部主従に、秋月地域に隣接する下座郡四ヶ村を与えたことである。

秋月の地は、黒田家入部以前の天正十年に教会が建てられたほどに、キリシタン信徒の多い土地柄であった。ここの現領主は、黒田如水の異母弟の惣右衛門直之《なおゆき》であった。

黒田直之ミゲル（ミカエル）は、如水の感化を受けて、兄に劣らぬ熱心なキリシタンであり、また、「彼は明石掃部に非常に好意を抱いていた」のである。〈「フランシスコ・パシオの一六〇一年度日本年報」、『報告集Ⅰ―4』所収〉

直之はほとんど博多に居住し藩政に参画していて、秋月には年に数回しか行かなかった。だが、直之の家臣にはキリシタンが多く、慶長九年（一六〇四）には、秋月に新たな教会と司祭館《レジデンシャル》が建てられた。

こうして、秋月は、博多と並んで、筑前におけるキリスト宣教の中心地になっていた。

この秋月に隣接する地が掃部主従に給付されたのは、この地方一帯を、将来的にキリシタンの楽園にしようとする如水兄弟の意向によるものであった。

掃部は、隠居身分でもあり、何事にも煩《わずら》わされることなく信仰に打ち込むことができた。

イエズス会の報告書によって、掃部たちの生活の一端が明らかになっている。

この市《まち》には、先に述べた明石掃部ドン・ジョアン殿が、都《みやこ》地方（京、大坂）と備前の国から連れて来た仲間たちとともに居住し、現在、（黒田）甲斐守に仕えている。

これらの人たちは、以前に持っていたものに比べれば貧しく、若干の債務も負っているが、一体となって結束し、司祭へ工事のためにかなりの寄進を差し出し、もしもっと必要ならば、武器を質入れしようと言った。

しかし、司祭は彼らの無力さを見て、親切な志には大いに感謝しながらも、寄進は受け取らなかった。

これらの人たちはいずれもたいそう善良なキリシタンであり、これらの地方で非常に高名なキリシタンである（黒田）惣右衛門殿に劣らぬほど、この異教徒たちの中にあって、模範的に振舞っている。

〈「一六〇一、〇二年の日本の諸事」、『報告集Ⅰ―4』所収〉

明石掃部とその家臣たちは、主従一体となって苦楽を共にし、質素な生活に甘んじていた。その中で家臣のほとんどが、掃部の教化を受けて、キリシタンになったと思われる。

そして、信仰はなお一層強固なものとなり、貧しい生活の中からやりくりして教会へ寄付しようとした。

また、彼らは、キリシタン宗門の危機に際しては、その身命をも投げ出す覚悟を表明しているのである。

それは、他宗の者でさえ、掃部主従を指して、「熱心者」とささやくほどであった、といわれている。

その結果として、掃部たちは、その領地内に自分たちの聖堂を建てて、信仰の拠り所とした。〈『秋月のキリシタン』〉

筑前下座郡において、掃部は、信仰の喜びに心満たされ、生涯で最良の日々を送っていたのである。

五、全登《ぜんと》は「ジュスト」

黒田家の分限帳（「慶長年中士《さむらい》中寺社知行書付《かきつけ》」）には、新参の明石道斎家頼《来》に対して、知行が宛がわれているが、それにつづけて、「道斎名全登、称掃部、浮田氏臣、後、浮田氏亡後、属本藩」（道斎、全登と名乗《なの》り、掃部と称《しょう》する。宇喜多家臣であったが、のち、宇喜多氏滅亡のあと黒田藩に仕える）と説明文を付けている。

ここで、掃部は、三種の名前を持っていたことが分かる。

まず、「掃部」については、それが通称であったことは、既述の通りである。

また、「道斎」についてであるが、隠居を強いられて後の公文書（宛行状）に書かれていることから、一応、隠居名といえようが、「道斎」の文字は宗教色が濃く、在俗の修行者としての法号、仏教的用語を使えば、在俗出家号というのが妥当であろう。

掃部の家老・池《いけ》太郎左衛門の子孫の著した「池家譜」に、「是《これ》に於て、全登祝髪《しゅくはつ》（＊）して道斎と改め」（『後藤又兵衛』）とあり、隠居を機会に、掃部が在俗出家して剃髪《ていはつ》したことが知られる。

ということは、必然的に、「全登」の名も単なる諱《いみな》（名乗り）ではなく、宗教的な意味合いをもった霊名、すなわち、法名と考えられるのである。（＊祝髪とは、出家したしるしに、頭髪を剃ること）

法名であれば、当然、「全登」は「ゼント」「ゼントウ」という風に音読みにされるべきである。

例《たと》えば、武田信玄の場合、元服して、晴信と名乗っていたが、在俗出家すると、徳栄軒信玄と号した。信玄を「のぶくろ」などと訓読みする人は絶対に無く、一〇〇％の人が「シンゲン」と音読みをする。

同様に、法名の「全登」は、「ゼント」あるいは「ゼントウ」と読むべきで、「てるずみ」、「なりとよ」、「いえのり」など、わざわざ、根拠のない訓読みを捻出するのは論外である。

今日、全登の音読みは、「ゼント」、「ゼントウ」であるが、掃部の生きていた時代には、どんな発音がされていたのであろうか？

慶長八年（一六〇三）イエズス会によって刊行された、日本・ポルトガル語辞書・『日葡《にっぽ》辞書』を見ると

「全」は jen (ien)「ジェン」、「イエン」と、「登」は tô「トウ」と発音されていた。

つまり、「全登」は、「ジェントウ」、または、「イエントウ」と発音されていたのである。

そこで、筆者は、「全登《ジェントウ》」の語源が、正義、あるいは、義の人、の意味をもつポルトガル語の Justo「ジュスト」であると考える。

「ジュスト」は、キリシタンの大先達《せんだつ》・高山右近の洗礼名でもある。

掃部は、高山右近の再来と言われるほど、その堅固な信仰心と高潔さを謳われ、キリシタン宗門の中では普段に、「もう一人のジュスト（高山右近）」と見なされ、ジュストとも呼ばれていたのである。

〈一五九九〜一六〇一年日本諸国記」、『報告集I—3』所収〉

掃部自身もこの偉大な先輩を尊敬してやまず、その霊名で呼ばれることは光栄の至りであったろう。

それ故、自分の新しい法名（堅信名《けんしんめい》＊）には、この「ジュスト」をもじって、ジュスト→ジュット→ジェントウと転化していって、「全登《じえんとう》」という字をあてたと考えられるのである。

（＊堅信名とは、本人の希望によって、ある程度の信仰期間を経て授けられる法名）

以上を要約すると、掃部の名乗りの「全登」は、彼の生きていた時代には、「ジェントウ」と発音されていて、それは、高山右近の洗礼名「ジュスト」を表現する法名であった。

それでは、高山右近自身は、自分の法名「ジュスト」に対して、どんな漢字をあてていたのであろうか？

右近の正式名は、高山右近大夫友祥《ゆうしょう》入道南坊《なんぼう》（「徳川実記」）である。

この右近大夫は通称であり、南坊は、南蛮坊主の意である。また、入道と称しているので、在俗出家して剃髪していたと思われる。

「友祥《ゆうしょう》」が右近の洗礼名ジュスト（ユスト）の当て字である。

『日葡辞書』によれば、慶長ごろにおいては、友祥は yŭjŏ（ユージョー、ユーショー）と発音する。

ジュスト（ユスト）とユージョー（ユーショー）を比べると、発音の差が大きい。これを見ると、漢字を洗礼名に当てはめる場合、案外大雑把な使い方をしていることが分かる。

「オシトウ」は「ゼントウ」の誤読

最近、「全登の読みは、オシトウ」という説が、ネット上で広がりつつある。

この説は、完全に誤りだと思う。

「元和《げんな》九年十二月改（黒田家）分限帳」〈『福岡藩分限帳集成』所収〉に、「明石掃部全誉《オシトウ》」とあるのが、この説の原点である。

元和九年といえば、大坂の陣が終結してまだそんなに時が経っていなく、まして黒田家の人間であれば、大坂方に付いた明石掃部全登の名を忘れた者はいないはずで、全登の字を間違えて書くはずはない。

それ故、「全誉」は、明らかに、活字におこした者の誤読である。また、そのルビの「オシトウ」は「セントウ（ゼントウ＊）」の誤写の可能性が高いと考えられる。（＊昔の人は、濁点を打たない）

まず、「全」という漢字には、どんな辞書を引いても、「オシ」という音はない。

次に、そのルビが、元々、左上のように書かれていたと、仮定してみる。

この文字に、虫食いか汚れがつくと、下のようになる。

このように、虫食いなどの偶然が重なって、後世、活字化した人が「オシトウ」と誤写したものと考えられるのである。

ただ残念なことに、現在、この分限帳の原本は失われているとのことで、検証のしようがないのが残念である。

六、平穏な日々

黒田如水の死

掃部主従にとって平和な日々が続く中、慶長九年（一六〇四）三月、その庇護者・黒田如水が五十九歳の生涯を終えた。如水は、伏見の藩邸で病没したが、博多の教会に埋葬するよう遺言を残した。

黒田官兵衛孝高《よしたか》は、高山右近の勧めによって、天正十三年（一五八五）キリスト教に改宗して、シメオン（シモン、キリスト十二使徒の一人）の洗礼名を得ていた。

天正十七年に隠居して、如水と号した。如水とは、モーゼの後継者・ヨシュア（スペイン語でジョスイ）を表すという説もある。

如水は、秀吉幕下で数々の功績を残したが、強固な信仰心を疎まれて、豊前《ぶぜん》一二万石という不本意な禄に甘んぜざるを得なかった。このことが、関ヶ原合戦時に、黒田家が東軍に属した動機の一つであった。

秀吉が没するとすぐ、黒田如水、長政親子は家康に急接近をはかった。

関ヶ原合戦直前の慶長五年六月、長政は、正室（蜂須賀正勝の娘）を離縁して、家康の養女・榮姫《えいひめ》（保科正直《ほしなまさなお》の長女、家康の姪）を後室に迎えた。

そもそも、長政も、父にならって、ダミアンという洗礼名を持つキリシタンであった。カトリックの教義では一夫一婦が鉄則であり、妾を持つことや離婚することは許されないことであった。

まさに、この婚儀は、家康の仕掛けた踏み絵であった。

長政は、黒田家の将来のため、棄教する道を選び、キリシタンに対して次第に冷淡になっていった。しかし、彼は、父の死に際してはその遺言を守り、博多の教会で盛大な葬儀を執り行っている。

彼ら（イエズス会司祭）は、（葬儀を）彼らにとって可能で時間の許す限り盛大に行ない、（黒田）甲斐守自身と、その多くの重立った家臣が列席した。

彼らは、異教徒ながらも、蝋燭《ろうそく》を手にして墓所まで遺体に付き従った。
〈「一六〇三、〇四年の日本の諸事」、『報告集Ⅰ—4』所収〉

明石掃部がこの葬儀に参列を許されたか否かは不明であるが、彼は、最高の敬意をもって、偉大な先達の冥福を祈ったことであろう。

熊谷《くまがや》元直事件

黒田如水の死後、弟の惣右衛門直之《なおゆき》が黒田家中のキリシタンの柱石となった。そのおかげで、掃部主従は以前と変わらぬ生活を送ることができた。

如水の死の翌年、慶長十年（一六〇五）七月二日、長州萩《はぎ》（山口県萩市）において、毛利氏譜代の重臣・熊谷豊前《ぶぜん》守元直とその家族、および、娘婿の天野《あまの》元信らが、主命により処刑された。

そもそも、この騒動は、萩城の築城工事現場での砂利の盗難という、ささいな事件からはじまった。この事件の解決がもつれ、二人の奉行、熊谷元直と益田元詳《ますだもとよし》が互いに訴訟を起こすという事態になった。

数か月ののち、状況は急変し、被害者であるはずの熊谷一党は、いつの間にか反逆の罪を蒙り、十一人が死罪に、六人が追放という結末を迎えたのである。

熊谷元直の死罪の真の理由は、彼が毛利家中のキリシタンの中心的存在だったことにある。

熊谷元直メルキオルは、天正十五年（一五八七）に黒田孝高（如水）の勧めで受洗していて、古くからの信者であった。

この事件の数年前から、毛利輝元はキリシタン武士への圧力を強め、熊谷元直に対しても再三棄教を強要していた。元直は、決して熱烈な信者ということではなかったのだが、なぜか主君に対して、かたくなに反抗的態度をとりつづけていたのである。

輝元は、この機会を利用して、元直を処断するとともに、山口（山口県山口市）において、キリシタンの指導的人物であるダミアンという盲目の在俗修道士を殺害させ、その遺体を密かに処分させた。輝元は、熊谷一党に対して、表向きは政治的反逆を断罪の理由にしていたが、実は、自国内のキリシタンの密《ひそ》やかな一掃を謀ったのである。

（福島正則の城下の広島教会のマテオ・デ・コーロス司祭は）センポ・パウロと称する権威あるキリシタンを山口へ派遣し、……前記の人たち（熊谷一党）の刑について詳しいことを確かめるように指図した。

たまたま、この人がそれをやっている時、明石掃部殿ジョアンも自分の用事のために山口へ来た。彼の一人の姉妹がそこへ嫁いでおるし、その他の親戚も居るが、神父は彼にも同じことを依頼した。

この二人は、依頼されたとおり、入念にそれをやって、キリシタンからも異教徒からも詳しい情報を集めた。

そして、明石掃部は、盲人ダミアンの首を斬ったその人を訪ね、これについて、長崎で、（セルケイラ）司教の前で法的に証言した。　〈「イエズス会年報の殉教報告」、『熊谷元直』所収〉

掃部は、偶然にも、熊谷事件のすぐあとの山口を、私用で訪問していた。それは、山口に居住している姉に会うためであった。

掃部の姉たち

既述の通り、掃部には四人の姉妹がいたが、その中の二人が毛利の領国内で生活していた。

姉の一人は、天正のはじめ、伊賀久隆の養子・与三郎久家に嫁している。

伊賀久隆は、宇喜多直家の将として、領国の西の境目に位置する虎倉《こくら》城（岡山市北区御津《みつ》虎倉）にあって毛利勢と抗争をくりひろげていた。天正八年、毛利輝元の近習衆からなる部隊を城外で迎撃して大勝を収めたが、直家は、久隆の離反を危惧して毒殺を謀った。久隆は岡山から虎倉へ逃げ帰り、そこで絶命した。子の久家は憤慨し、すぐさま、小早川隆景に誼《よしみ》を通じて、その麾下に属することになった。

その後、久家は、小早川家臣となり、三〇〇石を給せられたが、朝鮮陣中で病死する。

久家には三人の子があった。男子を才法師《さいほうし》といい、他に娘が二人いた。才法師は若くして死んだが、二人の娘は、それぞれ、毛利家中の飯田元信と井原元歳《もととし》に嫁した。


〈「萩藩閥閲録《ばつえつ》」巻五十飯田与一左衛門、井原孫左衛門の項〉


彼女たちの母、つまり、掃部の姉もこの関係で山口に居住していた。

掃部は、この姉と姪たちに会うため、山口を来訪していたのである。

ところで、毛利家中には、掃部のもう一人の姉「おつま」とその子・沼元《ぬもと》忠右衛門もいた。

「おつま」は、天正のはじめに、美作久米郡の沼元新右衛門に嫁していた。

沼元新右衛門は、関ヶ原合戦の折、児島の小串城《こぐし》（岡山市南区小串）の在番を命ぜられていたが、敗戦後に、大坂に移り住んだという。新右衛門は、毛利氏から仕官を勧められたが、病気がちなので、代わって嫡子の忠右衛門を出仕させた。

ほどなく、新右衛門が死去したので、その妻「おつま」は息子の住む萩に下向したという。〈岸田裕之〉

掃部が萩まで足を延ばして、この姉と甥に会ったか否かは定かではない。

〈のちの話であるが、「おつま」は輝元の長女・たけ姫に仕え、たけ姫が岩国の吉川《きっかわ》広正（広家嫡子）と結婚して広《ひろ》嘉《よし》を生んだ（元和七年）あとも、老女として奉公した。この縁で、忠右衛門純之は、吉川広嘉の小姓として近侍することになり、のち、吉川家中の名家・香川家の養嗣子《ようしし》となっている。〉

掃部の長男・小三郎

イエズス会報告書などによると、掃部には五人の子供がいた。

ペドゥロ・モレホン著「続日本殉教録」に、「長男は修道士になることを希望して私たちの学院《セミナリヨ》にいる」とあり、長男は、有馬（長崎県南島原市下町）のセミナリヨに入り、聖職者への道を歩みはじめていた。

ここでの教育内容は、古典に力点が置かれていたといわれ、ラテン語の文学に加え、平家物語などをテキストにした日本文学も教えられた。さらに、水泳などの体育授業も行われたという。

このように、長男がセミナリヨに入ったことは、掃部の果たせなかった夢を長男に託すことでもあった。

掃部の長女・カタリイナ

この時期、長女のカタリイナ（カテリーナ）は、従兄弟の岡平内に嫁している。

岡平内の父の岡越前守は、宇喜多家宿老の一人であったが、家中騒動の時、造反派に属した。

この事件では、一応、帰参を許されたが、関ヶ原の戦場への供を許されなかったことに憤慨して岡山を出奔した。戦後、家康に召され、備中の小田、後月《しつき》、川上郡の内で、知行六〇〇〇石を給され、旗本に列せられていた。

この越前守の妻が、掃部の妹であった関係から、両家の交流は絶えてはいなかったのである。

長女の婚姻は、掃部の人生において、束の間の平和を象徴する出来事であった。

慶長十年に、掃部が山口の姉を訪ねた用件というのは、この長女の婚儀に関してのことであったのかもしれない。

七、黒田家を退去

黒田直之と直基

慶長十四年（一六〇九）二月、黒田惣右衛門直之が京都において病没した。

彼の遺体は、その遺言に従って、知行地の秋月に運ばれ、そこで葬儀が営まれ、そのあと、長崎のキリシタン墓地に埋葬された。

直之の子・パウロ長門守直基《ながとのかみなおもと》も、父に劣らぬ熱心なキリシタンであった。

黒田長政は、直基が知行を継ぐ条件として棄教を要求した。しかし、直基は頑《かたく》なにこれを拒否した。

結局、直基は、信仰を許された代わりに、所領を一万二〇〇〇石から七〇〇〇石に減封された。彼は、普段、博多に住んでいて、秋月には年に一、二度出かける程度であった。

そして、事件は起こった。

慶長十六年（一六一一）一月、あるいは、二月の某日、黒田直基は、秋月のある家臣の屋敷に出向き、理由は伝えられていないが、その家臣を手討ちにした。

しかし、直基は、退出しようと玄関口まで出たところを、その家の家人《けにん》に襲われ、斬殺された。

黒田長政は、すぐさま、秋月の知行地を没収するとともに、これを好機として、キリシタンの一掃を謀って、まず、明石掃部に召し放ちを申し渡した。

黒田直基の不可解な死は、多分に、政治的謀略の臭いがするものであった。

家臣の行く末に苦慮

退去を命ぜられた掃部は、何よりもまず、その家臣たちの身の振り方に苦慮した。

掃部は、今や、一介の浪人に過ぎない。新たに仕官の口を探すにも、貯《たくわ》えはほとんど無く、家臣たち全員を連れて行くのは無謀なことであった。

掃部は、家臣の内、上位の者たち（年齢的にも年配の者）、つまり、池太郎右衛門信勝、澤原《そうのはら》忠次郎（のち仁左衛門）、明石少右衛門（のち次郎兵衛、殉教）、島村九兵衛則貫《のりつら》などに、筑前に留まるよう説得し、黒田藩家老・小河内蔵允《おごうくらのじょう》と話をつけて、彼らを小河の家臣にしてもらった。

小河内蔵允之直《これなお》は、創業の功臣ではないが、財政に精通していて、黒田長政に重用されていた。のちの黒田騒動の際には、事件の首謀者・栗山大膳と江戸城内で対決した実力者であった。

かくして、明石掃部は、明石半右衛門、明石八兵衛、澤原孫右衛門（忠次郎の弟）、和気《わけ》五郎兵衛、島村十左衛門貫吉《つらよし》（九兵衛の子）などの家臣を引き連れ、筑前を離れた。〈『常山紀談』〉および〈中島利一郎〉

時に、慶長十六年（一六一一）の前半、掃部、四十三歳（推定）のことであった。

第八章　大坂の陣

一、大坂入城

掃部、京都に滞在

慶長十六年（一六一一）、黒田家を辞した掃部は、仕官を求めて京に上った。

当時、京都には八〇〇〇人を超すキリシタン宗徒が生活していて、この内、半数の者が、奉行所の管理するキリシタン名簿に登録されていた、という。〈『日本切支丹宗門史』〉

これらのキリシタンは、自分たちの属する会派の教会施設の周辺に移り住んで生活したので、洛中には、いくつかの「だいうす町」（デウスの町）が形作られていた。

スペイン修道会系のフランシスコ会は、妙満寺跡（下京《しもぎょう》区四条堀川南西）の広大な敷地に、聖マリア教会や修道院、さらには、二つの病院を建てて、布教と慈善に努めていた。そのため、この近辺には数百の信者が居住していたといわれている。

一方、ポルトガル系のイエズス会は、下京（下京区若宮通松原上ル菊屋町）に壮大な教会と学院を持っていて、上京《かみぎょう》（上京区元請願寺西南角）には、その分教会があった。

掃部は、この下京のイエズス会教会施設に寄宿して、教会から経済的援助を受けながら、心当たりの大名に仕官を働きかけていたのである。

岡本大八事件

掃部が京都に居住したという事実は、岡本大八事件がきっかけで、明るみに出たのである。
事の起こりは、慶長十三年（一六〇八）に有馬晴信がチャンパ王国（ヴェトナム中部）に朱印船を派遣したことからはじまった。

この船は、家康の依頼で、香木の伽羅《きゃら》などを買い入れて、帰路、ポルトガル領マカオに寄港し、風待ちのため越年した。この時、上陸した船員が、市中でポルトガル人と喧嘩になり、その一人を殺し、市長と数人の中国人に傷を負わせた。マカオ当局が逮捕に乗り出したが、船員たちは激しく抵抗し銃撃戦になり、八〇余人の船員が死亡した。

翌慶長十四年五月、マカオ総督アンドレ・ペソーアが、定期交易船のマードレ・デ・デウス号に乗って長崎に入港し、日本人のマカオ寄港の禁止を幕府に願い出た。この願いは認められ、朱印状が下された。

しかし、収まらないのは有馬晴信である。

慶長十四年十二月（一六一〇年一月）、彼は、長崎奉行の長谷川左兵衛藤広の許可を得て、兵船を繰り出し、四日間にわたって、マードレ号を攻撃した。もはや逃げられぬと悟ったペソーアは、火薬庫に火を投じた。船は、大爆発を起こして一瞬の内に沈み、乗員のほとんどが船と運命を共にした。

このマードレ号焼き打ち事件の後、有馬晴信は、当然、幕府からそれなりの恩賞を賜った。

この件はすべて解決したと思われたが、その二年後、突然、晴信が、焼き打ち事件の恩賞として肥前の三郡を賜りたいと望み、老中・本多正純《まさずみ》（正信の長子）の与力・岡本大八に多額の金品を贈って、早期のとりなしを依頼した。（晴信がこの地に固執した真相は、彼の帰依するイエズス会が、対立するドミニコ修道会の地盤・肥前三郡を奪取しようと画策したことによる、といわれる）〈『ドン・ジョアン有馬晴信』〉

慶長十六年十二月（一六一二、一月）、有馬晴信は、いつまで経っても、恩賞の沙汰がないので、老中に直接催促した。ここで、岡本大八の詐欺が発覚し、結果として、大八は火刑に、晴信は、長崎奉行の殺害を謀ったとの罪で甲斐に流され、のち、死罪となった。

事件がこれで決着したわけではなかった。

この事件がきっかけで、キリシタンへの取り締まりが厳しくなっていくのである。

有馬晴信が元キリシタンであったのは周知のことだったが、事件の取り調べの中で、岡本大八もキリシタンであることが露見した。

さらに、家康の近習や旗本の中にも信者がいることが判明し、榊原加兵衛、原主水《もんど》をはじめとする一四名の幕臣がキリシタンとして改易、あるいは、死罪となり、三人の奥女中が島流しになった。掃部の娘婿の岡平内は、同じ小姓衆として、原主水とは昵懇の間柄であり、また、妻カタリイナの影響でキリシタンになっていたと思われるが、この時点では、罪に問われていない。

事態を重く見た家康は、すぐさま、京都と長崎でキリシタンの取り締まりを命じた。さらに、五ケ月後の慶長十七年八月（一六一二）には、禁教令を出して、まず、幕府直轄領を中心に教会の破壊、宣教師の国外追放に乗り出していった。

京都イエズス会からの経済的援助

（岡本大八の屋敷から押収された書類の中には、イエズス会司祭の）多数の書簡が発見され、彼等の仲介により、取引や領国の権利要求がなされたことがわかった。

また、イエズス会神父たち自ら記した収入金配分の会計帳簿が見出され、都の教会に、年一万二千ドゥカード。皇帝（家康）公然の敵の中でも大物で、イエズス会士が都の住院《レジデンシャ》に匿《かくま》っていたファン明石掃部 Juan Acaxicamon に一万二千ドゥカードを当てていたことが判明した。

〈『ベアト・ルイス・ソテーロ伝』〉

注目すべきは、イエズス会京都教会の年間維持費に匹敵する額の援助を、掃部が受けていたことである。

ポルトガルの貨幣単位の一ドゥカードは、クルサード銀貨一枚にあたり、銀十匁《もんめ》（三七・五g）に相当した。当時の米価は、一升が銀一匁余りであったから、一〇ドゥカードがおよそ米一石（一〇〇升）にあたり、一万二千ドゥカードは米一二〇〇石に相当するのである。

この援助金は、たぶん、ミゼルコルディア（慈悲）の組が管理していた「信心の山」という共済金から支出されたのであろう。これは一種の信用金庫であり、財政的に苦しい信者へ無利子、あるいは、一割以下の低利で資金を貸し付けるものであった。

黒田家を退去してほぼ一年が経ち、掃部は経済的に行き詰まっていたと思われ、この援助金は、彼の家臣たちとその家族の生活費に充てられたと考えられる。

キリシタン弾圧

慶長十七年三月、岡本大八が処刑されると時を同じくして、京都所司代・板倉勝重のキリシタンへの取り締まりが厳しくなった。

明石掃部主従は、その動きを察知して、いち早く、京坂の間に潜伏する。

イエズス会管区長・カルヴァリョがローマ法王に送った報告書には、当時のキリシタンの心情と願望がよく表されている。

日本における政治的不安のため、また、支配者〔徳川家康〕がすでに老齢に達していることから、この迫害は長く続かないだろう。彼が死ぬと、彼の相続者〔秀忠〕も滅びるであろう。そうでなくとも、彼は領主たちに嫌われているので、政権を得ることは不可能であろう。逆に、そのとき支配者になる人〔豊臣秀頼〕が私たちに対して、また、キリスト教に対しても好意をもつだろうと、私たちは希望している。

〈『秋月のキリシタン』〉

家康は、慶長十八年（一六一四）十二月、伴天連《ばてれん》追放令を発布して、全国的なキリシタン弾圧に乗り出していった。

キリシタンの数は、十六世紀末には三〇万人といわれていたが、一六一三年ごろには六〇万人に激増していた。宣教師の数でみると、イエズス会は一一六名、フランシスコ会でさえ三〇名以上を全国に配置して、布教活動にあたっていた。〈『ベアト・ルイス・ソテーロ伝』〉

この伴天連追放令により、日本各地でキリシタン教会が焼き払われ、破壊された。宣教師たちは本国への退去を命ぜられ、信徒たちは棄教を迫られ、棄教しない者には残忍な拷問と処刑が待っていた。

（その結果、ポルトガル系教団の）イエズス会は、この年、全国で八六か所の教会堂、駐在所《レジデンシャ》を失い、スペイン系の教団は、一、二の会堂を除いて、壊滅状態となった。〈『キリシタン禁制史』〉

キリシタンたちは、最大の迫害者である徳川幕府に唯一対抗しうる勢力として、大坂城の豊臣秀頼に、わずかな希望の光を見出そうとした。

皇帝（家康）に迫害せられたキリシタンの多数は、その敵なる君（秀頼）に向かい、もしキリスト教を奉じ、公開の会堂をたて、宣教師の居住を許すならば、かれに仕えて戦争に助力しようと申し出たところ、かの君はこの要求を許した。

〈「ルイス・ソテーロの書簡」、『日本の歴史⑭鎖国』所収〉

しかし、実のところ、秀頼やその母・淀殿は、神仏に帰依はすれども、キリスト教を敬う心は少しもなかった。ただ単に、キリシタン武士の戦力を必要としただけであった。

追放処分を受けて行き場のないキリシタン浪人たちは、そのことを十分承知していたが、秀頼以外には頼るべきものが無かったのである。

掃部、大坂城に入る

こうして、キリシタン武士たちは、信仰の自由のために、また、武士身分相応の生活の糧を得るために、大坂城に入って徳川幕府と戦おうとした。その最たる者が、明石掃部であった。

彼ら（キリシタン武士）は、名誉と信仰を護るために、武器をとって抵抗した。……彼らと同じ熱情に動かされて、内府（家康）に対して武器を取って立ちあがることになったと、明石掃部も明言している。〈「一六一五、一六年度の日本年報」、『報告集II―2』所収〉

慶長十九年八月（一六一四）に、家康が大坂方に対して、「諸牢人《ろうにん》（浪人）余多《あまた》抱置《かかえお》」くことの事態を詰問している。

明石掃部は、京都潜伏中の慶長十七年後半～十八年（一六一二～一三）には、豊臣方の誘いを受け入れ、金銭的援助を受けたと推測され、慶長十九年のはじめには大坂に入城していたと考えられる。この時、掃部、四十六歳（推定）であった。

秀頼は、掃部に粟田口吉光《あわたぐちよしみつ》（鎌倉中期の名工）の銘刀を下賜《かし》して、忠勤を励むよう言葉をかけた。掃部は、次女・レジイナを人質に差し出して、秀頼の家臣となった。レジイナは、その利発さを愛され、淀殿のそば近くに仕えることになった。

キリシタン部隊

豊臣秀頼の家臣・山口休庵《きゅうあん》の口述書である「大坂陣山口休庵咄《ばなし》」には、大坂に入城した明石掃部を次のように記している。

一、明石掃部
人数初《はじめ》四千の着到《ちゃくとう》ニて、後《のち》人数抱《かかえもうし》申候。是《これ》ハ出所不存《ぞんぜず》候。
のぼりハ黒地に白キ丸三つヅツ付申候。

(明石掃部は、最初四千の兵を率いて入城したが、その後、兵数はもっと増えた。経歴は知らない。幟《のぼり》は、黒地に白い丸を三つ並べた文様である)

これには、掃部が四千の将兵を率いて駆けつけたと書いているが、それはありえない誇張である。掃部の入城時には、譜代の家臣を中心にした少数の者を連れていたにすぎなかったはずである。信仰の故に浪人を余儀なくされたキリシタン武士たちが、個々に大坂に集まり、大きな集団となった時、その統制のために、明石掃部が統率者に任ぜられたと考えられるのである。

フランシスコ会司祭の書簡では、城中のキリシタン武士の数を二〇〇〇人と書いてあり、また、「難《なに》波《わ》戦記」には、掃部の兵を二〇〇〇人と記しており、これらから考えると、明石掃部のキリシタン部隊の兵数は二〇〇〇人余りというのが実数に近いのであろう。

それらキリシタン武士の中でもっとも異色な出自をもつ人物は、小笠原権之丞《ごんのじょう》である。
彼は、家康の実子といわれている。
天正十四年に、家康は秀吉の妹・旭姫《あさひひめ》を正室に迎えたが、その侍女に家康の手がついて懐妊した。家康は、この侍女を家臣の小笠原広朝に与えた。この侍女が産んだ子が権之丞である。権之丞は、成人すると、家康近侍の小姓となった。のち、同じ小姓組の原主水の影響でキリシタンになった。そして、岡本大八事件の余波で、権之丞も改易追放された（慶長十七年三月）。権之丞は、明石掃部の勧めで、大坂城に入ったといわれるが、この時、二十四歳だったという。〈小林輝久彦〉

その他に著名なキリシタン武士としては、高山右近の嫡子・十次郎や蒲生氏郷《うじさと》の遺臣・小倉《おぐら》作左衛門行春などがいた。

ただ、小倉作左衛門だけは、掃部の軍には属さず、大野治長の指揮下にあったようである。

明石掃部は、およそ二〇人の士《さむらい》大将を置き、二〇〇〇人のキリシタン武士を采配したといわれる。そして、この二〇〇〇人に及ぶキリシタンに、日々の信仰の儀式を施《ほどこ》すための従軍司祭として、七人の者がいた。

その内訳は、イエズス会司祭が二人、フランシスコ会司祭が二人、アウグスチノ会司祭が一人、さらに、二人の日本人在俗修道士がいた。〈『日本切支丹宗門史』〉

日本人在俗修道士の一人、フランシスコ村山は、長崎代官・村山等安《とうあん》の次男で、ドミニコ会に属していた。等安は、多数の武器、弾薬、それに、六〇人ほどの兵士を調達して、息子とともに大坂城に送りこんだと伝えられている。〈『長崎代官・村山等安』〉

これら七人の聖職者たちは、それぞれの会派に属するキリシタン武士の教導を担っていた。

彼らは一般の宿舎で兵士と寝食をともにしていたが、イエズス会の二人の司祭だけは掃部の屋敷（三の丸内）に居住していた。

こうして、掃部麾下のキリシタン武士たちは、緊迫した状況下においても、信仰の自由を享受していた。

そのため、秀頼の陣の中に、十字架や救世主（イエス・キリスト）や聖ヤコブの絵姿を描いた旗が六流見えていた。〈「一六一五、一六年度日本年報」、『報告集Ⅱ―2』所収〉

旗や三角形の長旗に沢山の十字架が描かれ、イエズスやマリアの御名が書かれており、また、冑《かぶと》や武具にも刻みつけられていた。〈『続日本殉教録』〉

さらに、キリシタン武士の多くが、十字架やメダイ（聖人などの姿を刻んだメダル）、あるいは、ロザリオを首にかけていた。

募兵活動

ところで、掃部の娘婿の岡平内は、追放処分中の原主水《もんど》を匿《かくま》い世話をしていたことが露見して、そのため、改易されてしまう。〈『駿府記』慶長十九年九月十九日の条〉

平内は、妻（カテリイナ）とともに、大坂城内の掃部の元に身を寄せた。

掃部は、この機に、故郷の一族に出仕を呼び掛けた。これに応じて、備前和気郡内に閑居していた明石久蔵（宇喜多時代は、岡越前組の与力頭、四五〇〇石）が、手兵を率いて馳せ参じたという。

さらに、掃部は、牢人《ろうにん》武将の後藤又兵衛、山口左馬助《さまのすけ》と謀り、豊臣家の桐の紋章を掲げた船「御紋の御印船《みしるし》」を備前の牛窓《うしまど》（岡山県瀬戸内市）や小串《こぐし》（岡山市南区）のあたりに寄港させ、募兵活動を繰り広げた。〈「中国兵乱記」〉

その募兵の地域は、播磨西部と備前、備中、美作におよんだと推測される。

播磨国（兵庫県）は、後藤又兵衛の出身地であり、彼の家臣がこの地方の郷士や浪人に呼びかけた。

備前と美作は、かつて、宇喜多氏の領国であったが、関ヶ原の後は小早川秀秋が入部した。しかし、慶長七年（一六〇二）に秀秋が急死して、小早川家が断絶したので、備前国には池田忠継が、美作国には森忠政が転封されていた。

備前、美作には、このような経緯から、宇喜多と小早川の遺臣が多く、その内のかなりの者は帰農して庄屋や村役などの郷士に、また、城下では浪人となって生活していた。

この地域の宇喜多遺臣に対しては、当然、明石掃部が主体となり、現地には家臣の上村右近右衛門《うこんえもん》を派遣して、大坂への参陣を働きかけた。

その結果、これに応じる者がかなりあったと思われ、今、その名が判明する者としては、芦田作内《さくない》（宇喜多時代は鉄砲組物頭）、その弟の源兵衛、安藤三郎兵衛、粟井助六重晴、その弟・助九郎重友、山本勘右衛門がいる。

また、小早川の遺臣に対しては、山口左馬之助の家臣が勧誘した。

左馬之助弘定の父・山口玄蕃頭正弘（宗永）が、一時期、小早川秀秋の家老を務めていた関係で、小早川浪人に働きかけたのである。

ところで、美作の領主・森忠政は、大坂攻めに参加するにあたり、国中の大庄屋に従軍を命じ、彼らを戦場に引き具していった。大庄屋たちは、戦国期以来の有力な郷士であり、この従軍によって武士身分への復帰を期待していた。しかし、大坂陣が終結したあと、庄屋たちの誰一人として森家に召し抱えられた者はいなかった。

この方策は、大坂方の募兵活動に対抗する意味合いと、もう一つは、藩兵出陣の留守中に一揆を起こさせないためであった。

さて、次に述べる備中国においては、少し複雑な状況であった。

歴史的には、天正十年の備中高松城合戦の講和条件の国分《くにわ》けにより、高梁川《たかはしがわ》以東は宇喜多領、以西は毛利領ということになった。しかし、秀吉は、なし崩し的に毛利領を浸食し、高梁川に沿った帯状の緩衝地帯を設けて、そこを秀吉直参の武士たちの知行地とした。いわゆる、大坂侍領として、総計で五万八〇〇〇石にのぼったといわれる。

模式的にいえば、備中国の東半分は宇喜多領、西半分は毛利領、その間、高梁川に沿って、秀吉直臣団の知行地が点在したのである。

そして、関ヶ原合戦後は、この備中宇喜多領の足守地区には木下家定が移封され、庭瀬には宇喜多旧臣の戸川達安が、備中高松には花房助兵衛職之《もとゆき》が入封した。

また、備中の毛利領は、関ヶ原後、徳川に接収され、一部に宇喜多旧臣の岡越前守、楢村監物、花房秀成などの知行地が置かれ、その他の大部分は徳川直轄領となり、それを治める備中国奉行が置かれた。

初代の国奉行は小堀正次であったが、大坂陣当時は、その子の小堀遠江守《とおとうみのかみ》正一が継いで、備中松

山城（岡山県高梁市）に居城した。（彼は、遠州流茶祖、あるいは、作庭家として名高い）

備中の大坂侍領は、関ヶ原後もあまり変化がなかったが、ただ、新見上市《にいみかみいち》（岡山県新見市）の領主・杠《ゆずりは》守久、貞久父子は、黄母衣衆《きほろしゅう》の一員として関ヶ原で戦い、父子ともに討ち死にしたため、その領地を国奉行に没収されている。

大坂陣が切迫してくると、大坂侍の知行地は守備が手薄となる。小堀正一は、この機をとらえて大坂侍領に進攻し、その備蓄米八万石を接収して徳川軍に兵糧として送っている。〈『備中国奉行・小堀遠州』、および、『新見市史』〉

明石掃部と山口左馬之助は、この備中においても募兵を行った。

「中国兵乱記」によれば、その著者・中島大炊助《おおいのすけ》元行の知るところだけでも、「数輩」の郷士が大坂方に走ったという。

中島氏は代々備中南部の刑部《おさかべ》郷（岡山県総社市）を本貫地とする地侍であり、大炊助は、備中高松合戦後に、小早川隆景の家臣になったが、秀秋の代になると、その付家老《つけがろう》の山口玄蕃頭といさかいになり、小早川家を退去して故郷に帰り隠棲した。こんな過去を持つ中島氏に対し、山口玄蕃頭の子の左馬之助から、大坂に入城すれば備中国を遣わすという勧誘がなされた。これは逆に、大炊助に過去の遺恨を思い出させ、それを一層増幅させるものであった。結局、大炊助は豊臣方の誘いを拒絶し、翌年の夏の陣には、孫の宇右衛門昌行が徳川方の水野勝成の下に参陣することになる。

その折には、明石掃部が上村右近右衛門を中島氏の宿所に派遣して、再度の説得を試みている。

ところで、備中北部の上房郡《じょうぼう》（岡山県真庭市《まにわ》）の郷士、杉右衛門尉正英と伊達久義も大坂城に入ったが、落城後、伊達は関東に流浪し、杉は郷里に戻って帰農した。〈『北房町史』〉

また、阿哲郡《あてつ》成松《なりまつ》（新見市）の小川家には、先祖の次郎左衛門が大坂城に籠もった時、秀頼から短刀を下賜されたという書状の写しと鎧櫃《よろいびつ》の中に入れていたという摩利支天木像を伝えている。

これら、杉、伊達、小川の諸氏は、戦国期に毛利に属していたが、関ヶ原の後、帰農していたのである。

このように、備中国奉行の差配地である所からも大坂方に参陣する者がいたということは、掃部などの募兵活動がそれなりに効果を得たという証であろう。

こうして、大坂に入城した者たちの中で宇喜多家に関係のある者の大部分が、明石掃部の下に集結されたと思われ、明石家譜代の家臣とともに、掃部の直衛部隊を構成したと考えられる。

「山口休庵咄」にあるように、掃部部隊の旗幟の文様は宗教的なものではなく、「黒地に白丸三つ」であった。（戦国期には、白丸＝白餅《しろもち》＝城持ち、と連想され、また、黒い丸＝黒餅《こくもち》＝石《こく》持ち＝所領持ち、と、丸の図柄は縁起の良いものとされていた）

この旗紋からも、掃部の直衛部隊は、宇喜多旧臣を中核として編成されていたと、推定される。

ところで、池田家文庫（岡山大学附属図書館蔵）の中の「大坂夏御陣図」を見ると、明石勢の隊列の前に「黒地に白丸（餅）の扇」の馬印《うまじるし》（左図）が描かれている。

「大坂夏御陣図」は、この戦いに参加した池田利隆（姫路城主）が実際に見聞したものを、戦後まもなく描かせたものである。

池田勢は、淀川をはさんで、船場《せんば》の明石勢と対峙していたので、明石軍についての情報は信頼性が高く、さらに、この馬印の図柄が掃部の幟のそれと同じ白餅であることから、この馬印が掃部のものであることに間違いない。

また、宇喜多の旧臣たちが多数参集してきたことから、大坂陣での勝利の暁には、旧主・宇喜多秀家を八丈島から救出するのが、掃部の望みであった、とする書がある。あるいは、そんな思いは全く無かったと言い切れないが、掃部の本当の夢は別のところにあった。

彼（掃部）自ら述べた所によれば、子供たちを落ち付かせた後に修道士になる希望を抱いて、秀頼方の武将になった。〈『続日本殉教録』〉

つまり、掃部の究極の望みは、かつて長崎で吐露したように、一貫して、俗世を捨て去り、修道士として信仰に生きることであった。

二、大坂冬の陣

関ヶ原合戦のあと、改易、減封された大名は九三家、六三二万石余りにのぼるという。

家康は、この膨大な土地を論功行賞によって再配分し、絶対的権力者としての地位をゆるぎないものとしていた。

徳川家の直轄領だけでも四〇〇万石にのぼり、それに比べれば、豊臣秀頼の所領は六五万七〇〇〇石と、外見的には、やや大きめの大名家の一つにすぎなかった。

慶長八年（一六〇三）、家康は征夷大将軍に任ぜられて江戸幕府を開き、慶長十年には、将軍職を子の秀忠に世襲させ、覇業の完成を着々とめざしていた。

しかし、家康の最大の心配事は彼自身の老いであった。慶長十七年の家康は七十一歳、秀頼は二十歳であった。家康は、自分の生ある内に、自分の手で豊臣家を滅ぼす決心をした。まず、秀頼に、六〇以上にのぼる寺社の復興造営をしむけ、その財力を削ぐことに心を砕いた。

慶長十七年（一六一二）、その一つ、方広寺（京都市東山区）が秀頼によって再建された。

この時、家康は、その大仏殿の鐘に「国家安康」「君臣豊楽」との不吉な文字が鋳《い》てあると、いいがかりをつけ、秀頼の母・淀殿を人質として江戸に差し出すか、あるいは、秀頼が大坂を出て国替えに応じるか、二者択一を迫った。

当然、秀頼はこれを拒否して、徳川と対決することになる。

慶長十九年（一六一四）十月、家康は諸大名に出陣を命じ、自身も軍勢を率いて駿府城を出立して大坂に向かった。

大坂城の秀頼は、諸国に兵を募るとともに、兵糧を城中に入れて籠城の準備にかかった。

しかし、秀頼が頼みに思っていた豊臣恩顧の大名は、一人として大坂に味方する者がなかった。

ただ、関ヶ原以後に浪人となった武士の多くが、大坂城に続々と集まってきた。その数、実に、一〇万、あるいは、一二万人ともいわれている。

中でも、明石掃部につづいて大坂に入城した有名な牢人《ろうにん》武将は、真田《さなだ》幸村《ゆきむら》（信繁《のぶしげ》）、長宗我部盛親、後藤又兵衛、毛利勝永の四人である。

この四人に明石掃部を加えて、俗に、「大坂城牢人《ろうにん》五人衆」と称される。この五人は、新参でありながら軍評《いくさ》定の場に参加することを許されていた。

大坂城五人衆

ここで、掃部を除いた四人の武将の経歴を簡単に紹介してみる。

○真田左衛門佐《さえもんのすけ》幸村

普通、真田幸村と呼びならわされているが、一次史料では、信繁《のぶしげ》と記されている。

関ヶ原合戦の時、父・真田昌幸《まさゆき》とともに上田城（長野県上田市）に拠って、徳川秀忠の率いる徳川本隊を足止めした。このため、秀忠は関ヶ原本戦に遅参するという大失態を演じた。

戦後、昌幸、幸村父子は、高野山の九度山《くどやまむら》村に配流された。

慶長十九年（一六一四）十月はじめ、秀頼は、金二百枚、銀三十貫をもって幸村を招聘した。招聘の使者は、秀頼側近の速水守久《はやみもりひさ》とも、明石掃部ともいわれている。

幸村は、永禄十年（一五六七）生まれなので、この時、四十八歳であった。

○長宗我部盛親

土佐の長宗我部元親の四男。父の死後、家督を継ぎ、二二万石の領主となった。関ヶ原では西軍に属して南宮山の東に布陣したが、戦わずして撤兵した。

戦後、所領は没収され、浪人となって京都に閑居していたが、秀頼の招きで大坂へ入った。

○毛利勝永

尾張出身の森吉成は、早くから秀吉に仕えて軍功あり、秀吉の命により、森を毛利に改めた。毛利吉成は豊前小倉《こくら》城主として六万石、その子の勝永は別に四万八〇〇〇石を知行した。

関ヶ原では西軍に属したため所領を失い、父子は土佐に流され、蟄居した。

慶長十九年十月、勝永は土佐を脱出、大坂城に入った。

○後藤又兵衛基次《もとつぐ》

又兵衛は播磨の出で、黒田孝高に仕えたが、荒木村重《むらしげ》の乱の時、伯父とともに謀反を企てて黒田家を出奔した。のち、仙石《せんごく》秀久に仕えていたが、黒田長政が呼び戻して高禄で召し抱えた。

黒田長政が筑前に移封されると、又兵衛は一万五〇〇〇石を拝領して、小隈《おぐま》城（福岡県嘉穂市大隈町）を預けられた。

ところで、関ヶ原後の所領替えの時、黒田家は以前の領地・豊前の年貢米を筑前に持ち帰ったので、豊前の新領主・細川家と犬猿の仲になった。そんな中、又兵衛は、密かに細川忠興と誼《よしみ》を通じていた。長政は細川との交流を断つことを要求したが、慶長十一年、又兵衛は黒田家を逐電する。その後、又兵衛は姫路の池田輝政に召し抱えられるが、長政は、家康に「奉公構《ほうこうがまえ》」を願い出て、又兵衛の改易を池田家に認めさせた（慶長十六年）。その後、大坂入城までの日々を、各地の大名の捨扶持《すてぶち》でしのいだという。

大坂入城の時、又兵衛は五十五歳であった。

家康の黒田長政への疑念

慶長十九年（一六一四）十月十一日、家康は駿府を出陣、二十三日に京都二条城に入った。同日、将軍秀忠も、一〇万におよぶ大軍をともなって江戸を出発し、大坂に向かった。

全国の大名が城攻めに参加したので、徳川方の軍勢は二〇万に達したという。

ただ、福島正則、黒田長政、加藤嘉明《よしあき》、平野長泰《ながやす》などの大名は、わずかな兵とともに、江戸に残留を命ぜられ、大坂への参陣が許されなかった。

彼らが豊臣恩顧の大名だったため、寝返りを危惧されたためといわれる。

福島正則などが去就を疑われるのは一応納得できるが、黒田長政が疑われるとは少し意外な感がする。

長政は、早くから家康に接近し、関ヶ原合戦では、福島正則などの武将たちを東軍に引き込み、それによって、武功第一と賞讃されたのである。その上、家康の養女を娶り、姻戚面でも親密な関係を築いてきた。

それなのに、冬の陣に参加を許されたのは、嫡男の黒田忠之（十三歳、一万の兵）だけであった。

長政に対する幕府の過剰なまでの警戒心は、黒田家のかつての家臣、後藤又兵衛と明石掃部の二人が、大坂方の重要人物になっていたことと無関係ではあるまい。

長政は、後藤又兵衛出奔の経緯とその後の対応の次第、さらに、又兵衛一族の処断を自分に委《ゆだ》ねて欲しい旨を記した陳情書を、幕府年寄の本多正信に提出した。〈『御家騒動』〉

これは、六月九日に家康に上呈されたが、長政の目的は、後藤又兵衛と明石掃部が大坂方に属していることに黒田家は無関係であることを認めてもらうことにあった。

夜振舞《よふるまい》

大坂城の家老は、片桐且元《かつもと》の退去後、大野修理亮《しゅりのすけ》治長が務めていた。彼は、淀殿の乳母《うば》・大蔵卿《おおくらきょうの》局《つぼね》の子で、秀吉の馬廻衆《うままわりしゅう》から出世して一万石を領した。のち、家康暗殺の嫌疑をかけられ結城《ゆうき》に配流された。

関ヶ原では、東軍に属して戦い、宇喜多の物頭・河内七郎右衛門を討ち取っている。その後、再び秀頼に仕え、首将として指導的役割を担っていた。

某日、大野治長は、明石掃部を夜振舞《よふるまい》に招いた。夜振舞とは、在陣中に、武士がお互いに招きあって酒食を共にし、親睦を深め情報交換をするためのものである。

この席で、掃部は、関ヶ原での河内七郎右衛門の最期《さいご》の様子を、治長に尋ねたりした。

一方、治長は、中村次郎兵衛の宇喜多邸脱出の経緯、関ヶ原での宇喜多秀家の離脱、敗軍撤退時の掃部の行動などを聞き出している。

掃部は、それらのいきさつを、驚くほど率直に、かつ詳細に語っている。

これらの話の内容は、同席していた米村権右衛門（治長の家老）が、後年、三次《みよし》藩（広島浅野家の支藩）主の浅野長治に仕えたことにより、長治の覚書に記録された。のち、この覚書に書かれていた明石掃部の言動が『落穂集』に採録されたのである。

この夜の「振舞」のおかげで、掃部の言動の一端が、今日明らかになっているのである。

真田丸

押し寄せる徳川の大軍に対して大坂城内では軍議が開かれ、その席で、後藤又兵衛と真田幸村は、積極的防衛策を主張した。その戦略とは、後藤と真田が率いる一、二万の軍勢で宇治、瀬田において徳川本隊を足止めし、大野治長か木村重成の部隊で京都を制圧し、さらに、大和方面からの敵の押さえとして明石掃部と長宗我部があたり、大坂城中に遊軍を備えて随時必要とする方面に出撃させる、というものであった。

こうして関東勢との対陣が長引けば、西国の豊臣恩顧の大名の中から大坂方に味方する者が現れるだろうという楽観的なものだった。

この策に対して、大野治長は、関東勢との野戦を危険な賭けとしてこれを退け、大坂城での籠城という安全策を主張し、これに決定した。

これに続いて、各武将の持ち場が割りあてられた。

明石掃部の守備する場所は、南惣構の中央部であった。掃部が主将となり、湯浅右近正寿《まさとし》、仙石宗也を左右に配し、八丁目口と平野口の間に総勢四〇〇〇ほどの兵を展開した、といわれる。〈『大阪城の七将星』〉

ところが、ちょうどこの場所は、鉄壁を誇る大坂城での唯一の脆弱地点であった。

地形的にみると、大坂城は大阪平野を南から舌状に突き出した上町《うえまち》台地の最北端に位置しており、南惣構の外側を東西に走る惣堀（外堀）は、台地の岩盤を掘り穿《うが》って造ったものであった。そのため、この外堀の中央部は深く掘り下げるにも限度があって、水を満たすことができない空堀《からぼり》となっていたのである。さらに堀の南側の城外すぐ近くには高所が残されていた。

この弱点を克服するため、真田幸村は空堀の外側の高所に出丸を構築した。小丘陵の三方に空堀を掘り、その内側に塀をめぐらせ、空堀の外側と堀の中、さらに、堀の手前際《ぎわ》に三重の木柵を作り、所々に井楼を建てた。これが世にいう真田丸である。

この真田丸築造について、次のようなエピソードがある。

城南の弱点をいち早く見抜いた後藤又兵衛が、要害を築くための縄張りをはじめていたが、それとは知らず、真田幸村も、同じ考えでただちに出丸の築造にかかった。

当然、後藤は激怒して真田と険悪な事態となるが、この二人の仲をとりもって事なきを得たのは、明石掃部と薄田《すすきだ》兼相《かねすけ》の尽力による、と伝えられている。

結局、この出丸は真田幸村によって構築されたが、ただ、幸村は、この出丸を守備するには、自分の配下の兵力（一八〇人ほど）があまりに少ないため、加勢を要請した。

秀頼からは、後藤又兵衛か明石掃部はどうか、と下問があった。

これに対して、幸村は、「彼《か》の輩《やから》は悪意を持って他人の成功をねたみ、他人の失敗を喜ぶような人間で、自分勝手な行動をとりがちなので、合戦になったらむしろ邪魔になる」と語ったという。〈「難波戦記」〉

幸村が本当にそう言ったとすれば、大層辛辣な言である。しかし、その真意は、大物武将が加勢として真田丸に入ってくれれば、幸村の思うままの戦術がとれなくなるのを嫌ったのである。

結局、山川堅信《かたのぶ》、北川宣勝《のぶかつ》、伊木遠雄《とおかつ》、伊丹正俊、平井保則《やすのり》など、明らかに自分より数段格下の将兵、およそ五〇〇〇を取り集めて真田丸に籠もったのである。

四天王寺の焼き打ち

「難波戦記」に次のようにある。

> 大坂の城中より織田有楽斎《うらくさい》、明石掃部助全登、後藤又兵衛基次《もとつぐ》、其外《そのほか》、七組《ななくみ》（秀頼旗本）の内、中島式部少輔《しきぶのしょう》氏種《うじたね》一人、組共に相加はり、廿八日に大坂を播磨の国より相向ふ寄手《よせて》に対して一戦を遂げんと互に屯《たむろ》を張りて対陣す。

姫路城主・池田利隆と、岡山城主・池田忠継兄弟の軍勢八〇〇〇が大坂攻めに向かうとの情報を得て、それを迎え撃つため、明石掃部は、織田有楽斎、後藤又兵衛などとともに出撃した。

慶長十九年（一六一四）十月二十八日、大川（旧淀川本流）を越えて神崎川に至り、川岸（淀川区）に沿って陣を張り、池田勢に備えた。しかし、敵に渡河の気配が見られないので、まもなく、明石と後藤の二将は陣を引き払って帰城した。

月が替わって十一月に入ると、徳川方の動きが活発になってくる。

藤堂高虎が住吉大社（大阪市住吉区）の北に布陣すると、四日には、松平忠明《ただあきら》の率いる四〇〇〇の兵が枚方《ひらかた》（大阪府枚方市）に陣し、翌日には、平野《ひらの》郷（大阪市平野区平野）に進出してきた。

徳川の先鋒がこの方面に現れたことで、豊臣方は、かねてから懸念されていた問題の早急な解決を迫られることになった。

それは、城の南正面に位置する古刹《こさつ》・四天王寺に対する処断であった。

大坂城への籠城策の決定とともに、惣構の外側の住民は惣構の中か他所へ疎開させられ、街には火がかけられ焼き払われた。しかし、四天王寺の一角は焼かれずに残されたままであった。

四天王寺は、聖徳太子によって建立された日本最古の大寺院である。その伽藍《がらん》は、過去において、失火や兵火により何度も消失し、再建を繰り返してきた。信長の石山本願寺攻めの時には、一向門徒によって焼き払われた。

その後すぐに、再建の勧進が秀吉の主導で行われたが、実際の完成は慶長五年（一六〇〇）までかかったのである。秀頼はその後にも修復工事を行っていて、豊臣家と四天王寺との関係は親密なものがあった。

しかし、この壮大な伽藍をそのままにしておけば、攻城軍の本陣として利用されるのは目に見えており、大坂方にとって戦略上の損失は計りしれない。

秀頼はついに、これを焼き払うことに同意した。ただ、それを実行するには誰もが少なからず躊躇した。この時、すすんでこの役を買ってでたのは、明石掃部であった。

十一月六日、明石掃部率いるキリシタン部隊は、四天王寺に急行して風上より火を放った。折からの寒風にあおられて、猛火はたちまち全ての堂宇を包みこみ、金堂、五重塔、四面の回廊、さらに、太子殿にいたるまで、一時に焼土と化した。〈「徳川実紀」〉

明石掃部自身が司祭に語ったところによると、家康によって各地で多くの教会が破壊されたことへの報復として、また、「己《おの》が信心のゆえ」に、四天王寺を焼滅させたのであった。〈J・Fシュッテ〉

当時のキリシタンにとって、神社仏閣の破却や仏像の破壊は、信仰上なしうる善行の一つであった。

レオン・パジェスの『日本切支丹宗門史』には、掃部が、四天王寺のほかに、秀頼の守護神を祀った「天神」や「住吉」も破壊したと記している。

「天神」とは、天神様、つまり、菅原道真を祀る天満宮のことであるが、天満橋を渡った城北に鎮座する天満宮をも掃部が焼滅したというのであろうか？　その真偽は分からない。

また、「住吉」とは、住吉大社のことと思われる。

元和《げんな》元年（一六一五）に、大坂方の武将・大野道犬《どうけん》（治長弟）が住吉社の正印殿や付近の民家に放火した（「駿府記」）ことがあるが、明石掃部の仕業ではない。

緒戦《ちょせん》

十一月も十日を過ぎる頃には、徳川軍は大坂城包囲網をほぼ完成させつつあった。

十二日、大坂方は軍議を開いた。その席で、真田幸村、明石掃部などの新参の牢人武将たちは、こぞって奇襲攻撃策を唱えた。

徳川の大軍に対して常識的な戦いを挑んでも到底勝ち目は無く、家康が天王寺に進出して未だ陣が定まらない内に、城中から一斉に出撃して家康の首を狙おう、というものであった。しかし、例によって、大野治長や七手組の将たちは、緒戦の失敗を恐れて、城内からのむやみの出撃を禁じた。

家康は、十五日、二条城を出陣、大和路をとって十七日に住吉に着陣した。

翌十八日には、住吉から茶臼山（天王寺区茶臼山町）に向かい、将軍秀忠と合流して山上から大坂城を遠望した。

この日、明石掃部の一隊は、天王寺表《おもて》に出撃して、藤堂高虎、脇坂安治の部隊と鉄砲を撃ち合った

が、ほどなく双方とも軍を引き、明石隊は城中に帰陣した。〈「佐久間軍記」〉

これは、明石隊による、攻城軍の出方を探るための強行偵察と思われる。

徳川勢は、まず、船場の西方、木津川や中津川の河口にある大坂方の砦群の攻略を目指した。それらの砦群とは、穢多ヶ崎《えたがさき》砦、伯楽淵《ばくろうぶち》砦、福島の新家《しんけ》砦、五分一《ごぶいち》砦などで、徳川水軍の侵攻を防ぐためと、弱体化した豊臣水軍の基地として、大野治長が築かせたものであった。

十一月十九日未明、蜂須賀至鎮《よししげ》は、三〇〇〇の兵をもって穢多ヶ崎砦を急襲した（木津川口の戦い）。この砦の守将・明石丹後守全延《ぜんえん》は、八〇〇の兵で防戦したが持ちこたえることができず、砦を捨てて大坂城内に逃げ込んだ。〈「徳川実紀」〉

近年、この明石全延は掃部の弟という間違った説がよく見受けられる。

さらに話はふくらんで、この砦の守将は明石掃部であり、彼が城中での軍議に参席した隙に攻撃を受けたため、留守を預かる弟の全延はなす術もなく砦を放棄した、という虚説も生まれている。

そもそも、掃部には男兄弟が存在しなかったし、どの軍記物にも掃部の穢多ヶ崎砦との関わりを示す記述は一つもない。

掃部などの牢人武将は、兵力を分散すれば各個撃破されやすくなるとして、砦の構築に強く反対した経緯があり（「武功雑記」）、彼がこの砦の守将を引き受けたとは到底考えられない。また、砦に籠もった明石全延は、「白、赤段々《だんだん》の旗に、赤き暖簾《のれん》の馬印押立て」（「難波戦記」）とあって、掃部の幟や馬印とは違う。

このことからも、掃部の軍と全延の兵とは、全く関係のない別個の部隊であったことが明らかである。

実は、掃部と全延とが兄弟という誤った説の発信源は、大正期の次の著述にあった。

それは、中島利一郎（＊）「筑前と切支丹」である。そこには、黒田長政発給の掃部家臣団あての知行宛行《あてがい》状という貴重な史料が採録されていることは既に記したが、左記の明石家系図も記載されている。

（＊中島利一郎は、明治末～大正期に、黒田侯爵家の記録編纂係との役職を名乗っている）

- 明石備前守正風
  - 左近貞行
    - 左近則貞（則実、全豊）
    - 則全
      - 掃部助全登
      - 丹後守全延
  - 女子（黒田孝高生母）
  - 市兵衛安正
    - 安行（黒田家臣）

この系図によると、明石全延は、豊臣秀次に連座自刃した丹波豊岡城主・明石則実の甥にあたる。また、全延の兄を掃部助全登と明記している。

播磨明石氏の系譜に備前明石氏の掃部の名が挿入されている。これは、単に、「明石」と「全」の字が同じということからの連想で、掃部を全延の兄にこじつけただけのものである。

さて、穢多ヶ崎砦が陥落して十日後、十一月二十九日には、守将・薄田兼相の不在中に蜂須賀勢の攻撃を受けて、伯楽淵砦が簡単に落ちた。

また、福島新家《しんけ》村の砦には、九鬼守隆《くきもりたか》などが奇襲をかけた。
「校合雑記」には、この合戦について、「明石掃部、乗りおり候と一戦いたし、船四、五艘《そう》、並びに、鳥毛の十字架を九鬼方へ取り候」とある。〈『武家の家紋と旗印』〉

九鬼水軍が、掃部の乗船する水軍を撃ち破り、数隻の船と鳥毛の十字架の旗差物を戦利品として得た、という。しかし、掃部はこの合戦とも関係がない。

鳥毛の十字架とは、「鳥毛久留子《クルス》」とも呼ばれ、十字架状の物に鶏の羽毛をまぶし付けた、ふさふさした作りの旗指物のことで、キリシタン武士がよく使用したものである。

これが遺棄されていたのでキリシタン武士の存在が推定され、そのことは、キリシタン部隊を率いる明石掃部へと連想が広がり、単なる憶測のままで、「明石掃部、乗りおり候」と記されたのである。

実は、この新家《しんけ》砦には、大野治長の弟・大野道犬治胤《どうけんはるたね》の兵と共に、キリシタン武将の小倉《おぐら》作左衛門行春が駐屯していたのである。〈『徳川実紀』〉

小倉作左衛門は、蒲生氏郷の甥で、一万石を知行し、主君・氏郷と同じく熱心なキリシタンであった。

しかし、氏郷死後の家中騒動に巻き込まれ、蒲生家を出奔して浪人となった。その後、大野治長の招きに応じたのである。鳥毛の十字架の持ち主は、状況からみて、小倉作左衛門配下の武士だったといえよう。

戦闘と講和

城西の砦群で小規模な戦闘が行われた一方、城の東にあたる今福、鴫野《しぎの》では、局地戦ながら苛烈な戦いがくりひろげられた。

大坂方は、大和川北岸の今福堤《つつみ》に堀切と柵を四重に設けた陣地を構築していたが、十一月二十六日早朝、徳川方の佐竹義宣《よしのぶ》が兵一五〇〇をもってこの柵に猛攻をかけて、たちまち四つの柵を制圧した。

これに対し、遊軍の将・木村重成は、ただちに逆襲に転じ、後藤又兵衛の後詰を得て、激戦の末に佐竹勢を駆逐した。

これと同じくして、七手組《ななてぐみ》の兵と渡辺糺《ただす》などの大坂勢は、大和川の南岸の鴫野堤に進出したが、上杉景勝隊の迎撃にあい、敗北を喫して大坂城内へ退いた。

三十日、大坂方は、完全な籠城策をとることにして、天満と船場の城下町に火を放ち、城内に撤収した。

十二月四日、家康は、住吉から天王寺に進出して一心寺を本営とし、その二日後には、すぐそばの茶臼山に本陣を移した。その動きに押されるように、前田利常隊が城の真近に陣を進めた。さらに、本多政重が率いる前田先手《さきて》衆は、真田幸村の挑発にのせられて、真田丸に突撃を敢行した。強引で無秩序な攻撃の結果、前田勢はおよそ三〇〇人の死者を出した。

前田勢が真田丸へ殺到するのを見た井伊直孝《なおたか》と松平忠直、さらに、藤堂高虎の諸隊は、先を争って南惣構の各所に攻撃をしかけた。しかし、寄せ手の諸隊は死傷者が増すばかりで、兵も城内に攻め入ることができずに撃退された。

この時、明石掃部は南惣構の中央部の八丁目口付近を堅守したのである。

真田丸と南惣構での攻防の後はさしたる戦闘はなかったが、その間、両軍の間では講和に向けた交渉が続けられていた。その結果、十二月二十日、和睦が成立した。

その和平の条件として、大坂城の本丸のみを残して、二の丸、三の丸を壊平することが要求されていた。

早くも二十三日には、徳川方の兵卒により惣構の破却がはじめられ、工事は昼夜兼行で進められたが、二の丸堀の埋め立てに手間取り、全ての埋め戻し工事が完成したのは、翌年正月二十三日ごろであった。

三、大坂夏の陣

家康の思惑通りに事態は進んだ。

難攻不落を誇った大坂城は、外堀が埋め立てられ、櫓も塀も破壊され、今や、ただ本丸曲輪が健在するだけの裸城と化していた。この時期、大野治長を中心とする大坂方上層部は、和平の維持に腐心していた。

元和元年（一六一五）三月、京都所司代の板倉勝重は、大坂方に謀反の動きがあると家康に注進した。それは、大坂方が埋められた堀を掘り戻したり京の街に放火している、という単なる風聞の類《たぐい》であった。

家康は、豊臣の弁明の使者に対し無理難題を突きつけた。その要求は、秀頼が大坂城を出て大和か伊勢に国替えするか、城中のすべての浪人衆を放逐するか、どちらかを選べというものであった。

豊臣方としては、どちらの要求も呑むことができなく、事実上の宣戦布告ともいうべきものであった。

樫井《かしい》の戦い

四月四日、家康は、大坂方の返答を待つこともなく、駿府城を出立して西征の途についた。十日には名古屋城に入り、九男・義直の婚儀に参席し、十八日には京都二条城に入った。

四月二十六日、大坂城から大野治長の部隊が大和に進攻し、郡山城を攻略して付近の村々を焼き払った。

大坂方は、この行動によって、家康の示した要求を拒絶したのである。

二十八日、東軍の浅野長晟《ながあきら》は、兵五〇〇〇を率いて和歌山城を出陣した。この迎撃のため、大坂方は、大野治房率いる二万の軍を南下させた。治房勢はまず岸和田城を攻めたが、城兵は籠城策をとった。大坂方は押さえの兵を残して南進し、堺の町を襲って市街に火を放った。堺の町衆が徳川方に保護を依頼し、守備兵を派遣してもらっていたため、大坂方の怒りを買ったのである。

優勢な敵の南下を知った浅野勢は、樫井（大阪府泉佐野市）まで引いて、これを迎え撃つ態勢を整えた。

ところが、治房の先手の将・塙《はなわ》（伴《ばん》）団右衛門直之は、無謀にも、単独で浅野勢の中に突入した。孤軍奮闘むなしく、塙直之は討ち死にした。先鋒の一角が壊滅したので、治房軍は兵を返して大坂へ退却した。

これが、大坂夏の陣の前哨戦として有名な樫井の戦いである。

道明寺の戦い

家康は、五月五日、二条城を発して河内星田《かわちほしだ》に着陣した。星田（大阪府交野《かたの》市）は、大坂城の北東一五㎞に位置する。惣構を失った大坂城を落とすには三日もあれば充分と、家康は豪語し、実際、三日分の腰兵糧だけという軽い身支度であった。

徳川諸隊は続々と畿内に集結し、その数、一五万五〇〇〇と号し、いよいよ大坂城へ殺到しようとしていた。それを迎え撃つ豊臣勢は五万五〇〇〇といわれている。

大坂方は、城南の天王寺付近の防衛線での迎撃策に代えて、敵が平野《ひらの》に入って軍を展開する前に要撃しようとする策を採った。

まず、迎撃軍を二つに分けて、一軍は大坂城から東南、約八㎞の若江《わかえ》（大阪府東大阪市）、八尾《やお》（大阪府八尾市）に進み、星田方面から東高野《ひがしこうや》街道を南下する敵に当たる。

別の軍は、大和路（奈良街道）を進撃してくる敵を、道明寺付近（大阪府藤井寺市、八尾から南へ八㎞）で阻止するという作戦であった。

若江、八尾に向かうのは、木村重成、山口左馬助などの六〇〇〇の将兵と、後詰《ごづめ》は、長宗我部盛親、増田盛次のおよそ五〇〇〇の部隊であった。

一方、大和口に向かうのは、前軍として、後藤又兵衛、薄田兼相、山川帯刀《たてわき》、北川宣勝、それに、明石掃部、小倉行春の総勢六四〇〇。

後軍としては、真田幸村、毛利勝永、渡辺糺、福島正守などの一万一〇〇〇という編成であった。

五月六日午前零時、後藤又兵衛は、二八〇〇の兵を率いて平野を進発した。

後藤隊は、道明寺に着いて後続の部隊を待ったが、濃霧のためか、一向に姿が見えない。それどころか、斥候を出したところ、すでに徳川の大軍が東方二㎞の要衝・国分《こくぶ》（大阪府柏原市《かしわらし》）に集結していた。

徳川の先手《さきて》は、水野勝成（家康の従弟）、二番隊は本多忠政、三番隊は松平忠明《ただあきら》、四番は、伊達政宗、五番は松平忠輝の総勢三万四〇〇〇余りという大軍であった。

後藤は前方の小松山を占拠して、単独で徳川勢に立ち向かった。

午前四時に戦いがはじまり、彼我入り乱れての激戦がくりひろげられた。

九時ごろに、伊達政宗隊が戦いに加わるにおよび、後藤隊は次第に追い詰められ、十一時ごろ、後藤又兵衛は胸に被弾したため自刃した。

この頃になって、豊臣方の薄田兼相、北川宣勝など一三〇〇の兵が順次来援し、石川の西岸に布陣して、後藤の残兵とともに徳川勢を迎え撃った。薄田兼相などの奮戦によって、徳川勢を何度も押し返した。

しかし、兵数の差はいかんともしがたく、敗色濃くなり、兼相が討ち死にした。

そこに、明石掃部と小倉行春のキリシタン部隊が戦場に駆けつけた。

明石隊の兵数は二〇〇〇余り、小倉隊は三〇〇ほどで、ただちに戦闘に加わり、徳川勢をかろうじて撃退することができた。

この時、水野勝成の与力・神保《じんぼう》長三郎相茂《ともしげ》（七〇〇〇石）主従三二五人は、明石隊に追い崩され、伊達政宗の陣近くまで退いたところ、伊達勢に味方討ちされ、全滅の憂き目にあったという。

また、この戦いで、掃部が銃創を負ったといわれている。〈「一六一五、一六年度日本年報」、『報告

集Ⅱ―2』所収〉

しかし、それが事実だったとしても、その翌日の戦いでの健在ぶりからすれば、それはほんのかすり傷程度だったはずである。

正午近くなって、真田幸村、毛利勝永などの諸将が戦場に現れた。

真田隊は、誉田《こんだ》の応神天皇陵の南で伊達軍と激突し、伊達隊を数百m後退させた。真田隊はそれ以上深追いせず、誉田の西に退いた。

この後、徳川、豊臣の両軍は互いに対峙したまま、戦線は膠着状態となった。

午後二時半ごろ、大野治長から伝令が到着し、若江、八尾方面での敗戦と退却命令が伝えられた。

その北河内の戦闘で、木村重成隊が壊滅して、後詰の長宗我部隊も敗走したため、道明寺に進出している豊臣諸隊が退路を断たれる恐れがでて、早急な撤収が求められたのである。

早速、撤退のための軍議がもたれた。

まず、全軍を二つに分けて、殿軍《しんがり》はくじ引きで決めようということになった。

しかし、真田幸村は、殿軍は自分が引き受けると強弁して譲らない。たちまち協議は紛糾して、他の諸将も、真田殿が残るなら我々もここに残って討ち死にするまで、という事態になった。

ここで、掃部が間に入って、

真田殿、所望《しょもう》なれば跡《あと》に留《とど》り、慕《した》ふ敵あらば喰止《くいと》め給へ。

前を遮る敵をば、各《おのおの》我等蹴散《けち》らして通るべし。

〈「難波戦記」〉

と、発言して、衆議をまとめた。

結局、真田幸村が殿軍として残り、明石掃部が先頭、他の諸将がそれにつづいて撤退することになった。

諸隊が五〇〇ｍほど行ったところで、真田隊へ使者を送り、撤収を促した。幸村は、敵があまりにも近くにいるので、もし敵が追撃してくると味方は苦戦するだろうから、もう少し離れたら撤収する、と答えた。

諸将はこれを聞いて怒りだし、幸村はとかく自分の武勇を自慢して他人をないがしろにするところがありとても我慢できない。こうなれば、取り決めを無視して、各人の好き勝手に戦おうではないか、と不満をあらわにした。

明石掃部は皆をなだめて、

真田左衛門佐《さえもんのすけ》幸村が申す処は、過分《かぶん》なる様《よう》（言い過ぎのよう）には聞ゆれども、武士《もののふ》の一理、勇気を好む人はかうこそ有《あ》るべき本意にて候へ。少しも悪《あ》しかるべからず。
所詮《しょせん》は、御所《ごしょ》秀頼公の御為《おんため》なれば、早く引取るべし。

〈「難波戦記」〉

と、幸村を擁護して、皆に早く引きあげようと促した。

諸将は渋々と、掃部のあとに従って撤退していった。

その後、掃部は、家臣の妹尾《せのお》平三郎を幸村のもとに送って撤収を勧めたので、幸村は部隊を二つに分けて粛々と退却を終えた。

一夜明けて五月七日、大坂方諸将は、各々《おのおの》の持ち口において、最後の決戦の時を迎えようとしていた。

天王寺表の戦い

徳川勢は、城方の三倍近い軍勢をもって、完全に包囲を完了していた。

逃れえない滅亡の淵にあっても、豊臣諸将の士気は失われなかった。天王寺付近が主戦場になると考えた大坂方は、この方面に主力を投入した。

真田幸村は、天王寺の茶臼山に陣し、渡辺糺、伊木遠雄などの諸隊をその前面に配した。その東の四天王寺南門跡には、毛利勝永が布陣し、その前方には浅井《あざい》長房、木村宗明などの兵を置いた。

さらに、四天王寺の東、毘沙門池の南には、大野治長が陣取り、池の北側には、秀頼旗本の七手組諸隊が遊軍として展開した。

また、大野治房の部隊は、真田丸跡付近に陣を築き、北川宣勝、御宿《みしゅく》政友などがその前面を固めた。

一方、城西に目を転じると、明石掃部のキリシタン部隊が単独で、船場《せんば》一帯を持ち場として陣取った。これは、神崎川西岸の尼崎（兵庫県尼崎市）に陣を敷く池田利隆《としたか》に備えてのものだった。

「大坂夏の陣屏風図」（大阪城天守閣蔵）には、花クルス紋の幟《のぼり》を掲げた明石隊とみられる将兵が、船場付近を移動する様子が描かれている。

実際には、十字架紋の旗だけでなく、イエス・キリストや聖人が描かれた旗幟《きし》など、さらには、黒地に白餅三つの幟がひるがえり、掃部のそばには、黒地に白丸の扇の馬印が掲げられていたのである。

七日早朝、大野治長は茶臼山の陣営を訪れ、真田幸村と軍議をもった。この時、幸村の発案で、ある奇襲策が決まった。

その策とは、明石掃部の精鋭部隊を、密かに堺道《さかいみち》（海岸沿いの道）を経て南西へ大きく迂回させ、頃合いをみて、自軍から戦いを仕掛けて天王寺付近に敵を引き付け、決戦におよぶ間、明石隊が家康本陣を衝いて家康の首を取れば、十分勝機がある、というものだった。

使者の報告を受けた明石掃部は、この策を快諾すると、ただちに、三〇〇人余りの精兵部隊を編成した。〈「徳川実紀」〉

時間の余裕も無いし、また、重大な作戦の性格上、この精兵部隊は、寄せ集めのキリシタン部隊から新たに選抜したのではなく、掃部の直衛《ちょくえい》部隊を中核として編成された、と考えられる。

つまり、その将兵は、明石家譜代の家臣と宇喜多の遺臣でほとんど占められていた、と推測される。『大阪城の七将星』では、そこに、キリシタン武将の小倉行春の兵も加わったとするが、それはなかったと考えられる。

それにしても、この部隊の三〇〇余人という兵員数は、敵に有効な打撃を与えるには少なすぎる、という見方もある。

この点について、少し考えてみる。

イギリスの人類学者・ロビン・ダンバー（＊）による、種々の共同体に関する研究がある。

その研究によると、人間がある目的のために一丸となって活動できるユニットの最良規模は、一〇〇人から二三〇人の範囲内であり、平均は一五〇人であった。

（＊一九四七年生まれ。オックスフォード大学認知・進化人類学研究所所長）

なかでも、究極の運命共同体とされる軍隊において、最も結束力の強い戦闘単位は中隊である。その中隊の規模は、古今東西を問わず、前記の範囲内にある。

例えば、紀元前四世紀以降の古代ローマのマニプルス（歩兵中隊）は一二〇〜一三〇人といわれ、また、旧日本陸軍では、中隊という単位を軍の根幹をなす戦闘単位として育成したが、歩兵中隊は一五〇〜一九〇人で構成されていた。

「難波戦記」では、「（掃部が）三百余騎を前後に立て、大勢の中へ駈け入る」とあり、三〇〇余りの精兵を前軍と後軍の二隊に分けて敵中に突入した、と記している。

まさに、掃部の精鋭部隊は二個中隊に相当し、兵数的には小粒ながらも、機動力と打撃力の双方を備えたものであった。

敵の目を欺《あざむ》いて懐《ふところ》深く潜入するためには少人数にしたことはないが、打撃力からいえば、三〇〇人余りが必要最低限な兵数であったといえよう。

朝十時ごろ、掃部の率いる精兵部隊は、旗を巻いたまま、船場を静かに出陣した。

しかし、この奇襲作戦はすぐに頓挫することになった。

掃部が出陣して城外に出た所で、天王寺方面から激しい銃声がわき起こってきた。

掃部は進撃を止め、戦況を見極めることにした。この時すでに、天王寺口において、全面的な戦いが始まろうとしていたのである。

前日の合戦での失態を家康から強く叱責された本多忠朝《ただとも》は、血気にはやって、毛利勝永の陣に向けて一斉に鉄砲を撃ちかけた。毛利の前衛・竹田永翁《えいおう》隊がこれに応戦して銃撃戦が始まった。

真田幸村は、かねての作戦が無になることに驚き、毛利勝永に、即刻、射撃の中止を申し入れた。勝永も中止を命令したが、末端までの制御ができず、銃撃戦は激しくなるばかりであった。

本多勢は、戦機が熟したとみて突撃を敢行し、ここに、全面的な戦闘がはじまった。

毛利勢の反撃を受け、本多隊は忠朝が討ち死にして壊乱状態におちいった。さらに、徳川方の小笠原秀政隊が大野治長の陣を攻撃したが、毛利隊の側面攻撃にあい、小笠原隊も壊滅的打撃を蒙った。

毛利隊（四〇〇〇）は、さらに、小大名の寄り合い所帯の徳川第二陣を、将棋倒しのように追い崩し、家康本陣に迫る勢いであった。

また、東の岡山口においては、大野治房が徳川秀忠の本営へ突進した。秀忠本陣の井伊隊と藤堂隊が天王寺口へ転進した隙をついての行動であった。

真田幸村（三五〇〇）は、茶臼山から戦況を眺めていたが、好機到来とばかりに、眼前の松平忠直の越前勢（一万三〇〇〇）に向かって兵を押し出し、たちまちにして彼我入り乱れての激戦になった。

真田隊は、越前勢の迎撃を弾き返し、毛利隊と相前後して、家康本陣に突入した。

家康本陣はもろくも崩れ、家康は、一時、腹を切る覚悟をしたと伝えられるほどであった。

しかし、越前勢が盛り返すとともに、井伊隊や藤堂隊が救援に駆けつけたことにより、家康の旗本衆も態勢を立て直した。

結局は、兵数の差がものをいうのか、大坂方の戦闘力は、三時間の戦いで限界点に達し、一気に崩壊へと向かった。越前勢が茶臼山を占拠するにおよび、大坂方諸隊は敗走に移る。

真田幸村は、奮闘の末、首を討たれた。毛利勝永は、茶臼山の陥落を見て撤退を始め、遊軍の七手組とともに、黒門口（南惣構の東端の城門）に向かって敗走した。

岡山口の大野治房も同じく、敗残の兵を収容しつつ、黒門口へ向かって退却していった。

生玉坂《いくたまざか》の戦い

もはや、戦いの帰趨は決した。

水野勝成を主将として、松平忠明、本多忠政の諸隊、合わせて、一万二六〇〇の軍兵は、敗残兵を追って南惣構近くにさしかかった。

その時、行く手に立ちはだかったのは、明石掃部であった。

水野勝成の覚書《おぼえがき》などをもとに、その戦況の推移を追ってみる。


黒門通り八丁目の街路を越えて、天満川（猫間川の誤りか）の川岸まで敗兵を追って来た。その時、黒門筋の道は大勢の味方の兵で混乱していた。

拙者（水野勝成）は、船場から城に通じる道を知っていたので、まず、四天王寺の石鳥居を左（西）へ通り越し、船場の道（現在の松屋町《まっちゃまち》筋）から城に乗り込もうと考え、その道筋へやって来た。

その時、船場から明石掃部の部隊が押し上げてきた。そこは、前年、藤堂高虎が仕寄《しよせ》（攻城陣地）を構えた所であった。

〔原文〕

黒門通八丁目の町追越、天満の川端迄追打に仕候。其時、黒門筋の道大人数にて候まま、天王寺の石の鳥居（＊）を越し、せんはより大坂江はいり申道、存候間、左へ乗あけ、拙者ハせんはの道より城江乗込可申と存、其道筋江罷越候。

其節、せんはより明石掃部押上、前年、藤堂和泉仕寄仕候所（＊）にて御座候。

〈「水野日向守覚書」〉

（＊四天王寺は明石掃部によって焼き払われたが、唯一焼け残った石の鳥居は、現存する最古の鳥居として重要文化財に指定されている）

（＊前年の冬の陣で、藤堂高虎が仕寄《しよせ》を構えた場所とは、生国魂《いくくにたま》神社跡周辺と考えられる）

水野勝成は、四天王寺の石の鳥居を道標として、せんば道（松屋町筋）に回り込み、城へ迫ろうとした。
一方、掃部は、家康の首を狙う奇襲作戦のため、南惣構の西端の城戸《きど》を出て堺道に向かおうとしたが、天王寺方面で戦いがはじまったことに気づき、もはやこの作戦の続行は無理だと判断した。掃部は、一段の高所である生国魂神社（生玉《いくたま》神社、大阪市天王寺区生玉町）の焼け跡に陣取り、ここから戦況を見守り、自身の最後にして最善の働き時を待つことにしたのである。（本文91頁の地図参照のこと）
大阪市のデジタル標高地形図によると、この神社の敷地（標高二一ｍ）は、上町《うえまち》台地の西端に位置し、その西側のせんば道（松屋町筋、標高一三ｍ）とは八ｍの高低差がある。（２２６頁の写真参照）

明石隊は、地の利にすぐれたこの地に陣を敷き、豊臣諸隊の敗軍にも動ずることなく、良き敵の来攻を待ちうけたのである。

時に、五月七日午《うま》の下刻《げこく》（午後一時ごろ）、水野勝成の大軍が船場道を北上してくるのを眼下にした掃部は、「徐《しず》かに歩卒を号令し、圓備《まるそな》へに作って」、下知した。

天王寺の味方敗軍しければ、敵は前後を遮《さえぎ》り、味方とは陣を隔《へだ》てたり。今は遁《のが》れぬところぞ。いざや、先《ま》づ前なる敵を一散に追捲《おいまく》って左右の敵と戦はん、と申しければ、皆、然《しか》るべく候と同《どお》じて、三百余騎を前後に立て、大勢の中へ駈け入る。〈「難波戦記」〉

明石掃部……生魂之坂《いくたまのさか》ニテ、声ヲアケ切懸《きりかかり》候。〈著者不詳「慶長日記」〉

敵（掃部）其道《そのみち》を押あけ申《おしあげもうし》、一花《いっか》（＊）鉄炮打《てっぽうをうち》、其儘《そのまま》、馬を入懸り申《いれかかりもうす》に付て、味方たてられくつれ（追い崩され）、我等手前江《へ》逃懸《にげかかり》申候。〈「水野日向守覚書」〉

（＊一花《か》＝一火《か》＝一夥《か》。一団の兵士の意。普通二十五人をいう）

水野諸隊は、崖上の明石勢を一揉みにしようと、生国魂神社の南と北の二つの坂道（＊）を押し登って来る。対する明石勢三〇〇余人は二手に分かれ、敵を引き寄せると、一団の兵が鉄砲を撃ちかけ、そのまま、騎馬武者を先頭にたてて坂を駆け下り、雄叫《おたけ》びをあげながら大軍の中に突入していった。

（＊神社の北と南の両側に、台地上から西へ降りる坂道がある。この二つの坂道は、明治四十一年測量図に、現状とほとんど変わりなく記載されている。南の坂道〈生玉坂、２２６頁の写真〉は、台地の法面《のりめん》を斜めに下《くだ》り、中腹からは西に向かった坂道（今は階段）となる。北側の坂道〈右京道《うきょうみち》。大坂築城前、四天王寺参詣の熊野街道の一部〉は、神社の北門の前を北西に下る道。掃部はこの二つの坂を利用して水野先鋒隊を挟撃した、と考えられる）

明石隊の決死の勢いの前に、松平忠明隊（三八〇〇）と本多忠政隊（五〇〇〇）は、なす術もなく追い崩された。明石の二隊は、水野軍先鋒を挟撃し、乱戦の中で三度合流し、三度分かれたという。水野先鋒隊の一部は水野本隊（三八〇〇）へ逃げ込む有様で、水野勝成は、馬から下りて采配を振るい、「卑怯者ども、どこへ逃げるか、返せ、返せ」、と叫んで、士卒を励まし盛り返そうとするが効果はない。

水野本隊も崩れかかり、危うい場面もあった。

この時、勝成の近くで、家老の広田図書《ずしょ》と尾関左次右衛門《おぜきさじえもん》が明石の武士と戦っていた。広田図書は、勝成の二五ｍ先で、明石隊の簗瀬《やなせ》又右衛門と渡り合っていた。広田は鉄砲の引き金《がね》を引いたのだが、うろたえていて、火蓋《ひぶた》（安全装置）を切っていなかったので発砲できない。鉄砲を投げ捨て槍を構えたが突き倒され、まさに、首を掻《か》かれようとしていた。勝成自ら、助太刀に入り、簗瀬を背後から槍で突き伏せて、家士にその首を取らせたという。〈「常山紀談」〉

また、勝成主従は、二人の明石侍が突きかかってくるのを、槍を振るって追い払った。

さらに、金の梨子打《なしじうち》の兜《かぶと》に鳥毛の引き廻し（兜の錣《しころ》の上に鳥の羽を紐に付けて覆ったもの）を付けた武士が、勝成の右方向から（＊）槍で突いてくるのを、逆に突き倒して従者に首を取らせた。三河

刈谷《かりや》（愛知県刈谷市）藩主の勝成が自ら槍を振るって戦わねばならない程の激戦であった。〈「水野日向守覚書」〉

（＊「右方から」とことさら記すには訳がある。日本人のほとんどは右利きなので、槍の構えは、左手足を前にして半身に構えるのが普通であり、この場合、右横からの攻撃に対しては大きく体《たい》をさばく必要があり、対応が何分《ぶん》の一秒か遅れる。それ故、通常、自分の右横に、刀を持った従者を配して弱点をカバーする。

「右方から」と書いたのは、危ない場面を乗り切って敵を倒したことを、強調しているのである。

また、「槍脇《やりわき》の功名」という語があるが、これは、右横の従者が主人を守って敵を討ち取った時に使う言葉である）

この戦いの中、家康の御書院番を務める旗本の松平助十郎正勝（一二〇〇石）は、松平忠明隊の与力として参陣していたが、乱戦の中で討ち死にを遂げている。〈「寛政重修諸家譜」所収の松平正勝家譜。現在、一心寺境内に正勝を追福する石碑が存在する。225頁の写真〉

また、この水野の軍中に、備中の郷士・中島宇右衛門が、五一人の家士を連れて、陣場借りをして戦いに加わっていた。

宇右衛門は、「城兵明石掃部、六千計相随《ろくせんばかりあいしたがえ》」と、明石隊の兵員数を二〇倍も過大に見誤っている。それだけ、明石隊が猛威をふるったということであろう。

しかし、この中島隊だけでも、明石の兵十二人を討ち取っている。〈「備中兵乱記」〉

これをもっても、明石隊の損害の大きさが推測される。

明石隊は一万を超える大軍相手に縦横に奮戦したのであるが、当然、その損害も大きかった。

主だった者だけでも、掃部の三男・ヨゼフや一族の明石久蔵、明石八兵衛、さらに、簗瀬又右衛門、粟井助六、助九郎兄弟などが討ち死にした。

掃部は、たまらず、退却を命じた。

明石隊は、最後まで統制を欠くことなく敵中を突破して、追尾する敵を振り払いつつ、大坂城本丸の桜門から帰城した。

松平正勝追福碑（一心寺境内）

生国魂神社の西の崖
　崖下の浄国寺境内から神社の裏の石垣を見上げる。
　石垣の途切れた右（南）側が生玉坂である。
　明石掃部の部隊はこの台地上に陣取ったのである。

生玉坂の上部（見下ろした写真）

生玉坂の下部（見上げた写真）

第九章　戦いのあと

一、掃部の行方

大坂城の命運はまさに尽きようとしていた。

午後四時ごろには、三の丸の木柵の外に徳川勢が迫り、家屋は内応者によって放火され、いたるところで火の手が上がっていた。

三の丸にあった掃部の屋敷も炎に包まれた。

ここには、掃部の母・モニカと長女・カタリイナ（岡平内の妻）をはじめとする数人の女性たちや、イエズス会司祭のバルタザール・トーレスとヨハネ・バプチスタ・ポルロ、さらに、同宿《どうしゅく》（日本人修道者）のミゲルなどが住んでいた。

皆が屋敷を脱出する寸前、モニカとカタリイナは、掃部の家来たちに輿《こし》に乗せられ本丸内に避難していった。〈『続日本殉教録』〉

もはや、城内では組織的抵抗は見られず、午後五時ごろに、二の丸が陥落した。

この時、大野治長は、秀頼の正室の千姫（徳川秀忠の娘）に、家老の米村権右衛門を付けて城外へ脱出させ、淀殿と秀頼の助命を嘆願させようとした。

一行は、本丸を出たところで、偶然、坂崎出羽守（宇喜多左京亮）の一隊に出会い、坂崎の案内で無事に秀忠本陣に届けられた。

大坂落城に際して、敗残兵と避難民の群れは、略奪と殺戮《さつりく》をのがれようと、攻城軍のいない北西方向へ雪崩をうって逃げていった。夕刻までには、城内のすべてが徳川勢の占拠するところとなった。

淀殿と秀頼は、大野治長、毛利勝永、速水守久などとともに、山里曲輪《やまざとくるわ》の糒蔵《ほしいいぐら》に避難していた。

明けて五月八日正午ごろ、井伊直孝の兵が糒蔵に向けて鉄砲を放った。

助命嘆願が拒絶されたと観念した秀頼と淀殿は自害し、付き添う者たち三〇人ほどもこれに殉じた。

ここに豊臣家は滅びたのである。


大坂陣ののち、豊臣方将兵に対する残党狩りが執拗に行われた。

大野治胤《はるたね》、長宗我部盛親など、数多くの者が捕えられ処刑された。

全国的にも、大坂の残党を匿わぬようにという命令が布告された。

備中の郷士・中島元行の所にさえも、大坂方の浪人たちを領内におかないよう郷民に申し渡すべしとのお触《ふれ》があった。〈『中国兵乱記』〉

掃部討死説

キリシタンは、デウス（神）によって創造された命を自分の手で断つのは大罪である、と固く信じていて、自害を禁じられている。

信仰の厚い掃部が自刃することはありえない。

大坂落城後の掃部に関しては、討ち死にしたという説や、生き延びて国内のどこかに隠れ住んだという説、さらには、海外に逃れたという説もある。

最初に、五月六日、あるいは、七日の戦場で討ち死にしたという説を取り上げてみる。

①伊達政宗の家臣・石母田《いしもだ》大膳宗頼が掃部を討ち取り、その功などにより、五〇〇〇石を拝領した。
〈『みちのくキリシタン物語』〉

②伊達の家臣・牧野大蔵が掃部に組み敷かれ危ういところを、中野兵庫助胤繁《たねしげ》が加勢して討ち取った。
〈「伊達藩千葉氏系図」〉

③水野勝成の家臣・汀《なぎさ》三右衛門が、掃部を討ち取った。〈「徳川実紀」〉

明石隊と伊達政宗隊との交戦の可能性があるのは、六日の道明寺合戦だけである。少なくとも七日の昼頃まで、掃部の生存は確認されるので、この①、②の掃部の討ち死に説は、論ずるまでもなく虚説である。

次に、③の説についてであるが、これは明らかに、生玉坂の戦いでの討ち死にを言っている。

この生玉坂の戦いで、明石隊が満身創痍の状態でも全滅せずに帰城できたのは、指揮官の掃部が健在だった証《あかし》である。

加えて、掃部屋敷に住んでいた二人の司祭は生き延びていろんな話を伝えているが、屋敷には掃部の母と娘がいたため家臣の出入りもあり、もし掃部が討ち死したなら、その情報は彼らの耳に確実に入ったはずである。しかし、その後、この二人の司祭は掃部の死を語っていない。

したがって、水野勢との戦いでの掃部の死は考えられないのである。
ただ、汀《なぎさ》三右衛門が討ち取ったのは、明石久蔵か明石八兵衛であったかもしれない。

掃部生存説

『東作誌』(文化二年、一八〇五年成立)に、東粟倉庄《ひがしあわくら》後山《うしろやま》村(岡山県美作市)の里長である明石四郎兵衛の家伝が次のように載せられている。

④明石掃部は、大坂からこの村に落ち延びて、貯えた金銭で多くの田畠(一五〇石ほど)を買い取って帰農した。しかし、裕福な暮らしぶりと横柄《おうへい》な態度を村人に憎まれ、喧嘩にかこつけて殺害された。

彼には四人の息子があり、次男、三男は播州に移住して商人になった。長男は下町《しもまち》村に移って農民になり、四男は後山に残って四郎兵衛と称した。

④の説の内容からみて、この明石家は掃部の末裔とはいえず、代々の通称からして、掃部の与力であった明石四郎兵衛の子孫と考えられる。

⑤松田毅一氏は、高知県香美市香北町白石府内の明石家が掃部の末裔と指摘している。
掃部は、大坂陣の前に古沢四郎兵衛の娘を嫁にして、落城後、嫁の里・土佐に落ち延びて、そこで余生を送った。〈『キリシタン研究・四国編』〉

⑥掃部が大坂から逃げ帰り、本領の邑久《おく》郡虫明《むしあげ》村(岡山県瀬戸内市邑久町)に身を潜めた。ここに

墓があり、隣の鶴見村には末裔が残っていて、岡山藩家老伊木家の臣・横山某も子孫の一人である。〈「吉備温故秘録」〉

⑤、⑥の両説は、ともに、掃部が新たな妻を迎えて子孫が続いているとしている。これはとても首肯しがたいことである。

掃部は、慶長六年（一六〇一）五月、長崎の「岬の聖母教会」で、セルケイラ司教の立ち合いのもと、「永久の貞潔の誓い」をたてていて、若くして亡くなった妻以外に妻帯することは到底考えられない。

また、前説に類似するものとして、次の三例がある。

⑦日本商工会議所初代会頭で貴族院議員となった藤田謙一は、明石掃部の末裔である弘前藩士・明石榮吉の次男として生まれた。

⑧元国連事務次長の明石康《やすし》氏（秋田県大館市比内町出身）は明石掃部の後裔である。

⑦、⑧の説も、ともに虚説である。

関ヶ原合戦後、多くの宇喜多遺臣が東北の諸藩に召し抱えられている。

津軽弘前藩《ひろさき》（青森県弘前市）では、大光寺の乱（お家騒動）や慶長十四年（一六〇九）の大水害によって多数の家臣を失ったため、藩主・津軽信枚《のぶひら》は、船橋半左衛門長真《ながざね》、久保田数馬《かずま》、渡辺作左衛門、人見九右衛門などの多くの宇喜多浪人を召し抱えて、三の曲輪に住まわせ、備前町と呼ばせるようになった。〈『東北のキリシタン殉教地をゆく』〉

この新参の備前侍の中の明石庶流の者が藤田謙一の先祖だったのだろう。

また、秋田藩でも、宇垣伊賀守が弓の達人として佐竹義宣に招かれ、鉄砲衆五〇人を預かる物頭に任ぜられたように、宇喜多遺臣の仕官も多く、明石姓の者も佐竹家に仕官したと思われ、その子孫に明石康が輩出したということである。

そして、徳川の世も十八世紀後半を過ぎると、これら明石姓の者の中から、明石掃部の末裔と公言する者が、少なからず出てくるのである。（このことについては、後述する）

⑨和気郡吉永《よしなが》町小板屋《こいたや》（備前市吉永町）に、掃部の屋敷跡と墓が存在する。〈「吉備温故秘録」〉

現在、この地には、掃部の後裔という川西家があり、同家が近年建てた石碑がある。碑文には、宇喜多没落ののち、掃部はこの地に潜居し、また、長男の守景もここに帰り住み、寛永七年（一六三〇）、キリスト教を棄教し、姓を川西に改めて今日に継嗣する、とある。

この地周辺は、古くは、備前明石氏揺籃の地、新田荘《にゅうたのしょう》の領域である。このような、明石氏ゆかりの土地に対して、岡山池田藩は特段に監視の目を光らせていたから、掃部やその一党が潜伏するのは不可能であり、掃部の墓を建てるとは論外である。

実際、この地の明石氏は、公儀《こうぎ》の目を気にして、逼塞《ひっそく》した境遇にあった。

明石久蔵が大坂陣で討ち死にして、あとには妹が一人残された。その養祖父の明石景行は、孫娘に婿養子をとって明石家を存続させることをはばかり、武元《たけもと》家に嫁《とつ》がさざるをえなかった。（明治になる

と、明石姓を名乗り、復活させた）

また、他の明石氏傍系も、赤石《あかし》や赤井《あかい》などに姓を変えて、徳川の時代をやり過ごそうとした。

海外脱出説

さて、話を掃部の行方に戻そう。

では、大坂城を逃れたのち、掃部が南蛮など海外に渡った、という説はどうであろうか？

⑩「耶蘇《やそ》天誅記」に、「明石掃部、五月七日、京橋口ヨリ船ニ乗リテ遁《のが》レ出、兵庫ニ至リ、其所《そこ》ヨリ長崎表ヘ漕ギ渡リ、兼《かね》テヨリ耶蘇宗タルニ依《よっ》テ、南蛮国ヘ渡リシトナリ」とある。

また、「難波戦記」も同様に、「掃部助、……長崎より出船し南蛮へ行きしとかや」と記している。

この南蛮脱出説は明らかに空想の産物である。

当時の日本人の認識する南蛮とは、ポルトガル、スペイン、あるいは、マカオやマニラなどの植民地化された東南アジアの一部を漠然と指す言葉である。

掃部が南蛮に渡ったなら、当然、イエズス会の宣教圏内なので、イエズス会がいち早く把握するはずであり、イエズス会文書に掃部の消息が載らないということは、掃部の海外逃亡が無かったことを意味するのである。

南蛮渡来のキリシタンという連想から、なんの根拠もなくて、南蛮に逃れたと記しているのである。

⑪明石掃部の家臣の澤原《そうのはら》孫右衛門が捕らえられ、拷問の末、「掃部は朝鮮国に渡った」と白状した。
〈「常山紀談」、および、「備前軍記」〉

孫右衛門は激しい拷問にかけられたが、掃部の行方を白状しなかった。ついには釈放されたが、孫右衛門は、赦免のお返しにと、「掃部は西国に落ち延び、そこから船に乗って朝鮮国に渡ると申しておりました。どうぞ、朝鮮にお尋ねください」と言った、という。

結局、これは、真からの自白ではなく、掃部探索を攪乱させるための虚言であった。

逃避行途中の死

これまでの十一の説はいずれも信じられないものであったが、最後に考えられるのは、大坂落城の際、逃避行の途中で、掃部が命を落としたというものである。
⑪大坂城の北東の野江（城東区）で、京極忠高の家臣・三男茂左衛門が掃部を討ち取った。
〈『関ヶ原町史・通史編上巻』〉

この説であるが、野江は、敗残兵や避難民がたどる京街道沿いにあり、掃部が逃避中にここで殺された可能性はある。ただ、その詳細が不明で、確認できない。
⑫石川忠総《ただふさ》の家臣・権田《ごんだ》五太夫が京橋付近で掃部らしき者を斬り捨てた。
〈「石川忠総家臣大坂陣覚書」〉

石川忠総の部隊が、敗残兵の群れを京橋のそばまで追い討ちにして、首を二七三討ち取ったが、この他、切り捨てにした者はそれより多かったという。

その時、石川の臣・権田五太夫が、切り捨てにして手に入れた刀が粟田口吉光銘の名刀だったので、家康に献上された。すると、家康は、「殊之外《ことのほか》、御機嫌ニて」、この刀は秀頼から明石掃部に下賜されたものにちがいない、ということで、権田が二条城に呼び出され、当時の状況を尋ねられた。しかし、権田の周辺の誰も掃部の顔を見知った者がなかったので、殺された者が掃部かどうか、結論が出なかった。

それから六、七年もたったある日、徳川秀忠が、掃部のことを話題にして、石川忠総に次のように語った。

吉光銘の刀は、明石掃部が賜ったものだから、貴殿の家臣が討ち取った者は掃部に決まっているよ。

その後も、掃部の消息がわからないということは、あの時に死んだに違いない。

〈「石川忠総家臣大坂陣覚書」より〉

大坂落城の時、何万という人が殺害された。

武士だけでも一万四五三四人が討ち取られた、といわれている。〈「徳川実紀」〉

城内の敗残兵や町人は、攻城軍に追われて、京橋口や天満橋口に殺到し、橋はすでに焼き払われていたので、大川（旧淀川、当時の水深は大人の胸ぐらい）に飛び込んで対岸に渡るしかなかった。

しかし、西方からは、池田利隆の兵が襲いかかってくる。

この池田勢だけでも、落人の首、六二一を取ったという。〈「寛政重修諸家譜」巻二六三〉この中を生き延びたイエズス会司祭のトーレスは、その酸鼻のほどを伝えている。

私たちは、折り重なって倒れている死体を踏みわけながら、先へ進みました。それらの死体はすでに絶命していましたが、一部はいまだにうめき声をあげながら、断末魔のすすり泣きをしており、みるも痛ましい光景でした。……

こうして、死者や瀕死の人々、様々に切り刻まれた人々の上を歩きながら、私はこの途方もない大虐殺による（数多くの）死者に驚き、ほとんどうわの空のような気持ちでおりました。

〈「一六一五、一六年度日本年報」、『報告集Ⅱ―2』所収〉

単身でも逃げ延びるのは大変なのに、掃部は年老いた母親と娘を連れていたと思われるのである。その上、この母は、掃部屋敷を脱出する際に、輿《こし》に乗せられていたといわれ、歩行に支障があったかもしれないのである。

家臣の助けを借りたとしても、逃げ切るのは至難のことであった。

掃部が、京極忠高、あるいは、石川忠総の家臣の手にかかったかどうかは別にしても、残念ながら、掃部が避難の途中で命を落としたのは確かであろう。

イエズス会も、掃部の生存について、あきらめに近い報告書を書いている。

もし、彼（掃部）が、大坂の敗戦後も生き延びているという噂が本当であるなら、彼は今なお、自らの目的を果たそうとして、努力を傾けていることであろう。

〈「一六一五、一六年日本年報」、『報告集Ⅱ―2』所収〉

二、明石掃部探索令

家臣たちの消息

大坂落城後、澤原《そうのはら》孫右衛門が捕らえられて尋問されたことはすでに述べたが、彼は、そののち、故郷に戻って帰農したとも、細川家に仕官したともいわれている。

では、他の生き延びた掃部の家臣たちは、どうなったのだろうか？

数人の者の足跡を追ってみる。

○和気五郎兵衛

明石家譜代の臣。キリシタンであったが、大坂陣後、中野五郎兵衛と姓を変え、岡山城下でひっそりと浪人暮らしを送った。のち、息子の五兵衛が池田家に召し抱えられた。

〈「中野五兵衛奉公書」〉

○山本勘右衛門

落城後、堺に居住。数年ののち、帰郷して美作馬伏《まぶせ》村（勝田郡勝央町）に帰農した。

〈『備作人名大辞典』〉

○芦田作内、同源兵衛、安藤三郎兵衛

津山藩主・森忠政は、彼らの老父二人を見せしめのため牢につないだ。安藤は自首し、のち、森

家に仕えた。芦田兄弟は郷里に二度と姿を現さなかった。生死は不明である。〈『森家先代実録』〉

○石原孫右衛門

落城後、讃岐に逃れ、高松（香川県高松市）城下に居を構え、商人として暮らしていたが、キリシタンであることが露見し、捕らえられて殉教した。

〈「カミッロ・コンスタンツォの一六一八年度日本年報」、『報告集Ⅱ―2』所収〉

さらに、筑前に残してきた掃部の旧臣たちの消息をみてみる。

○明石次郎兵衛（もと少右衛門）

掃部が黒田家を退去してのち、家中のキリシタン弾圧が強まり、キリシタン武士の棄教が相次いだ。

掃部の旧臣たちもほとんどが棄教したが、ただ一人、明石次郎兵衛だけが棄教を拒否しつづけた。元和三年（一六一七）ついに、斬首され殉教した。

〈「カミッロ・コンスタンツォの一六一八年度日本年報」、『報告集Ⅱ―2』所収〉

○池太郎右衛門

大坂夏の陣の直前、黒田長政は、池太郎右衛門に対して、「汝《なんじ》は明石掃部と旧好があるので、城中に入り、後藤又兵衛を討て。もし討つことができれば、一千石を与える。もし不幸にして戦死すれば、一子甚太郎に与える」と命じた。

池は喜んで大坂に向かい、「道斎（掃部）に合《がっ》せんとして志《こころざし》を得ず、帰って小田村に死した」、と伝えられている。〈中島利一郎、および、『後藤又兵衛』〉

つまり、長政から後藤又兵衛の暗殺を命ぜられたのだが、池太郎右衛門は、その気は全く無く、この機会に城中に入って、旧主の掃部に再び奉公しようと考えたのである。だが、大坂城が早く落城してしまい、失意のまま筑前に帰ったということである。

家族の運命

大坂籠城の七将の中でただ一人、明石掃部の死亡を確認できないことに苛立つ家康は、憎悪をあらわにして、その探索を命じた。

「戸川記」には次のようにある。

明石掃部は大坂にても大将分の上、耶蘇《やそ》宗（キリスト教）を専《もっぱ》ら勧《すすむ》る故、（家康は）殊に御憎《にくし》み深く、肥後守（戸川達安）に仰付《あおせつけ》られ、普《あまね》く草を分けて捜求《さがしもとむ》れ共、遂に死生《しせい》を不知《しらず》。

幕府は、家康の死後も、掃部とその家族を執拗に追いつづけた。

その結果、掃部の五人の子供たちは、それぞれが厳しい運命に見舞われるのである。

●末子 ヨゼフ

末子は洗礼名のヨゼフしか伝わっていない。

彼は五月七日の水野勢との激戦で討ち死にしたという。〈『続日本殉教録』〉

彼の母親の妊娠のことはイエズス会報告書に載せられていて、彼の生年は、一六〇〇年、あるいは、その前年と類推される。このことから、ヨゼフは、十六、七歳で戦死したことになる。

●長女 カタリイナ、および、岡平内

カタリイナは、たぶん、祖母のモニカ、父の掃部と一緒に逃避する中で、ともに命を落としたと考えられる。

明石掃部
- 長男 小三郎
- 長女 カタリイナ（岡平内室）
- 次男 パウロ内記
- 次女 レジイナ
- 三男 ヨゼフ

彼女の夫の岡平内は、大坂脱出時にはカタリイナと行動を共にせず、一人で落ち延びたようである。

彼は、備中の知行地・小田郡甲怒《こうの》村（岡山県笠岡市甲弩《こうの》）に単身逃げこみ、家人の伊賀四郎兵衛（「岡山城主宇喜多中納言秀家侍分限帳」の付記「岡越前守分限」には、近習百五十石、とある）の家の床下に穴を掘り、そこに匿われていた。しかし、駿府にいた父の越前守貞綱が捕らえられたのを伝え聞き、六月末に自首して出た。七月に、越前守と次男・忠兵衛は切腹。平内はキリシタンとして自刃を拒否、斬首された。

岡越前は、息子が掃部と行動をともにしたことで、豊臣に誼《よしみ》を通じたと疑われたのだが、それだけでなく、越前の妻が掃部の妹だったことが家康の心証を悪くしたのであろう。

また、戸川達安《みちやす》の側室が岡越前の妹だったので、家康は越前との内通を疑い、達安を糾問した。疑いは晴れたが、このことにより、戸川は、大坂陣での軍功を認められず、加増されることはなかった。

●次女 レジイナ

彼女は、その洗礼名 Regina（女王の意）の示す通り、「思慮深さと堂々とした心にあふれ、尊敬を払われるに適《ふさ》わしい人柄」であり、父・掃部のお気に入りの娘であった。

彼女は、人質として大坂城中に留め置かれていたが、「親切な人となりのおかげで、秀頼の母堂（淀殿）と心を繋ぎ合わせていた」。淀殿は、この戦いがうまく終結したならば、「彼女を誰か立派な殿と結婚させせようと考えていた」のであった。〈「一六一五、一六年度日本年報」、『報告集Ⅱ－2』所収〉

しかし、落城を迎え、レジイナが城を逃れ出ようとした時、敵兵の一団に捕らえられ、貞操の危機にあう。

「彼女は、勇敢に争い、侮辱を受けるよりも刃に頸《くび》をさしのべた。終《つい》に大声で誰（明石掃部）の娘であるかを表明し、彼らの主君・将軍の前へ連れて行くことを要求した。」〈『続日本殉教録』〉

家康は、彼女が兵たちに示した態度について報告を受けると、彼女の面前で、その若くして気丈な性格を称賛し、「自分の側室の一人でオカモという婦人」に彼女を預け十分な世話をするよう命じた。

オカモとは、家康の九男・義直の生母の「於亀《おかめ》の方」と推定されている。〈『秋月のキリシタン』〉

レジイナが捕らえられたのが慶長二十年（一六一五）五月七日のことで、家康は、翌日午後には、焼け落ちた城内を検分してまわり、その日の内に、京都二条城に入った。

レジイナも京都に連れて行かれ、家康が八月四日に駿府に出立するまでの三ヶ月近くの間、二条城に留めおかれた。

その後、駿河に向かって出発することになった時、内府（家康）はレジイナを呼び、彼女に彼女の父親の身がどうなったか知っているかどうかを尋ねた。

それに対して、彼女は、「父親が戦っている間、私は城の中に留められておりましたので、何一つ聞いておりません」と答えた。

内府は、さらに、兄弟は何人かと尋ねた。「四人でございます」と彼女が答えた。

「五人であったはずだが」と内府が言った。

「はい、（確かに）五人でございました。しかし、そのうちの一人は、デウス様の教えに生命を捧げました（俗世を捨てて聖職者への道に入った）ので、もうこの世の者ではございません。したがって、私共兄弟は四人だとお答え申しあげたのです」と彼女は答えた。

内府は彼女のこの答えがたいそう気に入り、その場に居合わせた将兵たちは、彼女の容貌の気高さと落ち着いて率直に答えるその態度を誉《ほ》め称《たた》えた。

内府はさらに言葉をついだ。「そなたは、明石掃部の娘であるからには、キリシタンに相違あるまい。しかし、そなたはキリシタンのままでいるがよい。そして、そなたの亡父の霊魂をそなたたちの神に託すがよかろう」。こう言って、内府は彼女に着物を二枚と何がしかの（額の）金《きん》子《す》を渡した。　〈「一六一五、一六年度日本年報」、『報告集Ⅱ―2』所収〉

内府は、……彼女に絹の衣類と金銭を与えさせ、太閤様の妻であった政所《まんどころ》（北政所、高台院寧々《ねね》）の許《もと》に彼女を留めておこうとした。

しかし、彼女は貧しいキリシタンの間に生活することを希望し、都（京都？）へ行った。　〈「続日本殉教録」〉

こうして、ついに彼女はどこにでも好きな所へ行ってよいという許しを得て解放された。……もし、彼女が太閤の奥方であった政所といっしょにいることを望んだならば、彼女にとって（世俗的には）良い結果となったであろう。

しかし、彼女は……自由にキリシタンとして生きることを望んだ。

〈「一六一五、一六年度日本年報」、『報告集Ⅱ―２』所収〉

この後、レジイナがどうなったか気になるところであるが、「寛政重修諸家譜《ちょうしゅうしょかふ》」（三好政高家譜）に、彼女に関すると思われる記事がある。

大坂落城の際、千姫は、侍女の海津《かいづ》やその子・浅井《あざい》直政（十五歳）などの付き添いと共に、大野治長の家老・米村権右衛門に護られて、城中を脱出した。

その縁により、海津は、千姫の生母・崇源院（秀忠室、お江《ごう》）に仕えることになり、直政も、のち、家光に召され、御小姓組の番士に列した。この時、崇源院（浅井長政の三女）にはばかり、姓を浅井から三好に改めた。

この直政は、驚くべきことに、「豊臣家の臣・明石掃部助全登が女《むすめ》」を娶《めと》り、二人の子をもうけた、と記されている。

「寛政重修諸家譜」とは、寛政十一年（一七九九）に、幕府が編纂した系図集であり、記録は必ずしも正確ではないとされるが、この浅井直政の系譜は、その父親の代から書かれていて、作為はほぼ無いように思われ、この話も信憑性が高いと思われる。

とすれば、直政の妻になった掃部の娘とは、誰のことであろうか。

掃部の娘は二人いるが、長女カタリイナは岡平内の妻となっていたので、必然的に、次女のレジイナが直政の結婚相手ということになる。

つまり、レジイナは、大坂落城の時に捕らえられ、家康の尋問を受けたのち、許されて放免されたが、その後、浅井（三好）直政に嫁した、と考えられる。

直政は、その母が千姫に侍仕していた関係で、淀殿に近侍するレジイナと会う機会があり、顔見知りであった可能性がある。あるいは、淀殿が彼女の結婚相手として考えていた「誰か立派な殿」は直政だったのかもしれない。

また、彼女は、落城後三ヶ月近く、二条城に留め置かれたが、千姫も同所に滞在していたので、彼女と海津、直政との間に接点があったかもしれない。

寛永元年（一六二四）、レジイナは男子（政盛）を生んだ。

しかし、この子は、「いとけなきより祖母海津に育てられた」という。ということは、レジイナは、この子を生んでほどなく、この家を出たか、あるいは、死亡したかのどちらかである。

死別でなくて離縁されたとなれば、その原因と考えられるのは、信仰の問題であったろう。

直政は、寛永三年に召されて、御小姓組番士として将軍家光に近侍することになった。これを機に、夫は妻にキリスト教の棄教を迫るようになり、ついに、離縁に至ったと想像されるのである。


ところで、近年、レジイナの大坂陣後の行動をうかがえる新史料が紹介されている。

それは、「本多政重他宛《ほかあて》前田利常書状写《うつし》」（金沢市玉川図書館近世史料館所蔵）で、江戸滞在中の前田利常から国許の重臣・本多政重などに宛てた書状である。

内容は、「かつて芳春院（前田利家正室、俗名まつ）のもとに滞在していた「あかしかもんむすめ」（明石掃部娘）が上方に上《のぼ》ったという情報がある。以前に居たことから、また、加賀に下《くだ》って来るかもしれないので、早急に探索の手筈を調《ととの》えるように」、というものである。〈大西泰正、二〇一六A〉

芳春院は、関ヶ原合戦前に人質として江戸にあったが、金沢に帰ったのは、慶長十九年（一六一四）のことで、元和三年（一六一七）七月に没している。芳春院は、豪姫の生母であり、豪姫の夫・宇喜多秀家の姉の娘がレジイナであった。つまり、レジイナは、豪姫の夫・秀家の姪《めい》であった。

また、右の書状は、寛永十四年（一六三七）以降の発給、と考えられている。

これらの情報から推測してみると、

レジイナは、大坂落城後、京都二条城において家康の尋問を受け、放免されたが、その後、豪姫を頼って金沢へ向かったと考えられる。この時、豪姫は金沢城下で生活していたのだが、何故か、豪姫の代わりに、その母・芳春院が、レジイナに応接したようである。レジイナがどのくらいの期間世話を受けたかは不明である。

遅くとも、芳春院が亡くなる元和三年（一六一七）七月以前には金沢を立ち退き、江戸に出て、浅井直政に嫁いだと思われる。そして、何年かの結婚生活のあと、寛永三年（一六二六）ごろ、信仰を棄てることができなく、幼い二人の子を残して家を出たのであろう。

その後、十年以上経って（寛永十四年以降）、レジイナが上方《かみがた》（京都、大坂）に居るという風聞が流れたようである。

余談であるが、レジイナのもう一人の子（女子）は、細川肥後守の家臣・林外記《げき》の妻、と系譜にある。

林外記は、森鴎外の『阿部一族』に登場する、細川家大目付役の林外記、その人である。

●長男 小三郎

小三郎は、慶長十年（一六〇五）ごろ、聖職者になる道を選び、有馬（長崎県南島原市）のセミナリヨに入り、修道士育成のための初等教育を受けていた。

しかし、幕府の迫害が強まり、慶長十七年（一六一二）、セミナリヨは長崎に移転したが、翌年には閉鎖された。以降、小三郎の消息は途絶えたままであった。

ところが、それから二十年後に、突然、明石小三郎の名が現れる。

寛永十年（一六三三）九月、薩摩藩江戸家老の伊勢貞昌《さだまさ》は、その配下の矢野主膳《しゅぜん》に対して、主膳の家士がキリシタンであるのを放置していることを糾問した。

すると、主膳は、保身のためか、驚くべきことを告白した。

すなわち、明石掃部の子・小三郎が鹿児島城下の呉服屋又右衛門の家に手代として居住していること。さらに、この二人の庇護者が藩主・島津家久の義母・永俊尼《えいしゅんに》である、という事実であった。

ちょうどこの年は、幕府の巡検使が視察のために薩摩に入国していて、ようやく幕府との関係が順調になってきた時に、こんなことが発覚すれば、お家の一大事である。

伊勢貞昌の周到綿密な指示で、小三郎の捕縛、護送は慎重に行われた。

寛永十年十一月十五日、小三郎は京都に護送され、所司代・板倉周防守重宗に引き渡された。

その後の小三郎がどうなったかは、史料が無いので分からないが、重大犯の明石掃部の子で、しかも、キリシタンとしての活動がうかがわれる状況では、死罪になったことは間違いないところである。

そして、彼を匿っていた呉服屋じゅあん又右衛門は、キリシタンであることが露見して処刑された。

さらに、矢野主膳も元々キリシタンであったので焚刑《ふんけい》に処せられ、その二人の息子は斬首された。

さらに、島津家当主の義母・永俊尼とその娘、および、孫娘二人は種子島に流刑となった。

〈『薩摩切支丹史料集成』〉、および、〈五味克夫〉、〈中野喜代〉

●次男 パウロ内記《ないき》

大坂落城の時、内記はまだ二十歳ほどの若者であった。

〈一六一八年コーロスの書簡」、『芸備キリシタン史料』所収〉

彼は、各地をさまよった末に筑後にたどり着き、当時のイエズス会日本管区長代理・ジョロニモ・ロドリゲス司祭（長崎住）に手紙を出して援助を求めた。ロドリゲスは、明石内記を匿うように全国の司祭たちに指示した。彼らの助けを得て、内記は、長崎、柳川、と居を変えて、逃亡生活をつづけた。

のち、柳川（福岡県柳川市）藩主・田中忠政の家臣・田中長門守が明石掃部を匿ったという嫌疑で捕縛され拷問のため落命したが、長門守は掃部ではなく、内記を匿ったのが真相だろう。

元和二年（一六一六）十一月、明石内記潜伏の噂がたち、二人の役人が長崎に派遣された。役人たちは、ここで内記を見つけることができなかったが、代わりに、イエズス会司祭がまだ国内に居ることを知った。

キリシタン禁教令が遵守されていないことが分かり、再び、外国人宣教師に対する追及が強められた。

一方、内記は、九州を逃れて広島に入り、福島正則の臣・佃《つくだ》又右衛門の屋敷に一時期匿われていた。

佃又右衛門は、もと蒲生氏郷《がもううじさと》の家臣で、氏郷に勧められキリシタンになり、のち、福島家に仕官していたが、大坂落城の際、イエズス会司祭ポルロを救出するなど、信仰を守り通していた。

その後、内記を匿ったことが発覚して、江戸で処刑された。〈『続日本殉教録』〉

内記は、国内を転々としたあと、奥羽の海岸を北上して仙台領の気仙《けせん》郡（岩手県）高田村に流れ着き、浅香《あさか》小五郎と名を変え、医術を業として数年間暮らしていた。

その後、竹駒《たけこま》村の玉山《たまやま》金山で堀子をしながら布教をし、さらに、十右衛門と変名して江差郡井手（岩手県江刺市）の赤金《あかがね》鉱山にたどり着き、里長の菊池六右衛門の庇護の下で生活していた。

奥羽には、早くから、多くのキリシタンが迫害を逃れて移住してきていて、特に鉱山で金堀《かなほ》りや坑内の水替え人夫になった者が多かった。鉱山には、金銀山保護のための「御山例十三条之事」という法令があり、一種の治外法権が認められていたため、キリシタンたちが身を隠すには好都合な場所であった。

ところが、島原の乱（寛永十五年二月終結）のあとはキリシタン探索が厳重になり、仙台藩では密告者に賞金を出すこともした。

寛永十七年（一六四〇）、江戸において訴える者があり、明石内記捕縛の命令が、幕府から仙台藩に伝えられた。

四月上旬、内記は捕らえられ、江戸に護送される途中に発病して、下野《しもつけ》国小山《おやま》宿（栃木県小山市）で死亡した。内記の死体は、検死のため、塩漬けにされて江戸に送られ、麻布の正信寺に葬られたという。

内記は結婚して一男一女をもうけていたが、すでに、妻と娘を病気で亡くしていた。

翌年、一人残されていた息子の権太夫（九歳）は、仙台城下の広瀬川畔の刑場で斬首された。

〈『奥羽古キリシタン探訪』〉

おわりに

明石掃部の足跡を、もう一度、足早にたどってみることにする。

現在の岡山市域の東端、吉井川に面して、保木《ほぎ》城があった。

掃部は、永禄十二年（一五六九）前後に、ここ保木城の西麓の屋敷で誕生したと考えられる。

父は、浦上宗景《むねかげ》の重臣・明石飛騨守行雄《ゆきかつ》。母は、宇喜多直家の妹（のち受洗してモニカ）であった。

天正三年（一五七五）、宇喜多直家は、天神山城の浦上宗景を攻めた。この時、宗景は、明石飛騨守の裏切りのため徹底抗戦ができず、城を捨てて播磨へ落ちていった。

宇喜多直家は、服属した義弟の明石飛騨を客分あつかい（客将）として、厚遇した。

飛騨の子・掃部は、天正十年（一五八二）の中国大返しの時、人質として羽柴秀吉の居城・姫路に留め置かれたが、その後ほどなく、帰郷を許されたと思われる。

天正十一年ごろに元服して、官途名を掃部頭《かもんのかみ》、実名（諱《いみな》）を「守行《もりゆき》」、と名乗ったと私考する。

天正十三年（一五八五）には、父の代理として、四国征討に参陣し、岩倉城攻めに際しては、別枝《べっし》山《やま》に陣を敷いた。これが掃部の初陣だったかもしれない。

天正十六年（一五八八）ごろ、宇喜多秀家の姉を娶った。これにより、秀家と掃部は、主君と家臣の立場にあるとともに従兄弟《いとこ》の間柄であったが、さらに、義兄弟の関係にもなった。

文禄の役では、異国の地での苦しい戦いを経験する。

帰国したあと、文禄五年（一五九六）の中旬～九月に、従兄弟《いとこ》の宇喜多左京亮の熱心な勧めを契機に、大坂の教会でキリスト教に入信し、洗礼名ジョアンを授かった。

ちょうどこの年、二十六聖人殉教事件が起こる。

掃部は、護送責任者として、殉教者たちを三日間世話することができた。このことがあって、掃部は、より深く信仰にめざめ、自分の家臣や領民に布教して、多くの人々をキリスト教へと導いた。

この時期、宇喜多家中では、内訌《ないこう》が深刻化していた。

本来、明石家は客分扱いであったから、彼自身、政治に深入りしないように心がけていたようだが、キリスト教入信以降は、より一層政治に無関心であった。

家中騒動は、朝鮮再征により、一時棚上げの状態になるが、秀吉が没するにおよび、宇喜多家中の内紛が再燃し、その結果、戸川達安、花房秀成などの重臣をはじめとする多くの家臣が追放され、あるいは、出奔して宇喜多家臣団の弱体化が進んだ。

この混乱の時、中立の立場にあった明石掃部が、仕置家老職に任命され、家中の立て直しに奔走することになる。

折から起こる関ヶ原合戦では、主君・秀家を補佐して、先手《さきて》の部隊を指揮して善戦した。

敗戦後、妻も亡くし、失意の中、筑前黒田家に仕官した。

慶長六年（一六〇一）五月、掃部は長崎に赴き、一ヶ月の間ここに滞在した。

掃部の心は、主家の滅亡、妻の死、と度重なる不運に絶望し、俗世を捨てた信仰生活に入りたいと切望していた。しかし、彼には、幼い五人の子供たちや彼に従う家臣たちに対する現世的責任があったし、なによりもイエズス会側の強い反対にあって、聖職者の道はあきらめざるを得なかった。

長崎滞在が一ヶ月になるころ、黒田長政から、掃部に蟄居を命じる書状が届いた。それは、宇喜多秀家生存の噂に起因するものであった。事態が深刻化して、処刑される可能性もあったが、黒田如水の尽力で、掃部は隠居し、如水の弟・惣右衛門の領地内で生活することを許された。その一年半の後、黒田長政は、掃部の家臣団あてに知行を与えた。ここにおいて、掃部は、曲がりなりにも黒田家臣と認められることになった。

彼は、隠居名を道斎と号し、さらに、敬愛する高山右近の洗礼名「ジュスト」（正義の意）に因《ちな》んで、実名を、「全登《ぜんと》」と改めた。

掃部は、家臣団名義で、筑前国下座《げざ》郡の四ヶ村の知行地を拝領したが、秋月領主の黒田惣右衛門直之とともに、これらの地にキリシタンの楽園を築こうと努力したのである。

しかし、黒田直之、直基父子が相次いで亡くなると、黒田長政は、これを機に、掃部を追放する。浪人となった掃部は、仕官の口を探すため京都に上ったが、豊臣秀頼の招きを受けて大坂に入城した。

城中では、キリシタン武士、およそ二〇〇〇人を統率し、大坂牢人《ろうにん》五人衆の一人として活躍した。慶長二十年（一六一五）五月七日、掃部は、三〇〇余りの精兵をもって、水野勝成の軍勢に最後の戦いを挑んだ。

水野勢に大きな打撃を与えた激戦のあと、城内へ退却したが、その後、掃部の消息は途絶える。恐らくは、落城時の混乱の中、逃避行の途中、誰とも知られることなく、殺害されたものと考えられる。

掃部、四十七歳（推定）であった。

それから十八年が経ち、寛永十年（一六三三）に、長男・小三郎が薩摩で捕らえられ、京都に送られ処刑され、また、寛永十七年（一六四〇）には、次男・パウロ内記が仙台領の鉱山町に潜伏しているのを捕縛され、江戸に護送される途中に病死した。

幕府は、年月の経過に拘わらず、明石探索の手を緩めることなく、掃部の子供たちを追いつめていった。

明石内記の死から十年ほどたった慶安四年（一六五一）、慶安事件が起きている。将軍・家光の死の直後、著名な軍学者の由井正雪《ゆいしょうせつ》が、浪人救済と幕政の一新を掲げて、幕府転覆を謀った事件である。密告者があり、計画は頓挫して、正雪以下四六人が自害、あるいは、斬首された。

その中の一人、吉田初右衛門は、摂津（兵庫県）有馬に潜んで、捕吏の一隊と戦って斬り死にしたが、彼は、明石掃部の遺児とも伝えられている。

また、由井正雪自身がキリシタンだったという俗説も流布した。

これは、大坂陣における明石掃部や、寛永十五年（一六三八）の島原の乱のキリシタンに対するイメージがふくらんで、この頃すでに、世間では、キリシタン＝異端者＝反逆者、という短絡的な先入観が出来上がっていたことを物語っている。

ところが、太平の世が続くにつれ、人心も安定して、それから百年後の十八世紀後半以降になると、キリシタンに対するまがまがしい邪宗観は薄らいでくる。〈『キリスト教と日本人』〉

その現れとして、全国各地で、明石掃部の墓と称するものが見つかったり、掃部の子孫と公言する者が出てくる。

たとえば、備前池田藩の安永四年（一七七五）の「赤井万兵衛の奉公書」（池田家文庫）には、自分の先祖は明石掃部であると公然と書き上げている。

また、文化十二年（一八一五）ごろ成立の『東作誌』には、美作国東粟倉村後山の庄屋である明石家について、その先祖は明石掃部である、と明記している。

さらに、文政のはじめ（一八二〇ごろ）に著された武元君立《たけもとくんりゅう》の「北林《ほくりん》遺稿」には、その先祖・明石景行について、実は掃部の子であったと記している。明石飛騨守の弟・景季《かげすえ》に子がなかったため、掃部の子・景行を養子にしたという。これは明らかに虚構である。明石景季が討ち死にしたのは、天正五年（一五七七）の播州上月《こうづき》城合戦の時である。〈「下村玄蕃助宛て羽柴秀吉書状」〉

そうであれば、天正十年の時点でさえ、掃部は「未幼少」だったので、景行の父親には到底なりえない。

では何故、武元君立《たけもとくんりゅう》（岡山藩校の閑谷《しずたに》学校教授）は、掃部を景行の実父と書いたのだろうか？

考えられることは、自家の先祖の頭領だった掃部に対して、強い尊崇の念を抱いていたからである。一族の間で英雄視しながらも秘匿してきた掃部の名を、時勢の流れに乗って、公然と顕彰しようとしたのである。

この岡山県備前市の明石（武元）家や川西家、美作市の明石家、高知県香美市の明石家、青森県弘前市の明石家、さらに、秋田県大館市の明石家など、日本各地に明石掃部の末裔と自称する家がある。

明石一族の誇りとして、明石掃部の事績が語り継がれていくうちに、これらの家では、いつの間にか、掃部が自家の先祖に祀《まつ》り上げられていったのである。

さらに、明治維新後は、巷間において反徳川のものが喜ばれる風潮がみられるようになり、歌舞伎の世界では、東京春木座での「張貫筒《はりぬきづつ》真田入城」という演目に、明石掃部之助が登場している。出版物としては、講談調の読み物として世に広まった立川《たてかわ》文庫の一冊として、『明石掃部之助』がある。

つまり、庶民にとって、信仰は別として、明石掃部の行動に権力への反抗者として共感できるものがあり、それが、豪傑、英雄視へと変わっていったのである。

〈完〉

参考史料

明石掃部・戸川達安《みちやす》往復書簡

「水原岩太郎旧蔵文書」（『岡山県古文書集　第三輯』所収）

戸川達安書状控《ひかえ》

此表近々ニ御在陣之由候条　御床敷存　一書申入候
一　今度ハ不慮之御たてハかり無是非次第ニ存候事
一　其表貴殿御一人御陣取之由承候　如何様なる仕合にて御越候哉　承度候
秀家何ニ御在陣候哉　貴殿御そはニ無之儀不審ニ存候事
一　此表之儀　上方為御手遣諸勢清須辺御在陣ニ候　井ノ兵部少輔　本田中書　松平下野殿
其外先手衆　一両日中ニ此表着陣ニ候
石川左衛門大夫　松平玄蕃　為先勢頓ニ清須被罷着候

内府様　去十六日ニ江戸御立候　廿五六日ニハ必清須可有御着との追々御左右在之事候
一　我等儀　此表先手衆ニ相加罷越候
左京儀ハ富田信濃守縁者ニ付て　為加勢あのゝ津へ渡海仕分ニて　此表へハ不参候事
一　御弓箭之儀　内府様御勝手ニ可罷成事　程有間敷候
さて〳〵秀家御身上之儀　此時滅亡と存事候　貴殿いかゝ思召候哉
侍従殿御事　幸内府様むこニさせられ候御事ニ候間
御家あひ続候様にハ　貴殿御分別にて如何やうとも可罷成事ニ候
此時無是非当家被相果候段　我等式まて無本意存事ニて候間　其御心得尤に候
惣別　秀家御仕置にてハ国家不相立とハ天下悉しりふらし申事ニ候
其上侍従殿御取立候へハ　貴殿なと筋目少も不相替候間　此刻之御分別専一ニ存まてニ候
我等事　対貴殿少も如在を不存候間　思召寄儀不被残御心底御返事ニくハしく　可被仰越候
然ハたそ御存知之もの一人進之候而　尚以可申承候事
一　我等事　今度身上ニ付て　内府様御厚恩をかうふり申候
其上於関東ニも重々御懇ニ御意共に候間　女子母何も其方ニ雖有之と
内府様へ無二ニ御奉公を仕　とにもかくにも　御下にて可相果覚悟ニ候
くれ〳〵善悪御返事奉待候
恐々不宣
八月十八日　　（戸川）達安

明石掃部頭書状

清須迄御上付　御使札本望存候
一　如被仰越　今度者不慮御立別　互無是非御事候
一　拙子事　伊勢表御仕置等為可承　十日以前より此地罷越候而有之事候
秀家事　伏見落城之後ハ大坂被罷下候　又此比ハ草津表被罷出　在陣之事候
一　内府御先手衆　至于清須御着岸之由　尤可為左様と存事候
其付貴様御事　先手衆ニ御加候て其元御出候由　此度善悪ニ可懸御目と存候事
一　内府公　去十六日江戸被成御立之由　此度之義　被成御上候ハて不相叶儀候条
尤可為左様候　内々存候ハ　只今迄無御上事不審存候キ
一　御弓箭之儀　内府御勝手　程有間敷之由　被仰越候
其方ニ而ハ左様ニ思召事尤候
此方衆中被仰候ハ　秀頼様御勝手ニ可被仰付事ハ案中候
併内府於御上ハ菟角可被及防戦候之間　其上にての御事候
一　秀家御家中儀被仰越候　誠各御無覚期故　外実悪罷成候
然共御聞及も可有之候　於上方人の存たる衆餘多被相抱候
存外丈夫ニ有之事候間　於其段ハ可御心安候
一　浮左京殿　あのゝ津表へ為加勢御出勢之由候哉
津より迎到候を途中ニ而被打果候条　いまた津へハ御越有間敷と存候

津之城儀　急度御取詰ニ而候　定不可有程候と存候
一　御両人事　度々此方ニ而申出候　此比御左右不承候ツ　預御書中　満足此事候
一　貴殿御事　内府御厚恩之由候之間　とにもかくにも御したたにて可有御果との御内　存尤候
然者貴所御妻子事　只今和州郡山ニ御在宅事候
秀頼様可為御勝手候間　右之衆中少も如在不可存候間　可御心安候
一　善悪之返事可申越之由　承候
只今の御書中に而ハ様子不相聞候間　御内意為可承　一人相副進之候
恐々謹言

明　掃部頭
守○（花押）
八月十九日
戸　肥　様まいる
御報

参考小論

一、「宇喜多騒動」についての一考察

『宇喜多家史談会会報・第七九号』（令和三年七月）に掲載分（一部省略）

はじめに

宇喜多秀家家中の内紛は、慶長四年（一五九九）の末から同五年正月にかけて、「宇喜多騒動」として顕在化してくる。[1]

『戸川家譜』に記された出来事を順に並べてみる。

① 戸川達安《みちやす》が山田兵左衛門に命じて寺内道作を殺害。

② その後、戸川は中村次郎兵衛を打ち果たすため大坂へ。中村は豪姫を頼って宇喜多邸に隠れる。

③ 戸川、屋敷の門を密かに見張らせる。

④ 某夜、中村は「(子《こ》) 守《もり》の女に成て、乗物」で脱出し加賀へ。

⑤ 秀家は、戸川が「門に番を付る事」に腹を立て、大谷吉継に依頼し、大谷邸に招いて戸川を

「可打《うつべき》」とした。

⑥　宇喜多左京亮に助けられた戸川は、一味の者共と左京亮邸に立て籠もり、秀家の討手と対峙する。

右の一連の事件の流れが、今日、通説として定着の感がある。

本稿では、これにいささかの異論を唱えるとともに、中村次郎兵衛暗殺の風聞を記録した『鹿苑日録《ろくおんにちろく》』についても検討を加えたい。

中村次郎兵衛退去の真相

『落穂集』には、大坂冬の陣の折、明石掃部が大野治長に語った「中村次郎兵衛退去の経緯(2)」が記載されている。

その要旨を書きだしてみる。

「四家老共」（戸川達安、岡越前守、宇喜多左京亮、花房正成）が中村の身柄引き渡しを要求してきたので、伏見在番中の秀家は、中村に、「当家を立去り候に於てハ、当分、事も鎮《しず》まると、再三内意を伝えたが、中村は、臆病者との誹《そし》りを受けるのを嫌い、家中退去を納得せず、切腹すると言い張った。困った秀家は、明石掃部を呼び寄せ、説得を依頼する。

掃部は、「私義ハ四人の者共と一統」ではないが、岡越前との由緒（掃部の妹が岡の室）があって、この件には関わりたくありません。

でも、「此度出入《このたびのでいり》（騒動）内々にて事済不申候《ことすみもうさずそうろう》てハ御為《おんため》にも如何《いかが》と」思いますので、と説得を引き受けることにした。

掃部は、「其元一人《そこもと》」が切腹した場合、仲間の「近習外様《とざま》の諸士数十人」が、報復として家老共を襲撃あるいは、「御家を立退　家老中《かろうちゅう》四人の非義《ひぎ》」を公儀へ訴え出るのは必定。そうなれば、其元は「不忠不義の人」ということになる、と中村次郎兵衛を強く説得して宇喜多家退去を納得させた。

その後、「風雨烈《はげ》しき夜陰にまぎれ、蓑笠《みのかさ》着たる人足十人計《ばかり》の中に次郎兵衛を取囲ミ屋敷を出し」たのである。

これをみると、この時の秀家と明石掃部は、中村次郎兵衛を家中から退去させることで、四家老派と中村派（秀家直属の行政実務者たち）の対立を沈静化に向かわせ、宇喜多家の内々でこの事態を終息させたい、と願っていたことが分かる。

ところで、通説通りであると、②〜④の中村次郎兵衛退去の前に、①の寺内道作斬殺事件が起こっていたということであるが、この流れは理にかなっているのだろうか？

寺内道作（喜左衛門）は、長船紀伊守の家臣（知行千四百石）だったが、秀家からも八万石の蔵入地《ち》の代官を任された用人《ようにん》（行政実務者）であった。さらに、彼の息子が書いた先祖書上《かきあげ》(3)には、「親ハ関ヶ原年（慶長五年）ニ伏見にて相果《あいはて》申候」とある。

秀家の膝元で、有能な上級家臣が暗殺されれば、この事件の黒幕を容易に推定できたはずだから、秀家は当然、戸川達安の責任を追及したはずである。秀家が、これに目をつぶった上に中村次郎兵衛を退去させてまで、事態の沈静化をはかったとは考えられない。

つまり、中村次郎兵衛退去の時点では未だ寺内道作事件は起きていなかった、と推定されるのである。

右の検証の結果、『戸川家譜』の事件を並べ替えてみると、②→③→④→①となる。

このあと、⑤→⑥と続くのだが、その内容とは、

「門に番を付る事」に怒った秀家が、大谷吉継に戸川達安の殺害を依頼したので、これが発端となって、四家老衆が宇喜多左京亮邸に立て籠もり秀家に敵対した、という主旨である。

しかし、秀家は、中村を退去させてまで無用の争いを避けようとしていたのであり、「門に番を付る」程度のことで討伐行動をとることはありえない。秀家の怒りの真の原因は、①の寺内道作暗殺事件だったことは明白である。また、大谷吉継に関しても、榊原康政、津田正秀と共に、秀家と戸川派の間の調停に乗り出しており、理不尽なまねはできなかったはずである。

では、何故『戸川家譜』にそのように書かれているかという理由は、その著者が戸川達安の八男・安吉だったことにある。

つまり、安吉は、初代庭瀬藩主・達安の行跡を正当化、美化するため、些細なことで達安を殺そうとした秀家に、主君に対する反逆に駆り立てた誘因責任がある、と言おうとしたのである。

その粉飾のため、時系列を無視し、寺内道作事件を最初にもってくることで、この暗殺事件のもつ意味の矮小化を謀ったのである。

『鹿苑日録』の解釈

京都上京区の相国寺《しょうこくじ》鹿苑院《ろくおんいん》院主の執務日記である『鹿苑日録』の慶長五年正月八日条に、宇喜多騒動を伝える記述がある。

【 ㋐中村次郎兵衛　去五日夜　相果《あいはつ》ト云々《うんぬん》
　㋑此故ハ　此比《このころ》備前中納言殿長男衆《おとな》ヲ背《そむき》テ　恣之故《これをほしいままにするゆえ》ト云々

㋒主者《は》牢人也
㋓定而《さだめし》　中納言殿以前不苦《くるしからず》之間　形少エ可出ト云々
㋔備前ニハ　不白与《と》了松下人一両人シテ留守ヲスルト云々
㋕上下七十人ホト《ほど》之者共　一時ニ聴此事分散　絶言語　】
（各行の㋐㋑…筆者）

もともと、この記事の内容は、大坂備前島に住む了頓《りょうとん》という者が鹿苑院主を訪ねて来て、一件の相談をした後、話のついでとして語られたものである。

各行を順次検討していく。

㋐「中村次郎兵衛が、去る正月五日夜に、殺されたらしい。」

中村殺害の風聞であるが、実際には、中村は健在であった。

しかし、この噂が根も葉もないものではなく、暗殺事件そのものは存在したと考えられる。

ただ、この時の真の被害者は、中村次郎兵衛ではなく、寺内道作だったのである。寺内の子が伝える事件の場所、および、時期について、何ら矛盾するところは無いのである。

さらに、正月五日に寺内事件が起きたとすれば、中村次郎兵衛退去は、当然それ以前であり、下賤の「人足十人計《ばかり》」が正月松の内の時期に、大名屋敷に呼ばれることもありえないので、前年十二月下旬のこととするのが順当であろう。

㋑「この事件の原因は、この頃、中村が秀家の家老衆の意に反した行いを勝手気儘にしたことらしい。」

㋒この行の「牢人」の解釈は、浪人ではなく、㋓行との関連性を考えて、石畑匡基《こくはたまさき》氏の説[4]に依る。

「主（主体者）は牢人（囚人）である。」（暗殺者は、捕縛されている）

被害者が寺内道作なら、この囚人は必然的に山田兵左衛門と考えられる。

㋓「秀家は以前、この囚人とは、苦しからず（苦しゅうない近こう寄れ）の間柄だったので、きっと、形少（大谷刑部少輔吉継）に引き渡し、裁きを受けさせるだろう、と了頓は推測している。」

ところが、公家の日記『時慶記《ときよしき》』慶長五年正月十日条に、「伏見　浮田中納言家中　昨日　磔由候」、とあり、山田兵左衛門が、正月九日、伏見において磔刑《たっけい》に処せられたと思われる。

㋔「了頓は、備前島の自宅を、知人の不白と了松の下人（使用人）一、二名に留守を任せてきたらしい。」

㋕この行の解釈は、三通りに分かれる。

一つ目は、「中村次郎兵衛一派の七十人ほどの者たちが暗殺事件を知って、一時に逃散した」、という通説的なものだが、中村派の武士たちのほとんどは岡山在住のはずであり、五日の事件を岡山で伝え聞いてすぐに逐電したとしても、このことが八日までに京都の鹿苑院主に伝わるのは、絶対に不可能である。

第二の説は、「大坂に出てきている戸川派の被官たちは、首謀者（戸川達安）が大谷吉継に庇護を求めたため、主人を失い分散していった」、との説(5)である。

この説をとれば、戸川派の造反が慶長五年正月八日（日記を書いた日）以前にほぼ終息したということになるが、翌九日には山田兵左衛門の磔刑が行われ、事態はまだまだ流動的であったし、秀家は、宇喜多左京亮邸に籠もる造反派を「打果し度思召《たくおぼしめされ》けれとも大坂の騒《さわぎ》とあって、延引あり」（『戸川家譜』）と、膠着状態が続いたことが分かり、この説も首肯できない。

第三は、「七十人は決起に混乱した住民」[6]という説。

これが最も妥当なものと考えられる。この説を基として考証してみる。

この行の前の㋔行は、一見、中村暗殺の風聞と何ら関係のない了頓の自宅の話であるが、これこそが重要な伏線である。

了頓の備前島（大阪市都島区網島町）の自宅近くに、宇喜多家の下屋敷があったのである。

そこから南へ二百メートル、京橋を渡ると大坂城惣構内に入り、さらに、西へ一キロメートルほどで「高麗橋東北の角（中央区東高麗橋一丁目付近）」（『卜斎記《ぼくさいき》』）の宇喜多左京亮邸に至る。

寺内道作を殺され激怒した秀家は、直ちに討手の将兵を差し向けた。四家老勢は左京亮邸に立て籠もり、徹底抗戦を試みた。

左京亮は、「唯今、屋鋪（宇喜多家下屋敷）より討手の勢、可来《きたるべし》」（『戸川家譜』）と言って、敵味方識別のため全員を剃髪させ、「大坂町屋の詰り〳〵に」人を配置して、鉄砲の音を合図に「町中所々焼《やき》立《たて》候へ」（『卜斎記』）と命じた。

つまり、㋕行の「上下七十人ホト之者共」とは、右の状況に仰天して避難をした周辺の町衆など、と考えられる。

（　略　）

なお、中村暗殺の風聞を伝えた了頓自身も、この地区から避難した「上下七十人ホト之者共」の一人だったのであろう。

〈完〉

註1、大西泰正『「豊臣政権の貴公子」宇喜多秀家』二一五頁

2、原文は、拙稿「宇喜多騒動と明石掃部」（『宇喜多家史談会会報・第六七号』平成三〇年七月）に掲載。
3、寺内太郎左衛門の先祖書上（『岡山藩家中諸士家譜五百寄』）
4、石畑匡基「宇喜多騒動の再検討」（『織豊期研究』第一四号）
5、光成《みつなり》準治《じゅんじ》『関ヶ原前夜』二〇五頁
6、石畑匡基「宇喜多騒動の再検討」

二、「宇喜多騒動」に関しての地理的考察

『宇喜多家史談会会報・第八四号』（令和四年一〇月）掲載分（一部省略、加筆）

慶長四年（一五九九）の末から同五年正月にかけて起きた「宇喜多騒動」は、上方《かみがた》（京都、大坂）を舞台としている。そのため、この歴史的事件に対する一層の理解には、地理的知識が必要と考え、関連場所の検討を試みる。

なお、この稿は個々の場所の説明と「騒動」に関する雑考に終始するので、できれば、『当会報・第七九号』（令和三年七月）所収の「宇喜多騒動についての一考察」と併読していただければ、「騒動」の全体像がわかりやすいと思います。

① 備前島の宇喜多屋敷

備前島（大阪市都島区網島町）は、大坂城の北を流れる寝屋川《ねやがわ》（旧大和川）の中洲であり、京橋で城の外曲輪《そとくるわ》とつながっている。

「宇喜多秀家の屋敷があったことにより、備前島の名が付いた」[1]といわれるが、その屋敷はいつ頃建てられたのであろうか？

豊臣秀吉は天正十一年（一五八三）から大坂城本丸の普請にとりかかり、同十四年から十六年ごろにかけて二の丸の普請を完成させた。これにともない、秀吉は、大名たちに各自の邸宅を建築させている。

天正十六年（一五八八）九月、毛利輝元は、初めて上洛し、備前島の宇喜多邸で秀吉に拝謁した。この時、輝元は、「御門外橋の上」（城門の外側の京橋の上）まで秀吉を出迎えており、宇喜多邸が京橋近くにあったことが推測される。〔「輝元公上洛日記」〕

その「日記」には、宇喜多屋敷には「御庭」があり、能も演じられたことが記され、相当広い屋敷だったことがわかる。

なお、秀家は「天正十五年七月以降翌年正月までの間に」豪姫と祝言を挙げていたが、その時点で、豪姫が此処に住んだのか、あるいは、京都聚楽第《じゅらくてい》近くの屋敷に居住したのかは不詳である。

ただ、天正十九年十二月（聚楽第が豊臣秀次の居城となる）以降は、確かに豪姫と秀家が備前島に居住していた、と考えられる。

（地図略す。本文の91頁の地図を参照のこと）

② 玉造の宇喜多屋敷

慶長三年（一五九八）、二の丸堀と南の惣構堀《そうがまえぼり》との間に、三の丸エリアが設定され、この中に新しく大名屋敷が集約されることになった。

次の史料は、「西笑《せいしょう》和尚文案」に収録された書状の抜粋である。

「……大坂御普請之趣《おもむき》者《は》、西者《は》安芸中納言殿（毛利輝元）屋敷辺《あたり》まて不残《のこらず》家をのけられ候。町屋もすてに御のけなされ、地ならし之儀被仰付《おおせつけられ》候。大坂にて残り候屋形《やかた》ハ、備前中納言殿、増右、石治までに候由候。……」（西端の毛利邸のあたりまで全てを更地《さらち》にしたので、大坂で残っている大名屋敷は、宇喜多秀家、増田《ました》長盛、石田三成の邸宅だけ）

石田三成の屋敷は備前島の宇喜多邸に隣接しており、増田長盛も城外の鴫野《しぎの》に屋敷を構えていたの[2]でこの三つの屋敷だけが破却を免れたのである。

この後、三の丸曲輪《くるわ》内（地名では玉造《たまつくり》）に多数の大名屋敷が建設されたが、新しい宇喜多屋敷は、現在の城星学園のあたり（中央区玉造二丁目。江戸期に岡山町の地名あり）とされており、その西隣に塀を接して、細川忠興《ただおき》の屋敷（越中町。細川邸の井戸が「越中井」として残っている）が、さらに、南は道を隔てて前田利長邸があった。[3]

玉造に屋敷が完成すると、秀家と豪姫は此処に移り、備前島の屋敷は下屋敷《しもやしき》[4]として、宇喜多家臣団の宿舎になったと考えられる。

ちなみに、豊臣期の大坂城下の大名屋敷の規模については、発掘調査に基づいて、個々の敷地は、二町×一町（約二四〇メートル×約一二〇メートル）が標準[5]と考えられている。

③ 宇喜多左京亮の屋敷

慶長五年（一六〇〇）正月、戸川達安《みちやす》、岡越前、宇喜多左京亮、花房秀成の四人の重臣に率いられた造反派は宇喜多左京亮邸に集結して、秀家に反抗した。

「戸川家譜」などは、この左京亮屋敷の所在地を玉造とするが、玉造は大名屋敷街（殿町《とのまち》）で、普通の侍屋敷は建てられぬはずであり、「卜斎記《ぼくさいき》」のいう「高麗橋《こうらいばし》東北の角《かど》」（現・中央区東高麗橋一丁目付近）にあった、との説が妥当である。

宇喜多左京亮は、文禄三年（一五九四）の暮れ、京都の教会で洗礼を受けキリシタンになると、大坂の屋敷内に礼拝堂（正面と棟には金メッキの十字架が堂々と飾られていた）(6)を建てており、邸内は宗教施設を造れるほど、かなりの広さがあったと想像される。

それ故、「備前軍記」の「其勢二百五十余人、雑兵までは夥《おびただ》しく、……表裏の門を堅《かた》め（立てこもった）」の記事も納得がいく。

さらに、高麗橋の門近くの角地《かどち》らしく、周囲に家が立て込んでおらず、防御にも好適な場所と考えられる。

④ 伏見の宇喜多屋敷

宇治川のほとり、指月《しづき》の丘を中心に造営された伏見城（指月城）は、文禄五年（一五九六）七月十二日の大地震により倒壊した。

秀吉は、その三日後には近くの木幡山《こはたやま》に築城を開始し、翌慶長二年（一五九七）五月に入城している。

伏見城（木幡山城）の城下絵図(7)を見ると、南西の大手門近くに、宇喜多秀家の屋敷がある。この屋敷も城郭と同時期に完成していたと考えられる。

秀家は、同年六月下旬～七月初旬、朝鮮半島へ出陣、翌三年（一五九八）五月以前に帰国している。

慶長三年八月十八日、伏見城において太閤秀吉が逝去した。

この前後の時期、秀家は、大坂と伏見の間を行き来していたが、翌年正月、たぶん豊臣秀頼《ひでより》に従って(8)伏見から大坂に移った。

しかし、徳川家康は、「西国の侍ハ伏見、東国の侍ハ大坂につめ、秀頼公を守立可中《もりたてもうすべし》」（「卜斎記」）という秀吉の遺言を楯にして、秀家に伏見在番を強要した。

結局、大坂城の秀頼を前田利家と家康が警護し、宇喜多、および、毛利、上杉らが、伏見城を警備することになった(9)（慶長四年九月中旬）。

秀家が本丸御番衆（旗本）からなる相当の兵力を帯同して、伏見城在番の任についたので、大坂玉造の上屋敷《かみやしき》には豪姫が残った。

この後、十一月か十二月に、中村次郎兵衛が玉造の宇喜多屋敷に逃げ込んだことから、「宇喜多騒動」が始まるのである。

○ 雑記

秀家が在番する伏見城と戸川派が籠もる左京亮邸とを結ぶ線上に備前島の宇喜多下屋敷が存在する。伏見城と下屋敷は京街道（起点は京橋）で結ばれており、両者の距離は三八kmほどあり、通常の行軍速度で約八時間（一日行程）かかる。また、下屋敷と左京亮邸の間は約一・一kmである。

この地理的位置関係により、伏見から派遣された討伐隊にとって、備前島下屋敷は重要かつ不可欠な前線基地となった。

左京亮が、「唯今、屋鋪より討手《うって》の勢、可来《きたるべし》」〔「戸川家譜」〕（今すぐにも屋鋪から討手の軍勢がやって来るかもしれないぞ！）と警戒していた「屋鋪」とは、備前島の宇喜多屋敷に他ならない。

近世の大名屋敷を発掘調査すると必ず大きなゴミ埋設穴（土坑《どこう》）が発見される。屋敷内から出る廃棄物の最終処理施設である。

「落穂集」に、「蓑笠《みのかさ》着たる人足《にんそく》十人計《ばかり》の中に（中村）次郎兵衛を取囲ミ屋敷を（脱出させた）」、とある。この人足たちを玉造の上屋敷に呼び入れた名目は、ゴミ穴の処理（ゴミで一杯になった穴を土で埋め戻し、新たな穴を掘り、その上に雨除けの小屋を掛けるなど）だったかもしれない。

さらに付け加えると、このような作業は、歳の暮れに恒例のものだったと思われ、中村次郎兵衛の脱出が慶長四年十二月の末、という説を補強するものと考えられる。

戸川達安は、山田兵左衛門に指示して、用人《ようにん》（行政実務者）の寺内道作を斬殺させた。〔「戸川家譜」〕「岡山城主宇喜多中納言秀家侍分限帳《ぶんげんちょう》」の付「戸川肥後守侍分限」に、戸川達安家臣として、二百石・山田惣左衛門、とある。

山田兵左衛門は、暗殺を命ぜられるぐらいだから、戸川家臣であると思われるが、また、名前の類似性から、惣左衛門と近しい縁者だったことがうかがわれる。

〈完〉

註1、2、桜井成廣『豊臣秀吉の居城・大阪城編』日本城郭資料館出版会

3、笠谷和比古、黒田慶一『豊臣大坂城』新潮選書二〇一五

4、前田利家の言行録「利家夜話」（＊）に「右の時（慶長四年はじめ）備前中納言殿（秀家）、利家へ御訴訟《おうったえ》候、秀頼公御名代《ごみょうだい》に、内府（家康）御退治の御出馬なされ候はゞ、私に先手《さきて》御仰付《おおせっ》けられ下さるべく候。大坂備前島の下屋敷に、人数千騎計《ばか》り、入れ置き申す……」とある。

（＊国史研究会蔵版、国立国会図書館デジタルコレクション）

5、豆谷浩之「慶長三年における大坂城下の改造をめぐって」（『大阪歴史博物館紀要一〇』二〇一二）

6、「一五九六年ルイス・フロイス日本年報」（『報告集Ⅰ—2』）

7、山田邦和「伏見城とその城下町の復元」（日本史研究会『豊臣秀吉と京都』文理閣二〇〇一）

8、大西泰正「宇喜多秀家の居所と行動」（『宇喜多家史談会会報・第七六号』令和二年十月）

9、曽根勇二「秀吉の首都圏形成について」（大阪市立大学豊臣期大坂研究会『秀吉と大坂・城と城下町』和泉書院二〇一五）

三、慶長期 宇喜多家の総家臣数

『宇喜多家史談会会報・第八六号』（令和五年四月）掲載分

宇喜多家の軍役賦課《ぐんやくふか》基準に関してはその解明に必要な史料が無くて、確たる答えが導き出せずにいる。

筆者は、この問題について、当会報第七一号（令和元年七月）の「関ヶ原合戦において宇喜多勢はどう戦ったか？（二）」の中で考察を試みた。

しかし、その考察は、十分な検証なくして、「岡山城主・宇喜多中納言秀家侍分限帳」(1)だけに準拠していたため、我ながら、その結果に納得いかなくなった。

今回は、「宇喜多秀家卿家士知行帳」という分限帳を使用しながら、別の視点からこの問題に再挑戦し、慶長期の宇喜多氏の家臣団の総人数を試算してみる。

戦国期軍制から近世軍制への転換

宇喜多直家の時代は、在地領主がその家臣団を率いて直家の下に属して軍団を構成するという、戦国期の軍事編成であった。

その後、天正十年（一五八二）以降には、織豊政権の下に組み込まれ、豊臣秀吉の強制する戦場への動員（特に、文禄、慶長の朝鮮出兵）を通じて、組すなわち備《そなえ》（戦闘団）の編成と維持に重点をおく近世軍制への転換が促進された。

豊臣政権は、万単位の軍隊を長期にわたり従軍させた。そのためには、各大名間に統一的な軍制を敷く必要があったのである。(2)

宇喜多家においては、文禄・慶長の役での人的損失が甚大であったため、家中編制の立て直しが必須となり、さらに、領国内の検地が完了(文禄三年九月ごろ)したことにより、軍制の強化が格段の速さで進んだとみられている。

検地により、実勢の石高が確定されて、相対的に収税と家臣たちの軍役負担が強化されたのである。

明智光秀の軍法

しかし、先進的な軍制を敷いていたはずの織豊系大名家のどこにも、軍役賦課の基準を明文化したものは伝わっていない。

唯一、織田信長の重臣・明智光秀の制定した軍法が御霊《ごりょう》神社(京都府福知山市)に伝わっている。近年、尊経閣《そんけいかく》文庫(加賀前田家に伝来の文物を管理)でほぼ同文の史料が確認されたことで、信頼しうる史料と確定されている。

明智光秀は、丹波攻略が終わった天正七年(一五七九)ごろから、丹波国で指出《さしだし》検地(土地の領主側に土地台帳を提出させる)を実施して、分国内の国衆や村落を掌握、支配していった。(3)

この明智光秀の家中軍法(天正九年六月二日付)は、十八ヶ条からなり、第一条から第七条までは軍の規律に関するもので、第八条には軍役の賦課基準を、第九条以降は必要な装備を記している。

その第八条から十八条までを次に掲げる。

一、軍役人数、百石ニ六人、多少可准之事

（軍役の人数は、百石に付いて六人。石高の多少にかかわらず、これを基準にする）

一、百石より百五拾石之内、甲一羽、馬一疋、指物《さしもの》一本、鑓《やり》一本事

（百～百五十石未満の者は、甲冑《かっちゅう》一羽、馬一疋、旗指物一本、槍一本を用意すること）

一、百五拾石より二百石之内、甲一羽、馬一疋、指物一本、鑓二本事

一、弐百石より参百石之内、甲一羽、馬一疋、指物二本、鑓弐本事

一、参百石より四百石之内、甲一羽、馬一疋、指物三本、鑓参本、のほり一本、鉄炮一挺事

（四ヶ条、略）

一、八百石より九百石之内、甲四羽、馬四疋、指物八本、鑓八本、のほり一本、鉄炮四挺事

一、千石ニ甲五羽、馬五疋、指物拾本、鑓拾本、のほり弐本、鉄炮五挺事

付、馬乗一人之着到《ちゃくとう》、可准弐人宛事

（千石の者は、甲冑五羽、馬五疋、旗指物十本、槍十本、幟二本、鉄砲五挺を用意すること。

付則、騎馬の者一人の参陣は二人分に勘定する）

第八条が軍役に関しての最重要な規定であり、軍役の人数負担は、「一〇〇石に付き六人」（六人役）と定め、石高の多少にかかわらず、これを基準とすること、と記されている。

次の第九～十八条では、知行高に合わせて必要とされる装備品を具体的に示している。

例えば、知行一〇〇石の武士について考えると、本人を含めて六人の兵を養わねばならない（第八条による）が、それに加えて、甲冑一羽、馬一疋、旗指物一本、槍一本を常備せねばならない。(4)

ただし、戦陣においては、騎馬武者が一人参陣するので、一人分の軍役が免除され（第十八条の付

則による）、結果として、甲冑《かっちゅう》を着けた騎馬武者一人、旗指物を差した家来一人、槍を持った家来一人、他に家来二人（合計五人）が戦場に駆り出されるのである。

さらに、八五〇石の武士の場合では、五一人（850×0.06＝51）の兵を養わねばならず、戦場には、甲冑騎馬武者四人、鉄砲衆四人、槍衆八人、旗指物を差した家来八人、幟《のぼり》を持った家来一人、他に二二人の家来（合計四七人）を送り出さねばならなかった。

それでは、百石未満の下級武士についてはどうであろうか？

七〇石の武士の場合では、四人の軍役義務があるが、装備については規定がなくて自由であった。

このような軍法は、本来、信長が制定発布するべきであるが、光秀がはじめて明文化している。

織田政権下、兵農分離を遂げた武士が各軍団の基本構成員となるにつれ、自然に、軍役賦課の基準が生まれてくる。しかし、各軍団の軍律は、その家臣団との関係性や領国の特性により、それぞれ個性があったと思われる。

ただ、その根本をなす軍役賦課基準（六人役）は、各軍団間で共通認識となっていたと考えられる。

「当時の光秀は、信長から近畿地域の支配を任された最有力の重臣であり、検地を執行した畿内周辺を領有していたことから、この軍法は、当時の織田大名のなかでもっとも先進的なものだった。……秀吉はそれを徹底すべく、自領や服属地での検地を通じて、軍役の統一的な賦課基準を確立させた。」(5)

組大将に対する軍役基準

慶長期の宇喜多家は、当然、秀吉の軍役賦課基準（六人役）を受容していたと考えられる。

それ故、この基準は宇喜多家中の直臣団に適用できよう。

ところで、宇喜多家の軍制では、組大将《くみたいしょう》[6]に統率される十三の組（備《そなえ》）が打撃戦闘集団として重要な位置を占めていた。

これらの組大将（寄親《よりおや》）は、自身の家臣団（宇喜多秀家からすると陪臣）を持ち、別に、与力（寄《より》騎《き》）として、多数の武士と鉄砲衆を預けられて一つの組が編成されていた。

しかし、これら組大将の家臣団に関する詳細は伝えられていない。

組大将には、当然、その組の維持管理などに大きな費用が必要なので、単純に、組大将の知行高に六人役の基準を適用するのは不適である。

そこで、江戸前期の寛文九年（一六六九）九月改訂の庭瀬藩戸川家の侍帳[7]を検討して、その結果で宇喜多家の組大将・戸川肥後守達安《みちやす》の家臣団の総人数を類推しようと思う。

戸川家侍帳によれば、家臣団の総知行高は一万七四二八石なので、軍役六人役の比率で、一〇四五人の家臣がいたことになる。また、この時点での庭瀬藩の石高は二万一〇〇〇石なので、1,045÷21,000≒0.0497　との計算で、家臣の数は、一〇〇石に付き五人の比率（五人役）という結論が出る。

この五人役の軍役比率を、慶長四年の戸川家に当てはめてみると、戸川肥後守の知行高が二万五六〇〇石なので、25,600×0.05＝1,280 で、家臣の人数は、一二八〇人になる。

また、この時の与力衆の禄高合計が二万二九一六・五石なので、与力衆とその家来を合わせた数は、22,916.5×0.06≒1,375　との計算で、一三七五人となる。

よって、戸川肥後守組の総兵力は、一二八〇＋一三七五＋鉄砲衆四〇人、で、二六九五人となる。

「戸川家譜」の著者（戸川達安の八男）は、戸川組を「人数三千にて先手《さきて》（攻撃的先鋒部隊）の職たり」と豪語している。計算上の数字はこれに及ばないが、宇喜多家中最大の組だったことは間違いない。

慶長四年ごろの宇喜多家中の総人数

組大将への軍役賦課率（五人役）と、一般の武士への賦課率（六人役）を、「宇喜多秀家卿家士知行帳」に記された家臣たちに適用して、兵数を計算した結果は次のようになる。（◎印は、一万石以上の組）

◎戸川肥後守組

戸川家（二万五六〇〇石）の家臣　一二八〇人
与力衆（九〇人、二万二九一六・五石）とその家臣　一三七五人
鉄砲衆（八〇〇石）　四〇人

◎宇喜多源《げん》三《ぞ》兵《びょう》衛《え》組

源三兵衛（二万二四〇〇石）の家臣　一一二〇人
与力衆（三三人、七五六五石）とその家臣　四五四人
鉄砲衆（一〇〇〇石）　五〇人

◎岡越前守組

岡家（二万三三〇〇石）の家臣　一一六五人
与力衆（一二三人、一万八六八〇石）とその家臣　一一二〇人
鉄砲衆（八〇〇石）　四〇人

◎宇喜多左京亮組

左京亮（二万四〇七九石）の家臣　一二〇四人
与力衆（二六人、一九四九石）とその家臣　一一九人
鉄砲衆（八〇〇石）　四〇人

◎長船吉兵衛組

長船家（二万四〇八四石）の家臣　一二〇四人
与力衆（九一人、一万一八四五石）とその家臣　七一〇人

	鉄砲衆（八〇〇石）	四〇人
◎明石掃部組	明石家（三万三一一〇石）の家臣	一六五五人
	与力（一人、一〇〇〇石）とその家臣	六〇人
	鉄砲衆（八〇〇石）	四〇人
◎花房志摩守組	花房家（一万四八六〇石）の家臣	七四三人
	与力衆（一七人、一二三〇石）とその家臣	七三人
○浮田主馬組	主馬（四三六〇石）の家臣	二一八人
	与力衆（三五人、一八一〇石）とその家臣	一〇八人
○浮田菅兵衛組	菅兵衛（四〇〇〇石）の家臣	二〇〇人
	与力衆（一五人、六一〇石）とその家臣	三六人
	鉄砲衆（八〇〇石）	四〇人
○宍甘《しじかい》太郎兵衛組	宍甘家（一二一〇石）の家臣	六〇人
	与力衆（八人、三八〇石）とその家臣	二三人
○楢村監物《ならむらけんもつ》組	楢村家（三一〇〇石）の家臣	一五五人
	与力衆（二二人、七四〇石）とその家臣	四四人
○明石久兵衛組	久兵衛（二〇〇〇石）の家臣	一〇〇人
	与力衆（一二人、三二〇石）とその家臣	一九人
	鉄砲衆（八〇〇石）	四〇人
○浮田河内守組	河内守（四五〇〇石）の家臣	二二五人

○本丸御番衆（旗本）
与力（一人、三〇〇〇石）とその家臣　一八〇人
鉄砲衆（八〇〇石）　四〇人
旗本衆（一四三人、六万八二七一石）とその家臣　四〇九六人
鉄砲衆（一万一六八〇石）　五八四人
○御台所衆（豪姫付）　九人　○西丸御番衆（秀家生母・円融院付）　五九人
○鐘《かね》太鼓　三〇人　○忍《しのび》役　二七人　○鷹匠　二〇人

以上を合計すると、一万八八四五人となる。

ただ、この数字には、慶長四年末〜翌五年正月にかけての家中騒動で、戸川達安一派によって退去を余儀なくされた中村次郎兵衛（三〇〇〇石）や浮田太郎左衛門（五三六〇石）の家来四二〇人ほどが入っていない。また、秀家の身の回りの用事や警護を務める近習衆や弓衆（七〇人）も分限帳に載せられていない。

これらを含めると、慶長四年ごろの宇喜多家臣団の総人員数は一万九三六〇人ほど（二万人弱）だったと推測される。

〈完〉

註

（1）この分限帳（岡山県立図書館蔵、明治二三年刊）には、戸川肥後守と岡越前守の侍分限帳が付録されている。この戸川家分限帳は時代的に朝鮮陣前の内容と記されているが、家臣団の総禄高が八三三一石で、当時の戸川達安の禄高より多く、また、達安加増後の石高との整合性もな

く、時代が特定されない。岡越前分限帳も同様で、史料として使えない。

(2) 藤田達生「織豊期大名軍制と交戦権」(『織豊期研究・第一〇号』二〇〇八)
軍法に関しての一例をあげる。天正二十年五月、朝鮮漢城《ハンソン》で、宇喜多の将・原田忠佐《ただすけ》の家臣が酒に酔い喧嘩沙汰を起こしたが、秀吉の軍監の耳に入り、当事者は死罪、原田忠佐は即刻帰国、改易を命ぜられた。

(3) 福島克彦『明智光秀』中公新書二〇二一

(4) 当時、中級以上の武士は槍を使うのが普通なのに、ことさら、鑓一本と明記するのは、長柄《ながえ》槍(長さ四～六m)のことかもしれない。集団戦で必須の長槍隊を組織するためか?

(5) 藤田克彦　前掲論文

(6) 与力を統率する士《さむらい》大将。宇喜多家では組大将と呼んでいたらしい。
「小坂氏書上」に、「御組大将浮田菅兵衛様」とある。

(7) 「庭瀬戸川家侍帳」(『早島の歴史3・史料編』一九九九)

四、「唐太鼓」の旗印についての再考察

『宇喜多家史談会会報・第八二号』（令和四年四月）掲載分（一部加筆訂正）

当会報五三、五四号（平成二十七年一月、四月）に、「関ヶ原の宇喜多勢は兒の字の旗印ではなかった」との拙文を発表したが、その文中に一部誤りの個所[1]があり、また、全体的に検証不十分で説明不足の感があった。

そこで、新しい知見も得られたこともあり、改めて一から検討し直すことにする。

一、宇喜多の旗印の改変はあったのか？

「宇喜多和泉守能家《よしいえ》画像」の賛に、宇喜多家は始祖以来、「兒」の字紋の旗幟《きし》を使用してきた、との伝承が書かれている。

ところが、『備前軍記』の〔宇喜多常玖《じょうきゅう》を島村殺す　並《ならびに》　宇喜多の事〕の項に、「秀家卿の時は旗の紋唐太鼓《からだいこ》なり。いつより改《あらたま》りしにや。今もこゝに唐太鼓の紋残りし所あり」と、旗紋の改変を明記している。

では、他の軍記物にはどのように書かれているのであろうか？

『慶長軍記』の記すところは、

宇喜多勢が援軍として大垣城に入ろうとすると、城兵たちは、見慣れぬ旗印を掲げた大軍を敵の襲

来と勘違いして大いに動揺した。この時、島左近（石田三成の家老）が、「太鞁丸《たいこまる》ノ旗ハ秀家ノ紋也、味方ニテ有ケルゾ」と言って皆を落ち着かせた、という。

また、『関ヶ原軍記大成』では、宇喜多勢と福島正則勢の激闘を、「此時、秀家卿の太鼓の丸の旗、正則の《の》山道の旗を退く事、二、三度に及びたり」と描写している。

『改正三河後風土記』には、「福島が山道の旗と浮田が太鼓の丸の旗と、秋風に打靡《うちなび》き東西に飜翻《はんぽん》し入《いり》交《まじ》り混亂す」とある。

これらの記述を見ると、旗紋は確かに改変された、と認められる。

二、旗紋の改変はいつ、なぜ？

前掲の『慶長軍記』の記述から、旗紋の改変は関ヶ原合戦の直前だった、と推測される。

この時期、宇喜多家は内紛の渦中にあった。家中の内訌は、慶長四年（一五九九）の末から翌年正月にかけて、「宇喜多騒動」として顕在化してくる。その結末は、徳川家康の介入を招き、重臣の戸川達安、花房秀成（正成）などが他家預かりとなり、家中の不満が完全には解消されず潜在化する。

戸川と花房の知行を合わせただけでも四万石余り。それを兵員数に換算（軍役五人役で）すれば、二〇〇〇余人となる。それに加えて、中吉《なかぎり》与兵衛、岡市之丞、国富源右衛門、中村次郎兵衛、浮田太郎左衛門などの退去者もあり、宇喜多家の戦力喪失は甚大であった。

新たに仕置家老に任じられた明石掃部は、緊急の課題である兵力の補充に注力し、のちに戸川達安に宛てた書状で「於上方、人の存《ぞんじ》たる衆余多《あまた》」を召し抱えた、と書いたように、京、大坂で大規模な募兵を行い、本多政重（二万石）を頭とする新参組を編成した。

しかし、単なる兵員の補充だけでは強い軍団を作ることはできなく、何よりも家中の結束が必須であり、そのための一つの拠り所として、新しい軍旗が必要となった、と推測されるのである。

三、「唐太鼓」、あるいは「太鼓の丸」とは？

軍記物で語られる「唐太鼓」、あるいは「太鼓の丸」文様は、同一のものと思われるが、残念ながら、今日に伝えられてはいない。

さらに、関ヶ原合戦を描いた各種の屏風や絵巻物を調べても、これが唐太鼓だと断言できるものはない。

ならば、それが具体的にどんな文様だったのか、「唐太鼓」を手始めに、「鼉太鼓《だだいこ》」、さらに、中世から近世にかけて普段使われていた「田楽太鼓」や「和太鼓」について調べてみることにする。

●唐太鼓《からだいこ》

唐太鼓の語は、古文献上にほとんど見られない。

その中で、『山科家礼記《やましなけらいき》』(2) 長禄元年（一四五七）十二月の条に、納入品として「からたいこ一」とあるが、具体的な説明がないので実体は不明である。

また、京都・本能寺の貞享五年（一六八八）の「什物帳《じゅうもつちょう》」(3) には、豊臣秀吉の所持した「唐太鼓」の記載があるが、その現物（常設展示されている）は能楽に用いられる小型の締太鼓《しめだいこ》（両面の革を紐で締め付ける渡来系の太鼓）のようであり、革面には何の文様も描かれていない。

三つ目の用例は、井原西鶴（一六四二〜九三）の『近年諸国ばなし』(4) の中の「公事《くじ》は破《やぶら》ずに勝《かつ》。奈良の寺中にありし事」にある。

興福寺は、毎年の法要の際、「唐太鼓」を東大寺から借りるのが恒例だったが、ある年、東大寺が貸し渋ったが、何とか借り受けることができた。興福寺の僧の中には、激怒してこの太鼓を破却しようと言う者もあったが、学頭の老僧が奇策をめぐらして訴訟に持ち込み、結局、太鼓は興福寺のものとなって、東大寺が預かり興福寺が入用の時は自由に使えるようになった、という一種の頓智話である。

この話の唐太鼓は、明治五年に興福寺から春日大社に移管され、現在、重要文化財に指定されている鼉太鼓《だだいこ》のことである。ここでは、唐太鼓と鼉太鼓が同一視されている。

●鼉太鼓

飛鳥から奈良時代にかけて儒教や仏教の伝来とともに、高句麗から高麗楽《こまがく》が、中国から舞楽《ぶがく》が伝えられたが、それにともない、種々の楽器と一緒に太鼓も流入した。そして、平安時代以降、舞楽、高麗楽が宮廷の雅楽《ががく》として整備されていく過程で、この渡来系太鼓は、日本独自の美意識のもとで大きく変貌を遂げていった。

渡来系太鼓の中で最大のものが鼉太鼓（俗に大太鼓《だだいこ》、火焔太鼓）である。雅楽演奏において鼉太鼓は左右二台でセットをなすが、その構造は同じで、台座、太鼓本体、火焔形の木彫装飾物、日輪（左方）、または、月輪（右方）の四つからなる。

ちなみに、その大きさは、太鼓部分の直径が二メートル強、火焔の上端までの高さが五メートル弱、さらに、その上にアンテナ状の日輪、または、月輪を載せる、という巨大なものである。

鼉太鼓は、その大きさと荘厳な装飾からして、渡来系太鼓、すなわち、「唐太鼓」を代表する存在となり、唐太鼓といえば鼉太鼓を連想するようになっていた、と推測される。

渡来当初は、左右どちらの太鼓の革面にも太極思想を表す「二つ巴」（太極記号）が描かれていたが、平安時代に入ると、奇数に調和を求める日本的陰陽道《おんみょうどう》の影響で、左方太鼓に「三つ巴」文様が描かれるようになった。さらに、高麗楽よりも舞楽が好まれたので、その伴奏を担う左方太鼓（三つ巴）が重んじられるようになった。

鼉太鼓（石川県白山市〔株〕浅野太鼓楽器店蔵）

右上の写真は、鼉太鼓の左方太鼓であり、下はその太鼓本体の一部分の拡大略図である。

その文様は、左三つ巴の外側に、赤、空、青色の三重の輪があり、その周囲を無数の小さな三つ巴の丸が、さらに、その外周には剣形がめぐっている。

鼉太鼓の「三つ巴」文様は、時代とともに様々な意味（渦巻く流水、風、雷、龍、八幡《はちまん》神の象徴など）が付加されながら、各方面で広く使用されていった。

●田楽太鼓

平安中期から始まった田楽《でんがく》で使われる締め太鼓（渡来系）にも、鼉太鼓と同じような文様が見られる。

田楽の始まりは農村の田植田楽《たうえでんがく》であるが、それは、「豊作の予祝《よしゅく》」と「邪を払う」ための農耕儀礼であった。

田楽法師の、笛、太鼓、ササラの伴奏で呪文を唱えながら地面を踏み鳴らす所作が、躍動的で斬新な踊りとして都人を魅了し、「田楽舞《でんがくまい》」となって、忽ちにして一世を風靡、中世芸能の主流となり、江戸時代まで続いたのである。

鳥獣戯画（栂尾山高山寺所蔵）

「浦嶋明神縁起」の「田楽の場面図」（浦嶋神社所蔵）

年中行事絵巻（京都大学文学研究科図書館所蔵）

年中行事絵巻（京都大学文学研究科図書館所蔵）

右の四枚の絵[5]は、平安末、鎌倉、南北朝時代の田楽舞の様子を描いたものであるが、ここに見られる太鼓の全てには、もれなく、鼉太鼓（左方太鼓）と同じような文様が描かれている。その理由は、田楽舞を取り仕切る田楽法師が、元もとは、天台系寺院の属人だった[6]ことに起因するのだろう。彼らは寺社の祭礼に関与し、鼉太鼓も取り扱っていたと思われるのである。

● 鋲《びょう》留《と》め太鼓（和太鼓）

鋲留めの和太鼓の起源としては、六世紀前半の宮古平塚古墳（奈良県田原本町）から太鼓形の埴輪《はにわ》が完全な形で出土している（令和四年五月）。太鼓形埴輪の破片では、大阪府高槻《たかつき》市の今城塚《いまきづか》古墳（六世紀前半）などからも三例出土していて、太鼓は当時、葬送や儀礼の場で使用されていたことがうかがわれる。

飛鳥時代には、音楽以前の信号具として、鐘《かね》と共に用いられていた[7]という。

年中行事絵巻（京都大学文学研究科図書館所蔵）

紙本著色前九年合戦絵詞（国立歴史民俗博物館所蔵）

紙本著色前九年合戦絵詞（国立歴史民俗博物館所蔵）

右上の絵[8]は、田楽の一行が和太鼓を担って歩いている図（平安末）である。中と下の絵（十三世紀末期）は、前九年の役における安倍貞任《さだとう》、源頼義《よりよし》の両軍の陣営に控える陣太鼓の様子である。

これらの和太鼓にも、鼉太鼓と類似の文様が描かれているが、よく観察すると、三つ巴の外側に赤や橙色の輪が描かれているだけで、鼉太鼓にある無数の三つ巴の小丸は見られない。考えるに、革を留める無数の鋲がその代わりとされているのかもしれない。

また、浅野昭利氏（石川県、㈶浅野太鼓文化研究所理事長）から、「これまでの知見から言えば、明治以前の（和）太鼓のほとんどは三つ巴の文様だった」、とのご教示があった。

以上の情報によって、平安末から明治にかけて、ほとんど全ての太鼓には、鼉太鼓とほぼ同じ文様が描かれていたことが推定される。

四、「唐太鼓」紋、あるいは「太鼓の丸の旗」の復元

「太鼓の丸の旗」との表現は、関ヶ原の戦場で宇喜多の旗幟《きし》を実際に目にした者たちの率直な感想だった。つまり、宇喜多の旗印をはじめて見た東軍の兵たちは、普段目にする太鼓を連想したと思われ、また、『備前軍記』の「唐太鼓」の語は、わざわざ太鼓の前に「唐」を付けていることから鼉太鼓を意識したもの、と想像される。

どちらにしても、その実体は鼉太鼓文様であることに変わりはないが、これを旗印に描くとなると、識別性や描き易さを考慮して自ずと簡略化され、必然的に次のような文様になる、と考えられる。

秀家がこの新しい旗印に託したものは、鼉太鼓が意味する破邪と予祝、つまり、邪（家中騒動で生じた各種の軋轢）を打ち払い、宇喜多家が隆盛に向かうように、という願いだった。

宇喜多の将兵は、左のような旗幟を掲げて、関ヶ原の戦場を駆けまわったのであろう。

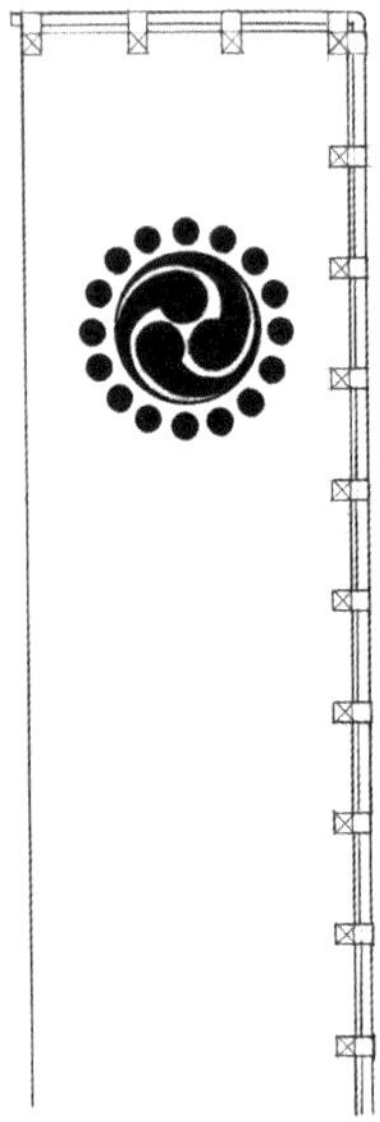

この文様（「連珠《れんじゅ》三つ巴紋」と仮称）を関ヶ原合戦図屏風に探すと、大垣市郷土館所蔵の屏風（大正時代、藤本介石筆）（次頁上段の図版）にほぼ同じ文様の幟が描かれている。

また、関ヶ原町歴史民俗資料館所蔵（次頁中段の図版）、および、彦根・木俣《きまた》家所蔵の屏風（＊）に

も、宇喜多本陣に掲げられた旗幟に連珠三つ巴紋が見られる。（＊関ヶ原町と彦根の二つの屏風とも、狩野梅春の原本を模写したもので、江戸末期の作）

関ヶ原合戦図屏風（大垣市郷土館蔵）

関ヶ原合戦図屏風（関ヶ原町歴史民俗資料館蔵）

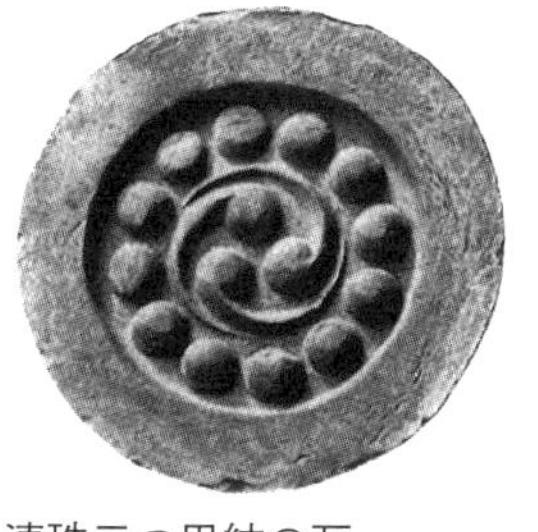
連珠三つ巴紋の瓦

さらに、この「連珠三つ巴紋」は、現在でも、寺院や神社、城郭などの軒丸瓦（右下の図版）によく見られる。

飛鳥時代以降の寺院の瓦紋は「蓮《はす》の花弁」文様が一般的だが、平安末から、陰陽道の影響で、巴紋（渦巻く流水→火伏せの願い）が見られるようになり、鎌倉時代になると、三つ巴のまわりに小丸が密にめぐらされる（火伏せ＋邪気を寄せ付けないため）ようになる。また、江戸時代に入るといろんな文様が出てくるが、やはり、この連珠三つ巴紋が多くを占めていた。

『備前軍記』の作者が、「（関ヶ原から一七〇年ほど経った）今もこゝに唐太鼓の紋、残りし所あり」と明言したのは、この軒丸瓦の連珠三つ巴紋を念頭においてのことだった、と考えられるのである。

〈完〉

註1、大阪歴史博物館所蔵の関ヶ原合戦図屏風に描かれた「黒地に白丸三つ」の旗幟を軽率にも明石

掃部の旗と誤認した。これは、多分、絵師が、宇喜多の新しい旗紋を知らなかったので描くことができなく、白丸として描き残したものと思われる。

2、大沢久守『山科家礼記』続群書類従完成会

3、藤井学『本能寺史料　古記録編』思文閣出版

4、頴原《えいはら》退蔵編『定本西鶴全集　第三巻』中央公論社

5、一番上の絵は、「鳥獣人物戯画」（平安末～鎌倉初期）
二番目の絵は、「浦島明神縁起絵巻」（南北朝時代）
三、四番目の二枚は、「年中行事絵巻」（原本は平安末）
三番目の絵は、太神楽《だいかぐら》（獅子舞）。四番目の絵は、騎馬田楽の図

6、飯田道夫『田楽考―田楽舞の源流』臨川書店

7、小野美枝子『太鼓という楽器』浅野太鼓文化研究所

8、上の絵は、「年中行事絵巻」。中と下の絵は、「前九年合戦絵詞《えことば》」

五、関ヶ原合戦において宇喜多勢はどう戦ったか？（三）

『宇喜多家史談会会報・第七二号』（令和元年十月）掲載分（一部抜粋）

（　略　）

宇喜多勢の戦死者数は？

『関東合戦記』は関ヶ原本戦での東軍の死者を「四千人」。『関東始末記』は西軍の死者を「八千余人」としている。

さらに、『関東合戦図志』には、宇喜多勢の損害を「……等、屈強の者百余人、その他雑兵合せて二千余人が討死せり」と記されているが、これらの数字の根拠は無く、あまり信用はできない。

ところで、東京大学史料編纂所には、宇喜多の正面の敵であった福島正則家中の首帳（首注文ともいう。戦場で討ち取った敵の首の数とそれを討ち取った者の名前を記した文書）が遺されている。『史料稿本四十三[1]』に収録されている「関原《せきがはら》首帳（福嶋家）」である。

この首帳によると、福島勢は二十四の組で編成されていて、その内の福島正則扈従《こじゅう》の組において八つ、福島正之（正則嫡子）扈従の組においても五つの首を得ている。このことは、宇喜多勢の一部は福島本陣にまで攻め込んだことを物語っている。

そして、福島家中が討ち取った首の総数は、二〇七であった。

これらの首は、戦いの推移と記帳の経緯からして、全てが宇喜多侍のものと考えられる。

しかし、この首帳は、福島家中（直臣と陪臣）の功名帳であり、陣場借りした（一時的に指揮下に入っていた）者、たとえば、尾張衆や美濃衆[2]、それに、大野治長などの名前は記されていない。

関ヶ原の戦いの後、尾張衆の内、軍功のあった四十人の者は大坂城二の丸で家康から朱印状、あるいは黒印状を拝領し、尾張藩（家康四男・松平忠吉）士に取り立てられ（三〇〇〇〜二〇〇石）、また別に、三人以上の者が福島家（広島藩）家臣に取り立てられた。(3)

個人的功名の大きな基準は、討ち取った敵兵の首の価値と数にあったことから、彼ら四十三人超の尾張勢は全体で、少なくとも、五〇人(4)の敵の首を取ったと推定される。

とすれば、福島家臣団と尾張衆が討ち取った宇喜多侍の首は、合計で二五七ほど、ということになる。

ところで、戦場での首取りにもルールがある。雑兵の首などは平首《ひらくび》、数首《かずくび》、素首《そっくび》と呼び、価値が無いので通常は斬り捨てにされる。ある程度身分のある武士の首でなければ価値がないのである。相手をひとかどの武士と判断する基準の一つは、騎馬である。騎馬を許されていたのは、中級以上の武士だけであった。しかし、騎乗は追撃か退却の時、あるいは、移動の手段であり、戦いは徒歩立《かちだ》ちが基本なので、討ち取られた首の主が騎馬武者か否かは証明が難しい。

その点、一番分かりやすい物証は兜《かぶと》である。武士はその身分相応の甲冑を着用するものなので、立派な兜であれば、「兜首」と言って、兜と首をセットで持ち帰るのが普通であった。

話が横道に逸れたが、要は、首を討たれた宇喜多侍（二五七人）のほとんどが、中級以上の武士と考えられるのである。

では、下級武士（徒歩侍《かち》）以下の雑兵を含めた戦死者の総数はどれほどだったのだろうか？

藤木久志『新版・雑兵たちの戦場』（朝日選書）によれば、「戦国大名の軍隊は、かりに百人の兵士がいても、騎馬姿の武士はせいぜい十人足らずで……あとの九十人余りは」雑兵たちであった。

この比率は、『備前軍記』にある宇喜多軍団についての模式的数字・「騎馬千五百、雑兵一万五千」

とほぼ一致する。つまり、騎馬の武士を一とすると、雑兵は一〇である。

この比率で戦死者数を推測すれば、騎馬武者二五七に対して雑兵は二五七〇人となり、それらを合計すると、二八二七人となる。

但し、武士の戦死率と雑兵のそれとを比べれば、常識的に雑兵の戦死率の方が大きかったと思われる。また、福島勢以外の東軍諸隊も宇喜多勢と戦っており、これらを勘案すれば、宇喜多勢の戦死者総数は三〇〇〇人を優に超えたと考えられるのである。

註1、東京大学史料編纂所ホームページの所蔵目録データーベースに収録のマイクロフィルム。
2、美濃衆の可児《かに》才蔵は敵兵二〇人ほどを討ち取り、その功により、福島家臣にとりたてられた、と伝わる。
3、『武功夜話　補巻』三三九〜三四一頁。
4、前記「首帳」では、複数の「者共」で首取りを申告した例が、四例見られるが、ほとんどの者（二五四人）は、一人で首取りをしたとされている。
彼ら各自が討ち取った首数は一〜三であり、平均すれば、一人あたりの首取り数は一・二四六である。この率で計算すれば、四十三人の尾張衆が討ち取ったであろう首数は五三となる。

引用史料および参考文献

考古学史料

岡山県教育委員会「保木城址第一次、第二次発掘調査」（『岡山県埋蔵文化財報告一〇、一一』一九八〇、一九八一）
㈶大阪市博物館協会編『葦火・一四五号』（二〇一〇）

分限帳

「備前天神山城主浦上宗景武鑑」（岡山大学附属図書館蔵・池田家文庫）
「自天正十年至慶長五年備前国主宇喜多中納言秀家卿之着到之状」（永山卯三郎『吉備郡史・巻中』一九三七）
「慶長初年宇喜多秀家士帳」（『金沢の宇喜多家史料』備作史料研究会一九九六）
「宇喜多中納言秀家卿家士知行帳」（岡山県立図書館蔵）
「岡山城主宇喜多中納言秀家侍分限帳」（付・「戸川肥後守分限」、「岡越前守分限」）（岡山県立図書館蔵）
「庭瀬戸川家侍帳」（『早島の歴史・3・史料編』早島町一九九九）
「慶長年中士中寺社知行書付」（『黒田三藩分限帳』黒田地方史談話会一九七八）
『福岡藩分限帳集成』（福岡地方史研究会編、海鳥社一九九九）

江戸時代以前の史料（五十音順）

「赤井万兵衛奉公書」（岡山大学附属図書館蔵・池田家文庫マイクロフィルム）
「赤松家風条々録」（『上郡町史・第一巻本文編Ⅰ』キクオ書店二〇〇八）
「粟井氏系図」（山本大、小和田哲男編『戦国大名家臣団事典・西国編』新人物往来社一九八一）
『イエズス会日本年報』（村上直次郎訳、雄松堂書店一九六九）
「石川忠総家臣大坂陣覚書」（『続群書類従・第四輯・史伝部3』国書刊行会一九〇七）
『隠峰野史別録』（安邦俊著、喜永二年序、国立公文書館蔵）
「浦上宇喜多両家記」（『金沢の宇喜多家史料』）
「遠藤家文書」（藤井駿・水野恭一郎編『岡山県古文書集・第四輯』思文閣一九八一）

「大坂陣山口休庵咄」(『続群書類従第四輯・史伝部3』)
「翁草」(神澤貞幹編述、京都五車楼蔵版、歴史図書社一九七〇)
「落穂集」(大道寺友山著、早稲田大学図書館蔵)
「改正三河後風土記」(桑田忠親監修、秋田書店一九七七)
「寛政重修諸家譜」(続群書類従完成会一九六六)
「来住《きしゅ》家文書」(『岡山県古文書集・第四輯』)
「黄薇《きび》古簡集」(岡山県地方史研究連絡協議会一九七一)
「吉備温故秘録」(『吉備群書集成・第六〜十輯』歴史図書社一九七〇)
「岐阜并関東手柄之次第書」、「生駒宗直物語」(生駒陸彦等編『生駒家戦国史料集』私家本一九九三)
「慶長年中板坂卜斎記」(『改訂史籍集覧・第廿六冊』一九八四)
「慶長三年大名帳」(『続群書類従・第二五輯上』続群書類従完成会、一九五八)
「慶長日記」(『内閣文庫所蔵史籍叢刊・六十五』史籍研究会)
「佐久間軍記」(『続群書類従・第二十輯下・合戦部十六』一九五八)
「下村玄蕃助宛羽柴秀吉書状」(『佐用町史・上巻』一九七五)
「常山紀談」(湯浅常山著、角川書店一九六五)
「舜旧記」(『久世町史・資料編第一巻・編年資料』二〇〇四)
「新出沼元家文書」(同右)
「駿府記」(続群書類従完成会一九九八)
「関ヶ原御合戦当日記」(藤井治左衛門編『関ヶ原合戦史料』新人物往来社一九七九)
「続日本殉教録」(ペドゥロ・モレホン著、野間一正、佐久間正訳、キリシタン文化研究会一九七三)
「中国兵乱記」(『吉備群書集成・第三輯』歴史図書社一九七〇)
「土屋忠兵衛知貞私記」(『続群書類従・第四輯・史伝部3』)
「寺内太郎左衛門先祖書上」(倉地克直編『岡山藩家中諸士家譜五百寄I』一九九三)
「輝元公上洛日記」(平佐就言著、国立国会図書館蔵)
「東作誌」(『新訂訳文・作陽誌』日本文教出版社一九六三)
「当代記」(続群書類従完成会一九九八)

「戸川家譜」(『早島の歴史・3・史料編』早島町一九九七)
「戸川記」(『改訂史籍集覧・第二十五冊・新加別記』一九八四)
「時慶《ときよし》記」(浄土真宗本願寺出版社二〇〇五)
「徳川実記」(『新訂国史大系・第三十八、三十九巻』吉川弘文館一九六四)
「中野五兵衛奉公書」(岡山大学附属図書館蔵・池田家文庫マイクロフィルム)
「難波戦記」(『物語日本史大系・第十一巻』早稲田大学出版部一九二八)
「西島家文書(中島本政覚書)」(『久世町史・資料編第一巻・編年資料』)
『二十六聖人』=ルイス・フロイス著、結城了悟訳『日本二十六聖人殉教記』(聖母の騎士社二〇〇五)
『日本切支丹宗門史・上、下巻』(レオン・パジェス著、吉田小五郎訳、岩波書店一九三八)
『日葡辞書』(土井忠生ほか編訳、岩波書店一九八〇)
「萩藩閥閲録」(マツノ書店一九九四)
「花房助兵衛職之覚書」(『久世町史・資料編第一巻・編年資料』)
「馬場重郎右衛門奉公書」(「吉備温故秘録・干城十四」、『吉備群書集成・第六輯』所収、歴史図書社一九七〇)
「平尾伝之丞書上」(『岡山藩家中諸士家譜五百寄Ⅰ』一九九三)
「備前軍記」(『吉備群書集成・第三輯』歴史図書社一九七〇)
「備前文明乱記」(同右)
「武功雑記」(近藤瓶城編、現代思想社一九八一)
「武功夜話」(吉田蒼生訳、新人物往来社一九八七)
『報告集』=松田毅一監訳、『十六、七世紀イエズス会日本報告集・第Ⅰ~Ⅲ期』(同朋出版一九八七~九四)
「北林遺稿」(武元君立著、山陽新聞社一九三六)
「本多系譜」(金沢市玉川図書館内近世資料館蔵加越能文庫)
「牧左馬助覚書」(『久世町史・資料編第一巻・編年資料』)
「水野日向守覚書」(『改訂史籍集覧・第十六冊』一九八四)
「水原岩太郎所蔵文書」(『岡山県古文書集・第三輯』一九八一)
「美作沼元家文書」(同右)
「森家先代実録」(津山市教育委員会一九六八)

「耶蘇天誅記」（『古事類苑・宗教部四』吉川弘文館一九八二）
「鹿苑日録」（続群書類従完成会一九六一）

論文類（五十音順）

相賀庚「姓氏研究・第六号」（一九七〇）
石田善人「明石と明石氏について」（藤井駿先生喜寿記念会編『岡山の歴史と文化』（福武書店一九八三）
茨木一成「明石氏の系譜」（明石城史編纂実行委員会編『講座明石城史』神戸新聞総合出版センター二〇〇〇）
H・チースリク「キリシタン武将・明石掃部」（『歴史読本・昭和五十六年三月号』新人物往来社一九八一）
大西泰正「宇喜多氏の家中騒動」（『岡山地方史研究一〇九』二〇〇六）
大西泰正『豊臣期の宇喜多氏と宇喜多秀家』（岩田書院二〇一〇）
大西泰正「明石掃部の娘」、（『論文集・宇喜多秀家の周辺』二〇一六A）
大西泰正「『乙夜の書物』にみる宇喜多騒動」（同右　二〇一六B）
大西泰正「宇喜多秀家の元服・婚姻時期」（『宇喜多家史談会会報・第八〇号』二〇二一）
小川博毅「遠藤家文書・宇喜多秀家觸状について」（『宇喜多家史談会会報・第四六号』二〇一三）
岡本芳明「備前保木城について」（織豊期城郭研究会『森宏之君追悼城郭論集』二〇〇五）
岸田裕之「新出沼元家文書からみた沼元氏の性格」（『熊山町史・参考資料編』一九九四）
木村英昭「枝吉城の規模」（明石城史編纂実行委員会編『講座明石城史』神戸新聞総合出版センター二〇〇〇）
黒田一紀「黒田勘十郎再現」（『宇喜多家史談会会報・第五七号』二〇一六）
小林定一「毛利元康とその時代」（『山城志・第十六集』備陽史探訪の会二〇〇二）
小林輝久彦「小笠原権之丞の生涯」（『歴史研究・第四七三号』二〇〇〇）
五味克夫「矢野主膳と永俊尼」（『鹿大史学・第十七号』一九六九）
しらが康義「戦国豊臣期大名宇喜多氏の成立と崩壊」（『岡山県史研究・第六号』一九八四）
J・F・シュッテ「一六一四、五年大坂の陣と日本の教会」（キリシタン文化研究会編『キリシタン研究・第十七輯』吉川弘文館）
寺尾克成「宇喜多氏分限帳編成の意図」（『国学院雑誌・第一一七巻第四号』二〇一六）
中野喜代「島津義久の孫たち」（『歴史研究・第四七五号』二〇〇〇）
中島利一郎「筑前と切支丹」（『筑紫史談・第二十四集』筑紫史談会一九二一。一九七一復刻）
畑和良「浦上宗景権力の形成過程」（『岡山地方史研究一〇〇』二〇〇三）

前原茂雄「戦国期美作における土豪の歴史的展開」(『矢筈山・第六号』二〇一一)
森俊弘「岡山城とその城下町の形成過程―地誌「吉備前鑑」の検討を中心に―」(『岡山地方史・一一八』二〇〇九)
森俊弘「関係史料からみた妙善寺合戦」(『宇喜多家史談会会報・第三八、三九号』二〇一一)
森脇崇文「豊臣期宇喜多氏における文禄四年寺社領寄進の基礎的考察」(『年報赤松氏研究・第二号』二〇〇九)
藤田達生「織豊期大名軍制と交戦権」(『織豊期研究・第一〇号』二〇〇八)

近年の著作(五十音順)　(県史、市町村史、郡史などは省略)

『秋月のキリシタン』(H・チースリク著、教文館二〇〇〇)
『明智光秀』(福島克彦著、中公新書二〇二一)
『宇喜多直家・秀家』(渡邊大門著、ミネルヴァ書房二〇一一)
『絵図で歩く岡山城下町』(岡山大学附属図書館編、吉備人出版二〇〇九)
『御家騒動』(福田千鶴著、中公新書二〇〇五)
『奥羽古キリシタン探訪』(司東真雄著、八重岳書房一九八一)
『大阪城の七将星』(福田日南著、一九二一、東洋書院一九九〇復刻)
『おふり様と豪姫』(大桑斉著、真宗大谷派善福寺二〇一一)
『キリシタン禁制史』(清水紘一著、教育社一九八一)
『キリシタン研究・第一部・四国編』(松田毅一著、創元社一九五二)
『キリスト教と日本人』(井上章一著、講談社二〇〇一)
『吉備諸家系譜』(新田文雄著、郷土研究会一九九六)
『九州キリシタン史研究』(結城了悟著、キリシタン文化研究会一九七七)
『熊谷元直』=H・チースリク『熊谷豊前守元直・あるキリシタン武士の生涯と殉教』(キリシタン文化研究所一九七九)
『芸備キリシタン史料』(H・チースリク編著、吉川弘文館一九六八)
『小西行長』(鳥津亮二著、八木書店二〇一〇)
『後藤又兵衛』(福田千鶴著、中公新書二〇一六)
『薩藩切支丹史料集成』(茂野幽考著、南日本出版文化協会一九六六)
『島津義弘の賭け』(山本博文著、中央公論新社二〇〇一)
『姓氏・家紋・花押』(荻野三七彦著、吉川弘文館二〇一四)

『関ヶ原合戦』（笠谷和比古著、講談社一九九七）
『関ヶ原から大坂の陣へ』（小和田哲男著、新人物往来社一九九九）
『関ヶ原合戦を読む―慶長軍記・翻刻解説』（井上泰至、湯浅佳子編、勉誠出版二〇一九）
『関ヶ原前夜―西国大名たちの戦い』（光成準治著、日本放送出版協会二〇〇九）
『関ヶ原の役』（旧参謀本部編、徳間書店一九六五）
『瀬戸町の歴史散歩』（瀬戸内の文化財を語る会一九九六）
『戦国の作法』（藤木久志著、講談社二〇〇八）
『太閤秀吉の手紙』（桑田忠親著、角川書店一九六五）
『図説・日本の城と城下町①大阪城』（北川央監修、創元社二〇二二）
『天下統一と朝鮮侵略』（藤木久志著、講談社二〇〇五）
『東北のキリシタン殉教地をゆく』（高木一雄著、聖母の騎士社二〇〇一）
『徳島県の中世城館』（徳島県教育委員会二〇一一）
『豊臣秀吉と京都』（日本史研究会編、文理閣二〇〇一）
『ドン・ジョアン有馬晴信』（宮本次人著、海鳥社二〇一三）
『長崎代官・村山等安』（小島幸枝著、聖母の騎士社一九九一）
『日本の伝統馬術・馬上武芸編』（金子有鄰著、日貿出版社一九七五）
『日本の歴史・⑭・鎖国』（岩生成一著、中央公論新社二〇〇五）
『敗者から見た関ヶ原合戦』（三池純正著、洋泉社二〇〇七）
『備中国奉行・小堀遠州』（人見彰彦著、山陽新聞社一九八九）
『備作人名大辞典』（田中誠一著、臨川書店一九七四）
『フィールドワーク関ヶ原合戦』（藤井尚夫著、朝日新聞社二〇〇〇）
『復元・江戸時代の長崎』（布袋厚著、長崎文献社二〇〇九）
『武家の家紋と旗印』（高橋賢一著、秋田書店一九七六）
『ベアト・ルイス・ソテーロ伝』（ロレンソ・ペレス著、野間一正訳、東海大学出版会一九六八）
『みちのくキリシタン物語』（只野淳著、春秋社一九九〇）

明石掃部関連年表

西暦	和暦		事項	掃部推定年齢
一四五九	長禄三		赤松政則、備前新田庄を受領	
			この時、明石氏播磨から同庄へ入部か	
一五六七	永禄十		明禅寺合戦	
			明石飛弾守、宇喜多直家に加勢	
一五六八	永禄十一	6	片上浦伊部境界裁定文書に明石飛弾守の署名	
一五六九	永禄十二		この年の前後、明石掃部、保木城にて誕生（推定）	1歳
一五七五	天正三	9	天神山落城、浦上宗景落去　明石飛弾守　宇喜多家臣となる	
一五八二	天正十	6	本能寺の変	
			秀吉中国大返し　明石掃部人質として姫路城に留め置かれる	14歳
一五八五	天正十三	6	掃部、四国出陣	17歳
一五八七	天正十五	2	秀吉、島津征伐	
		6	伴天連追放令	
一五九二	天正二十	3	第一次朝鮮出兵（文禄の役）　掃部も出陣渡海	24歳
			この年、宇喜多領国で惣国検地始まる	
一五九三	文禄二	1	碧蹄館の戦い	25歳
		2	幸州山城の戦い、明石右近戦戦傷死	
一五九四		12	宇喜多軍朝鮮より帰陣	

一五九五	文禄三	12	宇喜多左京亮、キリスト教に入信	
一五九六	文禄五		掃部、キリスト教に入信、大坂で受洗（洗礼名ジョアン）	28歳
		10	秀吉、京のキリシタン逮捕	
一五九七	慶長元	11	掃部、キリシタン二十六聖人を宇喜多領内で護送	29歳
		12	二十六聖人、長崎にて殉教	
	慶長二	3	第二次朝鮮出兵（慶長の役）掃部も出陣	30歳
一五九八	慶長三	8	豊臣秀吉死去	
		10	宇喜多軍、朝鮮より帰国	
一六〇〇	慶長五	1	中村次郎兵衛横死の噂（「鹿苑日録」）	
			宇喜多家内訌により戸川達安など追放、退去	
			掃部、宇喜多家仕置家老となる	32歳
		6	家康、会津攻めのため伏見城を出立	
		7	石田三成、打倒家康の挙兵	
		8	宇喜多軍など伏見城攻略（八月一日）	
		8	掃部、戸川達安と書簡の往復（八月十八〜十九日）	
		9	杭瀬川の戦い（九月十四日）	
		9	関ヶ原本戦　西軍敗北（九月十五日）	
			戦後、掃部備中足守あたりに隠棲　妻死去	
一六〇一	慶長六	1	掃部、筑前黒田家に仕官	33歳
		5	掃部、長崎逗留	
		6	宇喜多秀家、薩摩へ入国	
一六〇二	慶長七	12	黒田長政、明石道斎家来衆あてに下座郡四ヶ村を給付	34歳

	慶長八	8	宇喜多秀家、潜伏地薩摩から上洛、久能へ配流さる	
一六〇五	慶長十	6	毛利臣熊谷元直、萩で処刑さる	
			掃部、山口へ行く	37歳
一六〇六	慶長十一	8	宇喜多秀家、八丈島へ配流さる	
一六〇九	慶長十四	2	秋月領主・黒田直之死去	
	慶長十六	1か2	黒田直基横死、秋月支藩廃さる	
			掃部、黒田家を退去し、上洛	43歳
一六一二	慶長十七	2	岡本大八事件	
			掃部、京のイエズス会から大金を借用	44歳
		3	岡本大八処刑。幕府直轄領にキリシタン禁令	
	慶長十八	12	キリシタン禁教令発布	
一六一四	慶長十九		掃部、大坂へ入城	46歳
		10	家康、大坂征伐を命令（大坂冬の陣）	
		11	掃部、四天王寺を焼き打ち（十一月六日）	
一六一五	慶長二十	4	家康、駿府城を出陣（大坂夏の陣）	
		5	道明寺の戦い（五月六日）	
			天王寺口の戦い（五月七日）	
			生玉坂の戦い　掃部、水野勝成軍と戦う	47歳
			豊臣秀頼、自害（五月八日）	
		7	岡平内、処刑さる	
		8	掃部の二女レジイナ赦免さる	

一六一七	元和三	2	掃部の旧臣、明石次郎兵衛、福岡にて殉教
一六三三	寛永十	11	掃部の長男小三郎、薩摩で逮捕、京に護送さる
一六三七	寛永十四	10	島原の乱
一六三八	寛永十五	2	原城陥落、島原の乱終結
一六三九	寛永十六	7	幕府、ポルトガル船の来航禁止（鎖国の完成）
一六四〇	寛永十七	4	掃部二男明石内記、逮捕され、江戸へ護送中病死
一六四一	寛永十八		明石内記の息子権太夫、処刑さる
		4	オランダ商館を平戸から長崎出島へ移す

あとがき

「史伝・明石掃部」(橙書房、二〇一二)が世に出て、十年あまりがたった。

そのあいだ、新たな知見も増え、また、もとの本の誤った記述や不備なところも目につくので、思い切って新たに稿をおこすことにした。

特に、もとの本では、明石掃部の実名について、「美作牧山文書」に則って「榮行」と考えたが、その牧山文書が江戸期に偽作されたものと判明したので、「水原岩太郎所蔵文書」内の「戸川達安・明石掃部往復書状」(原本は失われている)を検証し、「守行」と考え直した。

また、宇喜多騒動の端緒である中村次郎兵衛退去事件に関して、明石掃部が大きな役割を果たしていたことを、新たに取り上げるとともに、寺内道作暗殺事件を慶長五年(一六〇〇)正月五日のことと考察した。この事件が直接の引き金となり、造反派の宇喜多左京亮邸立て籠もり(主従の対決)が起きたのである。

さらに、もとの本で宿題としてきた「唐太鼓(太鼓の丸)」の旗紋について、「連珠三つ巴紋」という答えを引き出した。その他、宇喜多家中編成の軍役負担率とか、関ヶ原本戦における宇喜多勢の戦死者数の考証などに新たな検討を加えた。

なお、文章の端々に、明石掃部への思い入れが垣間見えると思いますが、ご容赦願います。

さらに、この書が、明石掃部の生き様、および、彼の身辺で起こった事象に対する理解の一助になれば幸甚であります。

二〇二三年　九月吉日

小川博毅

著者紹介

小川博毅（おがわ　ひろき）
1943年　中国湖北省漢口市（現・武漢市）に生まれる。
1965年　岡山大学法文学部史学科（東洋史専攻）卒業。
1980-2016年　空調設備会社経営、１級冷凍空調技能士

著書

『美作垪和郷戦乱記』（吉備人出版、2002 年）
『史伝・明石掃部』（橙書房、2012 年）

新版 史伝 明石掃部《あかしかもん》

2023 年 12 月 13 日　発行

著者　小川博毅
発行　吉備人出版
〒 700-0823 岡山市北区丸の内 2 丁目 11-22
電話 086-235-3456　ファクス 086-234-3210
ウェブサイト www.kibito.co.jp
メール books@kibito.co.jp

印刷　株式会社三門印刷所
製本　株式会社渋谷文泉閣

ISBN978-4-86069-721-1　C0021